U0916820

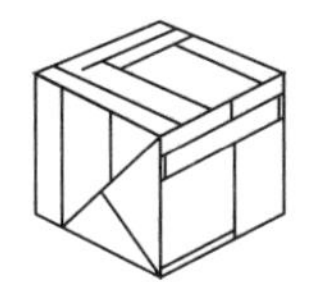

经济与改革

西方经济学说读书笔记（下）

厉以宁 著

中国大百科全书出版社

目录

失业与通货膨胀理论的提出

第一节　菲利普斯曲线关系

一、菲利普斯曲线关系的表述

按照凯恩斯的理论，在失业和通货膨胀之间存在着一条分界线，即只有超过了充分就业的总需求才含有通货膨胀的意义。这就是说，如果所有的工人都就业了，那么对生产最终产品的资源的需求（包括对劳动的需求）必将超过供给，那时物价和工资都会被抬高，于是就出现因存在过度需求而引起的通货膨胀。凯恩斯并没有涉及失业存在条件下的通货膨胀问题。

对失业与通货膨胀并存以及失业与通货膨胀之间存在着交替关系的论述，是同需求过度引起的通货膨胀以外的另一种通货膨胀的研究联系在一起的。这就是成本增长所推动的通货膨胀，也就是因供给方面的原因而引起的通货膨胀。关于通货膨胀的这种新的研究，导致了对通货膨胀率与失业率之间的关系的新的分析。正如E.夏皮罗在《宏观经济分析》一书中所说的："由于工资成本是价格结构的基本部分，所以对供给方面引起的通货膨胀的研究自然而然地导致人们从对价格增长率与工资增长率之间的关系的研究走向对工资增长率与劳动力失业率之间的研究。如果说除了价格增长率和工资增长率之间有正比关系而外，工资增长率和失业率之间还有反比关系的话，那么在通货膨胀率和失业率之间也存在着一种反比关系。"①夏皮罗接着指出："由于各个不同国家和各个不同时期的资料确实表明失业率之间这种反比关系是存在的，这样，失业率也就间接地成为对供给方面引起的通货膨胀的研究中主要关心的一个因素。"②

菲利普斯曲线就是当代西方经济学家用来表示物价上涨率（通货膨胀率）同失业率之间存在着这种反比关系的曲线。1958年11月，当时任教于伦敦经济学院的新西兰经济学家A.菲利普斯于英国《经济学报》发表了《1861—1957年英国失业和货币工资变动率之间的关系》一文。他对1861年到1957年将近一百年间的英国的失业率和货币工资变动率的统计资料进行整理，绘制出一条表示失业率与货币工资变动率之间关系的曲线，这就是菲利普斯曲线。曲线表明：失业减少，工资增长就快；失业增加，工资

---

① 夏皮罗：《宏观经济分析》，中国社会科学出版社，1985年版，第667—668页。

② 同上，第668页。

增长就慢。理由是：失业率低意味着劳动力的短缺和较高的总需求水平，于是雇主竞相雇用劳动力，结果引起工资较快增长。反之，失业率高意味着劳动力的过剩和较低的总需求水平，工资的增长也就会放慢。

根据所谓工资成本推进通货膨胀的说法，失业率与工资增长率之间的关系又可以表述为失业率与物价上涨率（通货膨胀率）之间的关系，这样，只需要把货币工资变动率改为价格变动率，同样可以得出一条菲利普斯曲线，它表明在失业与通货膨胀之间存在着此长彼消、此起彼落的关系。

二、菲利普斯曲线的理论含义

无论是工资增长率与失业率之间的反比关系还是通货膨胀率与失业率之间的反比关系，从就业理论或通货膨胀理论的角度来看，都是对凯恩斯理论的一种较大的修正。

当然，同意菲利普斯曲线关系的西方经济学家也承认，不能把任何货币工资增长率都同通货膨胀画上等号。货币工资的增长能否导致通货膨胀，与劳动生产率增长率与货币工资增长率之间的比率有关。根据这种观点，工资增长率超过劳动生产率增长率，是引起物价上涨的原因。那么，工资增长率为什么会超过劳动生产率增长率呢？据说，这是因为在现代资本主义国家存在着强大的工会力量，工会能够在并未出现劳动力供不应求的情况下，使企业增加工资，或者使工资自动增长。结果，工资增长率超过了劳动生产率增长率，推动了物价上涨。至于在工会力量较弱的部门，那些想扩大产量的企业也必须提高工资率，以便吸引工人前来工作。这样，工资增长率也有可能超过劳动生产率，结果同样会引起物价上涨。

菲利普斯曲线的提出，从理论上说表明了这样一点，即只要失业率与通货膨胀率之间存在着大体上稳定的交替关系，那么就可以了解到，在每一种失业率之下可以预期有什么样的工资增长率，而在每一种工资增长率之下，并且，在工资增长率超过了劳动生产率增长率的前提下，又可以预期有什么样的通货膨胀率。简言之，失业率与通货膨胀率之间的关系可以表述为：如果要减少失业，那就必然会出现较高的物价上涨率；反之，要稳定物价，那就必须以较多的工人失业作为代价。

假定客观上并未发生工资增长率超过劳动生产率增长率的情形，那么在失业率与通货膨胀率之间是否也有可能出现彼此交替的现象呢？在一些西方经济学家看来（例如R. 李普赛的《失业与货币工资率变动率之间的关系：进一步的分析》，载《经济学报》，1960年2月），在劳工市场上，当劳工的供给与对劳工的需求相等时，并不表明这时没有失业存在，至少是因为这时可能存在着摩擦失业，即当工人转换工作时，需要有一个寻找工作的时间。尽管在这期间存在着对劳动力的需求，但由于寻找工作的人缺乏就业的信息，所以失业仍然存在。假定劳工的供给为既定，如果工资提高一些，求职的人为找到自己所希望的职业而花费的时间就可能少一些，失业人数会少一些；反之，如果工资降低一些，求职的人为找到职业而花费的时间会长一些，从而失业人数会多一些。这表明，工资增长率的变动方向与失业率的变动方向恰好是相反的。由于成本是构成商品的价格的主要部分，而工资又是成本的组成部分之一，所以物价增长率变动的方向与工资增长率变动的方向一致，从而与失业率的变动方向相反，这样也就与菲利普斯曲线的含义一致了。

由此可见，不管工资增长率是否超过劳动生产率增长率，只要工资增长率与物价上涨率的变动方向是一致的，那么菲利普斯曲线关系就会被认为是一种可以肯定存在的关系。

三、菲利普斯曲线的政策含义

承认菲利普斯曲线关系的存在，对于西方国家的政府的宏观经济政策的制定是有重要意义的。

菲利普斯对英国历史上的工资增长率与失业率之间关系的考察，引出下述结论：在失业率保持在5%的水平上，货币工资率大体上可以稳定不变。但后来，50年代和60年代初期的美国经济的研究，却得出了比较悲观的结论。夏皮罗在《宏观经济分析》一书中，引用了若干经济学家的经验研究资料，这样表述道："据人们的看法，要使工资增长不超过美国经济的生产率增长，也许需要有5%—6%的失业率。此外，要满足不超过3%的失业率（这是60年代一般接受的‘充分就业’定义），价格可能有必要每年上升4%—5%，这个数字意味着稍大于爬行的通货膨胀。”[1]夏皮罗接着写道：“60年代后期有关菲利普斯曲线的一些文献仍然是比较悲观的。它们提出了较高的菲利普斯曲线，即5%的价格上涨率可以被预料与4%的失业率一起发生，而不是与3%的失业率一起发生，但在较早一些时候，与这个通货膨胀率相配合的则是3%的失业率。这些文献还提出，要把通货膨胀率压低到2%这样一个低水平，将会要求有5.5%的失业率。”[2]对菲利普斯曲线关系的比较悲观的看法，除了反映通货膨胀率与失业率之间的交替变得越来越困难而外，至少还反映了这样一点，即菲利普斯曲线本身不能告诉人们有关失业率与通货膨胀率相互交替的固定不变的比率关系。例如，同样是5%的失业率，在不同的年份与之相联系的，可能是3%，或4%，或5%的通货膨胀率。又如，从2%失业率上升到4%失业率，再上升到8%失业率，与之相对应的通货膨胀率的变动率是不精确的、不规则的、不稳定的。

尽管如此，菲利普斯曲线作为现代西方国家政府制定宏观经济政策的一个依据，它在被用于应付经济不稳定时，自有其方便灵活之处。这就是：当政府认为通货膨胀率已经成为经济不稳定的主要因素时，可以用提高失业率的办法来降低通货膨胀率，或者，当政府认为失业率已经成为经济不稳定的主要因素时，则可

① 夏皮罗：《宏观经济分析》，中国社会科学出版社，1985年版，第673页。

② 同上，第673—674页。

以用提高通货膨胀率的办法来降低失业率。

菲利普斯曲线关系的另一个政策含义是：假定社会上同时发生失业与通货膨胀现象，那么以凯恩斯主义的需求管理政策作为经济稳定的手段时，就会显得不够了。这是因为，需求管理政策大体上可以分为“松”的政策和“紧”的政策两类。“松”的政策被认为可以用于应付失业，但却会加剧通货膨胀；“紧”的政策被认为可以用于应付通货膨胀，但却会加剧失业。这样，政府在实行需求管理时，失业与通货膨胀便难以兼顾。这就是需求管理政策的局限性的反映。

菲利普斯曲线关系本身并未为同时解决社会的失业问题和通货膨胀问题提供有效的对策。但从失业率和通货膨胀率二者存在着交替关系这一点，可以引申出一种新的需求管理思想，即不要求同时消除失业率和通货膨胀率，也不要求达到零失业率条件下的通货膨胀或者零通货膨胀率条件下的失业，而只准备把失业率和通货膨胀率二者都控制在“社会可以接受的”界限之内。比如说，4%的失业率是“社会可以接受的”，而4%的通货膨胀率也是“社会可以接受的”，并且，4%的失业率与4%的通货膨胀率又是可以并存的，那么政府的需求管理就可以把超过4%的失业率和超过4%的通货膨胀率作为干预的对象，指望通过干预之后，使失业率和通货膨胀率都达到“社会可以接受的”范围之内，即都下降到4%以下。假定5%的失业率和3%的通货膨胀率相配合，或者，3%的失业率和5%的通货膨胀率相配合，那么在前一种情况下，政府就可以依据菲利普斯曲线关系，通过需求管理，使失业率由5%下降到4%，而宁肯让通货膨胀率由3%上升到4%。在后一种情况下，政府也可以通过需求管理，使通货膨胀率由5%下降到4%，而宁肯让失业率由3%上升到4%。这样，无论是失业率还是通货膨胀率也就都被控制在“社会可以接受的”界限之内了。这正符合一些西方国家的政府进行需求管理的目标。

第二节　评失业与通货膨胀交替的理论

一、失业与通货膨胀交替理论的反科学性

按照当代西方经济学家对于“菲利普斯曲线”关系的解释，失业与通货膨胀呈反方向变动，即失业的减少是由于物价上涨率较快，而失业的增多则是由于物价上涨率较慢。这种解释是否有科学依据呢？

在资本主义社会，失业是普遍现象。随着资本主义的发展，由于机器使用等原因引起的劳动生产率的提高，对劳动力的需求会相对地减少，在某些部门，对劳动力的需求甚至会绝对地减少。此外，在产业结构、技术结构、地区经济结构调整过程中，工人由于工种的变动和地区的流动，也会造成失业现象。这些都不直接涉及物价问题。

换言之，资本主义社会中的失业是由资本主义经济规律的作

用所决定的。在资本主义再生产周期各个不同的阶段，失业率有高有低。比如说，经济萧条时，对劳动力的需求会减少，失业率会提高；经济高涨时，对劳动力的需求会增加，失业率会降低。至于通货膨胀，则是货币供应量超过了商品流通的实际需要而引起的货币贬值现象，它既有可能与失业同时存在，也有可能单独发生，而与失业率本身没有必然的联系。菲利普斯曲线关系的错误之处，在于把本来不是由同一原因所导致的失业现象和通货膨胀现象说成是因果关系，似乎失业率的提高或降低是由通货膨胀率的降低或提高所引起的，这显然掩盖了资本主义制度下失业的根源。

二、通货膨胀政策的恶果

西方国家的政府根据菲利普斯曲线关系所制定的需求管理政策，无非是试图用提高通货膨胀率来降低失业率，或者用提高失业率来降低通货膨胀率。尽管这被看成是对政府说来既方便又可以兼顾就业与物价问题的措施，但由此造成的通货膨胀的恶果却是显而易见的。要知道，在资本主义条件下，通货膨胀只不过是垄断资本对劳动人民加强掠夺的一种重要手段，资产阶级可以利用通货膨胀来提高对工人的剥削程度。在通货膨胀过程中，由于工资的增长一般总是慢于物价的上涨，于是将造成实际工资下降，使资本对工人的剥削率提高。此外，由于资产阶级在进行生产经营活动时，通常依靠贷款。通货膨胀过程中，资产阶级在清偿债务时可以用已贬值的货币按原来的债款数额归还给债权人。即使贷款的利息率会有所提高，但利息率的提高一般也是慢于通货膨胀的。这样，通货膨胀只会对资产阶级有利，使劳动者受到损失，使劳动者有支付能力的购买力缩小。归根到底，通货膨胀政策不仅不利于解决失业问题，而且会因劳动者有支付能力的购买力的缩小而增加社会的失业人数。

再从工资变动情况来看，在资本主义制度下，工资与物价之间的关系是这样的：不是工资的提高引起物价上涨，而是物价上涨使实际工资下降，然后，工人为了用所得到的工资能够购买等量的消费品，必然要求提高工资，以免遭受损失。这就是工资随物价上涨而提高的过程。但即使如此，资本家又会以工资提高和成本增加为理由，再次提高物价。那种认为物价上涨是由于工资提高所引起的说法，恰恰把物价上涨在先、工资上升在后的顺序颠倒了。同时，在物价上涨和工资上升的关系中，不仅二者有先后顺序的问题，并且即使二者依存，但它们变动的幅度也不会是相等的。R.弗里曼在《劳动经济学》一书中这样写道："有关通货膨胀对于工资增加的影响的经验研究，并没有明确地回答这样一个问题：价格变化，或更严格地说价格的预期变化，是否使得货币工资也发生同等变化。工资与价格的互相依存（二者明显地相互影响）关系及在一个工业经济中确定价格与工资的复杂性，使得做出一确定的结论比较困难。70年代以前，绝大多数研究成果表明，价格或人们符合情理地预计的价格每增长1%，其结果是货币工资增加不到1%。”[①]这表明，就算物价上涨与工资增长之间的关系是稳定的，那么工资增长率是小于物价上涨率的。

西方国家的政府根据菲利普斯曲线关系而实行的需求管理政策带来的严重后果之一，就是生产停滞、失业率增加与物价上涨并存的停滞膨胀的局面。这一事实表明了失业与通货膨胀交替理论的破产。

（引自厉以宁、吴世泰合著的《西方就业理论的演变》，华夏出版社，1988年版。）

① 弗里曼：《劳动经济学》，商务印书馆，1987年版，第145页。

“自然失业率”假说与货币学派的就业对策

第一节　“自然失业率”假说

第二次世界大战结束后上升到正统地位的凯恩斯就业理论和被奉为资本主义国家制定就业政策的依据的菲利普斯曲线交替关系，在50年代末和60年代初就已受到一些西方经济学家的质疑。以M.弗里德曼为代表的货币学派是其中的主要代表。弗里德曼不同意J.凯恩斯关于就业水平和决定就业的因素的分析，也不同意菲利普斯关于通货膨胀与失业之间交替关系的表述。弗里德曼和货币学派有自己的就业理论，这一就业理论从属于他们的货币理论。由于他们的货币理论就是他们关于整个国民经济运行的理论，而就业量的确定又取决于国民经济的均衡状态及其变化，所以货币学派的就业理论与他们的货币理论实际上是统一的。

弗里德曼和货币学派的就业理论，可以简单地概括为“自然失业率”假说。它仍然是一种宏观经济学的就业理论或总量的就业理论，因为它所考察的是资本主义社会中的一般就业水平或总就业量，而不涉及就业本身的结构问题。

下面，首先分析弗里德曼的“自然失业率”概念。

一、“自然失业率”的含义

前面曾经指出，凯恩斯认为，在资本主义经济中，由于人们心理活动而造成的有效需求不足，使得失业成为不可避免的现象，即在“自愿失业”“摩擦性失业”之外，还存在着“非自愿失业”。简单地说，“非自愿失业”是指工人愿意接受现行货币工资水平或现行工作条件，但却得不到受雇的机会。

“非自愿失业”概念的提出，曾被西方经济学界认为是凯恩斯在就业理论中的新创造。因为根据这一概念，不仅认定经济学中所要讨论的资本主义制度下的失业问题主要是“非自愿失业”问题，而且还认定，只要能设法消除“非自愿失业”现象，资本主义社会也就实现了“充分就业”。所以凯恩斯的就业对策是一种旨在消除资本主义社会中的“非自愿失业”的对策。

作为凯恩斯就业理论的对立面，弗里德曼的就业理论中提出的一个重要问题就是：资本主义经济中是否存在如凯恩斯所说的那种“非自愿失业”？弗里德曼的回答是否定的。这是因为，如果承认资本主义经济中存在着因有效需求不足而引起的“非自愿失业”，那就无异于承认只有通过刺激需求才能消除这种“非自愿失业”，而如果承认刺激需求的做法对于消除资本主义经济中的“非自愿失业”是最有效的，甚至是唯一有效的手段，那就无异于承认凯恩斯及其追随者们提出的一系列国家干预措施是正确和灵验的。这就同货币主义的整个国民经济运行理论相违了。因此，根据弗里德曼的看法，在资本主义经济中存在的，并不是凯恩斯所说的“非自愿失业”，而是同所谓“自然失业率”有关的失业。

弗里德曼在提出“自然失业率”概念时曾提到，19世纪末、20世纪初瑞典经济学家K.维克赛尔的“自然利息率”概念对“自然失业率”概念的提出有启发性。

维克赛尔认为，资本主义经济中存在着两种利息率，即货币利息率和自然利息率。货币利息率又称市场利息率，它是指金融市场上的借贷利息率，它随资本的供给和需求的变动而跳跃式地升降。自然利息率又称正常利息率或均衡利息率，它是指资本供给和对资本的需求相一致情况下的利息率，它既不会使一般物价水平趋于上升，也不会使一般物价水平趋于下降。维克赛尔指出，如果货币利息率高于自然利息率，资本主义经济将会出现储蓄大于投资的情况，从而引起经济的收缩；反之，如果货币利息率低于自然利息率，资本主义将会出现储蓄小于投资的情况，从而引起经济的扩张。维克赛尔正是利用两种利息率之间的不一致来说明资本主义经济周期的波动，说明资本主义经济收缩和扩张的原因。

弗里德曼接受了维克赛尔关于自然利息率的概念，并进而用相类似的论述方式表述了“自然失业率”概念。弗里德曼认为，正如维克赛尔把利息率区分为市场利息率和自然利息率，以及“金融当局只有借助通货膨胀才能使市场率低于自然率，它只有借助通货收缩才能使市场率高于自然率”[①]一样，在就业方面，也同样存在着“市场失业率”和“自然失业率”。弗里德曼所说的“市场失业率”是指市场上实际存在的失业率，而“自然失业率”则是指在没有货币因素干扰的情况下，让劳工市场和商品市场的自发供求力量发挥作用时应有的处于均衡状态的失业率。正如弗里德曼所说“在任何时候，都存在着与实际工资率结构相适应的某种均衡失业水平”，这种处于均衡状态的失业率，也就是“自然失业率”。

弗里德曼认为，在资本主义竞争的条件下，实际工资率是有伸缩性的，它随失业人数的多少而有所变化，“较低的失业水平是劳动力需求过量的迹象，它将迫使实际工资率上涨，失业水平较高则表示劳动力供给过量，它将迫使实际工资率下跌”。但是，不管失业人数如何变动，实际工资率如何变动，一切与实际工资率结构不相适应的人员仍将被排斥在就业之外。这就是说，“自然失业率”在资本主义经济中是始终存在的。在已有的“自

① 弗里德曼：《货币政策的作用》，载《现代国外经济学论文选》，第1辑，商务印书馆，1979年版，第120页。

然失业率”水平上，只要资本积累继续进行，那么尽管实际工资率会上升，“自然失业率”并不会因此而消失。

弗里德曼所提出的“自然失业率”概念在他的整个经济理论中占有重要的位置，因为它涉及对资本主义经济运行的总的看法，以及对失业率变动原因的看法。

二、“自然失业率”的变动原因

弗里德曼解释道：“自然失业率”本身不是一个固定不变的量，它也不是不能改变的。只要发挥市场竞争因素的作用，提供充分的市场信息，增加劳动力的流动性，等等，就有可能把“自然失业率”降低；反之，如果阻碍市场竞争因素发挥作用，市场信息不充分，劳动力缺乏流动性，等等，“自然失业率”就可能上升。弗里德曼就此写道：“‘自然失业率’是我引进的、与维克赛尔的‘自然利息率’对应的一个术语，它不是一个常数，而是取决于和货币因素相对立的‘实际’因素——如劳工市场的有效性，竞争和垄断的程度，阻碍或促进人们变换其工作岗位，等等。”[①]弗里德曼在这里只承认“实际”因素对“自然失业率”的变动起作用，而不承认货币因素对“自然失业率”的变动起作

① 弗里德曼：《通货膨胀和失业》，载《现代国外经济学论文选》，第2辑，商务印书馆，1981年版，第122页。

用，这一点十分重要，因为正如在下面将会谈到的，关于“自然失业率”变动原因的分析与关于通货膨胀和失业之间的关系的分析密切有关。

弗里德曼以美国的情况为例来说明“自然失业率”变动的原因。他认为，在一个社会中，“自然失业率”在一般情况下是相对稳定的，但这并不等于说它不会发生变化。60年代以来，美国的“自然失业率”正在上升，主要有以下两个因素：

第一，在美国的劳动力结构中，妇女、青少年和半就业的工人所占的比重越来越大，他们不断地进入劳工市场，又不断地离开劳工市场，他们比较频繁地变换工作，结果就使得美国的平均失业率有上升的趋势。

第二，由于存在着失业保险和其他形式的对失业的救济，所以失业的人员不急于寻找工作，他们宁肯等待，挑选工作岗位。①

很明显，从弗里德曼关于美国的“自然失业率”上升趋势的原因的分析可以了解到，弗里德曼在论述资本主义经济中的失业问题时尽管使用了“自然失业率”概念，但他所说的“自然失业率”与凯恩斯以前的传统西方经济学所谈论的“自愿失业”和“摩擦性失业”并没有多少区别。因为从上述第一个原因的分析来看，这种类型的失业是与“摩擦性失业”相同的，从上述第二个原因的分析来看，这种类型的失业又是与“自愿失业”一致

① 弗里德曼：《通货膨胀和失业》，载《现代国外经济学论文选》，第2辑，商务印书馆，1981年版，第123页。

的。所以弗里德曼关于美国“自然失业率”上升趋势的原因的分析，进一步说明在弗里德曼的经济理论中不存在凯恩斯所说的那种“非自愿失业”。

弗里德曼指出，人们通常有一种不正确的看法，即根据所登记的人数多少来判断一切，如果失业水平高，就证明社会没有充分有效地使用资源；反之，则证明资源已得到了充分有效的利用。其实，失业水平低也可能表明资源的利用是缺乏效率的。按照弗里德曼的看法，“自然失业率”的高低并不一定反映经济的增长状况和经济的活跃程度。比如说，如果一个社会的经济是僵化的、缺乏流动性的，社会可能给每一个社会成员安排一个固定的工作，这样一来，这种欠活跃的经济中的“自然失业率”将是低下的；反之，如果一个社会的经济是灵活的、不断变化着的，社会成员有较大的可能改变自己的工作，社会的“自然失业率”就会高一些。因此，弗里德曼认为不能把“自然失业率”的高或低同经济效率的低或高直接联系起来，并由此得出“自然失业率”高意味着经济效率低，或者“自然失业率”低意味着经济效率高的论断。

三、弗里德曼关于通货膨胀和失业之间的关系的分析

弗里德曼从“自然失业率”假设出发，对资本主义经济中通货膨胀和失业之间的关系进行了比较详细的论述。

弗里德曼认为，目前流行于西方经济学界的所谓通货膨胀与失业彼此替代的菲利普斯曲线关系的说法，在理论上是错误的、没有根据的。弗里德曼指出，菲利普斯曲线关系的最基本的错误在于把名义工资率同实际工资率混为一谈，在于断定劳动数量的供给依赖名义工资率的变化而变化，实际上，劳动供给量是随实际工资率而变动的。弗里德曼写道："与就业有关的不是按美元或英镑或瑞典克朗计算的工资，而是实际工资——即能够购买多少商品和劳务的工资。"①这就是说，工人究竟愿意向市场提供多少劳动量，不是看他能得到多少货币工资，而是看他所得到的工资能买到多少商品。然而在菲利普斯曲线中，却把失业率同货币工资增长率直接联系起来，说明二者存在着稳定的负相关关系，同时又把货币工资增长率换成通货膨胀率，使失业率同通货膨胀率直接联系起来，说明二者之间也存在着稳定的负相关关系。弗里德曼认为，不幸的是，这种理论上根本错误的菲利普斯曲线关系却成了奉行凯恩斯主义的西方各国政府的制定经济政策的依据。

弗里德曼以简易的菲利普斯曲线来说明失业水平和工资变化率之间存在着稳定的负相关——高失业水平伴随着下跌的工资，低失业水平伴随着上升的工资。（图1）

---

① 弗里德曼：《通货膨胀和失业》，载《现代国外经济学论文选》，第2辑，商务印书馆，1981年版，第119页。

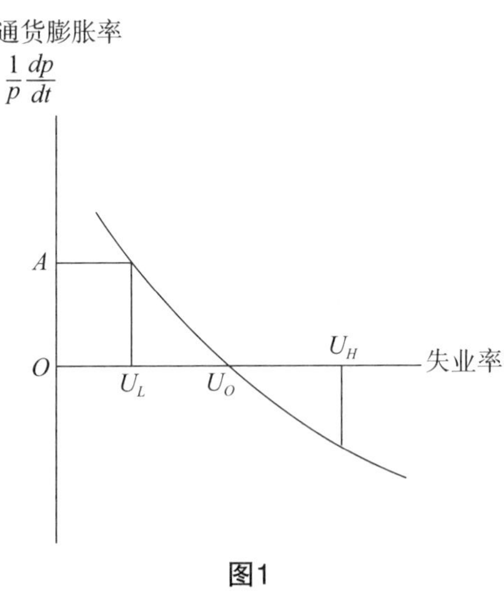

图1

图1把失业率直接和价格变动联系起来，省略了工资这个中间环节。弗里德曼写道：政策制定者可以选择一个低失业目标，如图中的U_L。在这种情况下，他们必须接受通货膨胀率A。在这里，仍然有一个怎样选择某种经济调节措施，以便选定的措施所产生的名义总需求水平能使失业保持在U_L的问题。政策制定者也可以挑选一个低通货膨胀率，甚至以通货紧缩作为政策目标。在这种情况下，他们将不得不使自己甘心于较高的失业率。图中U_O表示通货膨胀率为零的失业水平，而U_H则代表通货紧缩条件下的失业水平。

弗里德曼接着指出，根据经验资料估算的菲利普斯曲线关系并不令人满意。相应于特定失业水平的通货膨胀率，没有保持固定不变。当政府在设法促进“充分就业”的时候，通货膨胀率呈现上升的趋势。在较早时期曾经与低失业水平联系在一起的通货膨胀率，与高失业水平一起出现。[①]

为什么会出现这种情况？弗里德曼做了如下的解释：当政府采取措施降低失业率之后，过了一段时间，工人们将会发现物价上升和实际工资下降，这时他们便要求提高货币工资率，而一旦工人们的要求得到满足，货币工资率提高了，雇主也就感到没有增雇工人的吸引力了，失业率就返回到原来的状态。弗里德曼写道："假定名义总需求和价格的较高的增长率继续下去，看法将按现实调整。当他们这样行事的时候，最初的效果将消失，然后有一个时候，即当工人和雇主都发现他们自己被不适当的合同卡住的时候，甚至会走上与最初效果相反的方向。最后，就业将回到原来的水平，即恢复到原来假设的未预料到的名义总需求加速扩大以前的水平。"[②]因此，从较长时期来考察，通货膨胀并不能增加就业，通货膨胀和失业之间没有交替关系，失业率在长期内所处的水平就是"自然失业率"水平。（图2）

图2，可以从E点出发。假定通货膨胀率（不管由于什么原因）从A移向B，并停在那里。最初，失业将沿着由预期通货膨胀率A所规定的曲线移动，直到失业减少到F点的U_L。随着人们调整其对通货膨胀的预期，短期曲线会向上移动，最后达到由预期通货膨胀率B所规定的曲线。同时失业将逐渐从F移向G。U_N反映自然失业率水平。

① 弗里德曼：《通货膨胀和失业》，载《现代国外经济学论文选》，第2辑，商务印书馆，1981年版，第119页。

② 同上，第121页。

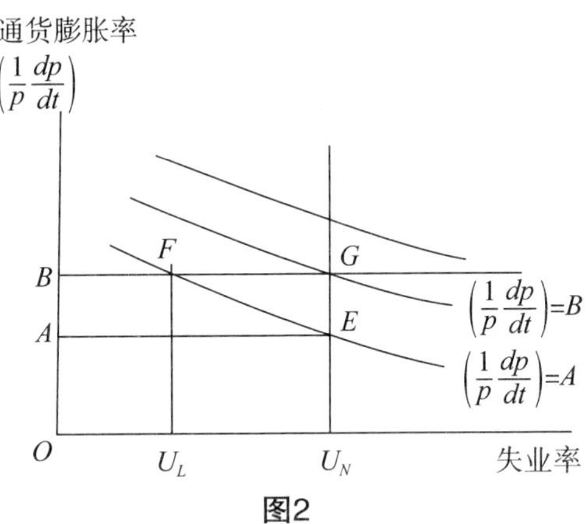

图2

从图2看，菲利普斯曲线在长期内是一条垂直线。垂直的菲利普斯曲线的含义是：不管通货膨胀率有多高，失业率将保持不变。弗里德曼把这称作西方经济学界对菲利普斯曲线关系的理解的第二阶段。

但弗里德曼认为，西方经济学界对通货膨胀和失业之间的关系的理解正在进入第三阶段，这就是通货膨胀和失业相互促进的阶段。较高的通货膨胀所伴随的，不是较低的失业率，而是较高的失业率。从图形上看，菲利普斯曲线既不是斜率为负的即向右下方倾斜的曲线，也不是斜率为无穷大的垂直线，而是斜率为正的，即向右上方延伸的曲线。

弗里德曼以西方七国1956—1975年间的通货膨胀率和失业率为例，说明二者之间的关系。[①]（表1）

---

① 弗里德曼：《通货膨胀和失业》，载《现代国外经济学论文选》，第2辑，商务印书馆，1981年版，第126页。

表1 西方七国1956—1975年间的通货膨胀率和失业率（五年平均数）

（DP=每年价格变化率，百分比；U=失业，占劳动力百分比）

年份	法国		西德		意大利		日本	
	DP	U	DP	U	DP	U	DP	U
1956—1960	5.6	1.1	1.8	2.9	1.9	6.7	1.9	1.4
1961—1965	3.7	1.2	2.8	0.7	4.9	3.1	6.2	0.9
1966—1970	4.4	1.7	2.4	1.2	3.0	3.5	5.4	1.1
1971—1975	8.8	2.5	6.1	2.1	11.3	3.3	11.4	1.4
年份	瑞典		英国		美国		未加权平均（七国）	
	DP	U	DP	U	DP	U	DP	U
1956—1960	3.7	1.9	2.6	1.5	2.0	5.2	2.8	3.0
1961—1965	3.6	1.2	3.5	1.6	1.3	5.5	3.7	2.0
1966—1970	4.6	1.6	4.6	2.1	4.2	3.9	4.1	2.2
1971—1975	7.9	1.8	13.0	3.2	6.7	6.1	9.3	2.9

根据表1的五年平均数，在头两个五年（1956—1960，1961—1965）内，这七个国家中，有五个国家的通货膨胀率和失业水平朝相反方向移动——符合简单的菲利普斯曲线；在第二和第三个五年（1961—1965，1966—1970）内，只有四个国家如此；而在最后两个五年（1966—1970，1971—1975）内，只有一个国家（意大利）如此。

图3中标出的七个国家的平均数，明确表示从斜率为负数的简单菲利普斯曲线转变为斜率为正数的菲利普斯曲线。两条曲线

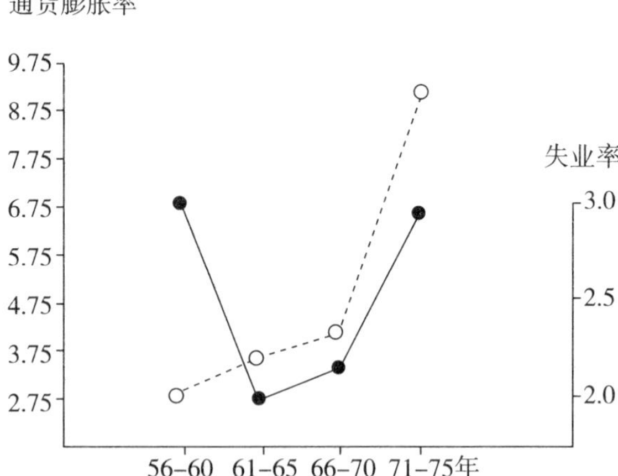

图3　1956—1975，按5年的通货膨胀率和失业率；七国未加权的平均数

实线=通货膨胀率；虚线=失业率。

在头两个五年中朝相反方向移动；此后就朝同一方向移动了。[①]

弗里德曼认为，70年代经验资料所表明的通货膨胀与失业之间的相互促进关系，反映经济活动和政治活动的关系不仅比以前任何时候更加密切，而且正是由于政治因素的作用，才使得高通货膨胀率同高失业率并存。弗里德曼就此写道："我觉得有必要在分析中把经济的经验资料和政治发展的相互依存包括进去。至少不应该把某些政治现象当作自变量——经济计量学行话的外生变量——而应看作是由经济事件决定的内生变量。"[②]在弗里德曼看来，只要把经济活动同政治活动结合在一起进行分析，那么

① 弗里德曼：《通货膨胀和失业》，载《现代国外经济学论文选》，第2辑，商务印书馆，1981年版，第126页。

② 同上，第124—125页。

通过对斜率为正的菲利普斯曲线关系的分析，可以更清楚地说明国家干预对于应付资本主义经济中的失业问题的不必要性和有害性。所以弗里德曼的就业对策实际上是十分明确的，这就是：让市场本身来解决失业问题，国家不必多加干涉，尤其不应当采取凯恩斯主义的刺激需求的做法。①

第二节　货币学派的就业对策

一、作为资本主义国家的政策目标的失业率同“自然失业率”的关系

前面已经提到，弗里德曼之所以仿照维克赛尔那样在经济学中引进“自然失业率”概念，是打算把实物因素同货币因素区分开来，以便考察在没有货币因素干扰情况下的失业水平。

同维克赛尔对利息率的分析方法一样，弗里德曼也着手分析市场失业率同“自然失业率”二者之间的不一致问题。他指出，按照资本主义国家历来采用的需求管理措施，政府的心目中是有一个作为政策目标的失业率的。政府力图把市场失业率保持在这

① 弗里德曼：《货币政策的作用》，载《现代国外经济学论文选》，第1辑，商务印书馆，1979年版，第111—131页。

个作为目标的失业率之下。如果市场失业率高于作为目标的失业率，它将采取财政政策或货币政策来降低市场失业率。而无论是财政政策还是货币政策的实行，都与货币供应量的多少以及物价增长率有关，因此，政府认为可以通过货币供应量的变动或物价的变动来降低市场失业率。这就是依据菲利普斯曲线关系调节经济的做法。

但被政府定为政策目标的失业率是否就是客观上存在着的“自然失业率”呢？弗里德曼认为并不一定如此。由于政策制定者的意图和对形势的估计不一，目标失业率和“自然失业率”可能不一样，于是社会上就有三种失业率：市场失业率、“自然失业率”、作为政策目标的失业率。弗里德曼分析了这三者之间的关系。他举例道：

假定作为政策目标的失业率被定为3%，“自然失业率”高于3%，市场失业率也高于3%。

这时，为了降低市场失业率，金融当局便增加货币供应量，降低利息率，以刺激需求。由于需求的增加，市场失业率降到了“自然失业率”之下。但正如前面已经谈到的，这时的市场失业率下降所依赖的是工人们对物价上涨而引起的实际工资率下降的不敏感，等到工人们发现实际工资的下降而要求按照物价上涨的幅度来提高名义工资率，并且使名义工资率增长之后，雇主就不会增雇工人，市场失业率就会返回到原来的水平。问题是：为什么在这种情况下，工人们提出的按照物价上涨的幅度来提高名义工资率的要求能够实现呢？为什么雇主会答应工人们提高名义工资率的要求呢？这是因为："自然失业率"意味着资本主义经济处于均衡状态时的失业率，如果市场失业率低于"自然失业率"，这表明市场对劳动力的需求已经过度，所以，一旦市场失业率下降到"自然失业率"之下，而工人提出增加名义工资率的话，他们的这一要求是能够得到实现的。

弗里德曼在做了上述说明之后，很自然地得出了这样的结论："实际工资的提高将使失业的下降颠倒过来，转向回升，而趋于恢复到它原先的水平。为了使失业率保持在3%这一既定目标，金融当局还不得不更多地提高货币增长率。和利息率的情况一样，只有借助通货膨胀才能使'市场'率保持在'自然'率以下。"①这就是说，假定政府把低于"自然失业率"的某种失业率作为政策目标，那么它必须不断地进行通货膨胀，才能做到这一点。

反过来说，假定资本主义国家把高于"自然失业率"作为政策目标，那么情况刚好相反，因为政府这时必须实行通货收缩政策，使需求减少，因为对劳动力需求的不足才会引起市场失业率高于"自然失业率"。不仅如此，政府实行的通货收缩政策还不能够停顿，而应当持续地，甚至加速地进行下去，否则，通货收缩政策一停顿，对劳动力的需求随着总需求的增加而增加，就会使市场失业率降下来，这样也就无法使作为政策目标的失业率高于"自然失业率"了。

---

① 弗里德曼：《货币政策的作用》，载《现代国外经济学论文选》，第1辑，商务印书馆，1979年版，第123页。

当然，从理论上说，最好是能够把与“自然失业率”一致的失业率作为政策目标。在弗里德曼看来，这是合乎理想的，因为这时既不需要实行通货膨胀，也不需要实行通货收缩。但困难之处恰恰在于：一方面，政府无法判明究竟什么样的失业率是“自然失业率”；另一方面，“自然失业率”本身又时时刻刻在变化，当政府刚把作为政策目标的失业率规定为“自然失业率”水平时，但“自然失业率”本身的变化又会使得政策目标马上偏离“自然失业率”水平，这正如维克赛尔理论体系中的“自然利息率”是不容易被准确地估计出来，而且难以维持不变一样。弗里德曼终于得出这样的论断：“货币增长的实际进程将似一场漫无目标的散步，被那些造成市场率暂时偏离自然率的各种力量冲过来又冲过去。”①

弗里德曼正是根据上述“自然失业率”、市场失业率、作为政策目标的失业率之间复杂关系，论述了资本主义国家的政府应当如何对待就业（或失业）的问题。

二、通过市场自发调节作用以增加就业的主张

严格说来，弗里德曼主要是说明政府对待就业（或失业）的

① 弗里德曼：《货币政策的作用》，载《现代国外经济学论文选》，第1辑，商务印书馆，1979年版，第123页。

应有的态度，很难说弗里德曼提出了有关解决资本主义社会中的就业问题的对策。弗里德曼有关“自然失业率”的假说和对于凯恩斯主义的需求管理措施的批评，只不过反映了弗里德曼对于西方各国政府依据菲利普斯曲线关系来调整市场失业率的做法的不满。弗里德曼主张抛弃这种只可能加剧通货膨胀而不可能真正降低失业率的政策，但他本人并没有提出可以作为凯恩斯主义就业政策的替代物。

前面已经指出，弗里德曼的就业理论是从属于他的货币理论的，而他的货币理论也就是他的关于资本主义经济运行的理论。因此，如果要问弗里德曼本人究竟主张采取什么办法来缓和资本主义社会中的就业问题，那么必须先了解弗里德曼关于政府作用的看法，以及他的稳定资本主义经济的总的设想和建议所采取的措施。

弗里德曼认为，在一个社会中，正如在一场竞赛中一样，要求双方成员遵守竞赛规则和接受裁判员对规则的解释和执行。社会需要一个裁判员。这就是政府的基本作用。政府提供人们能够改变规则的手段，调解人们之间对于规则的理解方面的分歧，迫使人们遵守这些规则。在社会中，绝对自由是不可能的。不论无政府主义作为一种哲学具有多么大的吸引力，但它是行不通的。个人的自由可能相互冲突。当冲突存在时，必须限制一个人的自由以便保存另一个人的自由。因此，弗里德曼认为政府的作用在于如何解决个人的自由之间的冲突。根据这一思想，弗里德曼认为政府在解决就业问题方面的作用实际上是有限的，即政府不需要，也不应当去具体安排社会的就业问题。这个问题可以留给社会自行解决。

在经济活动中，弗里德曼总的设想是：减少国家干预，发挥市场自发调节作用。他所建议采取的措施主要是：稳定货币供应量的增长率。在他看来，要维持资本主义国家的经济稳定，金融当局应当按照大约等于经济的实际增长率来使货币供应量的增长率保持稳定。这就是弗里德曼的所谓“单一规则”。他认为，如果依靠“单一规则”使资本主义经济保持稳定，那么整个经济也就会正常地运行，就业问题将在这个正常的经济环境中逐步得到解决，最终使高于或低于“自然失业率”的市场失业率接近于“自然失业率”水平，也就是接近于均衡的失业率水平。弗里德曼指出：社会的失业率同利息率一样，都是政府或金融当局自己所不能控制的，假定政府一定要把失业率作为政策目标，强求实现它，其结果必定是经济的更加不稳定。他写道：“第一个要求是货币金融当局应当把它所能控制的数量作为指导自己行为的准则，而不应把它不能控制的数量作为指导自己行为的准则。如果金融当局一如既往，把利息率或失业率作为政策的直接目标，那就会像一架空间飞行器把方位定在错误的星球上一样，不管它的导航装置多么灵敏和多么高级，这架空间飞行器总得走上歧途。”①

在弗里德曼看来，在正常的经济环境中，“自然失业率”本

① 弗里德曼：《货币政策的作用》，载《现代国外经济学论文选》，第1辑，商务印书馆，1979年版，第128页。

身不是不可能降低的，但“自然失业率”的降低并非由于国家采取的干预行动的结果，而是由于市场调节作用得以充分发挥的结果。在充分发挥市场调节作用的条件下，工人的流动性将增大，市场将会广泛提供有关职业空位和劳动力供给的信息，这都是有利于降低“自然失业率”的。不仅如此，由于物价保持稳定，雇主和工人之间关于工资率的谈判的进行也会顺利得多。工人不会由于估计到未来物价的上升而有意识地预先提高货币工资率，雇主也不会由于对未来物价上升幅度和经济前景的难以预料而不断改变自己的产量和雇工数量，这些也都有利于资本主义社会中的就业问题的缓和。弗里德曼认为，资本主义制度本身仍是完善的，它能使市场调节作用充分发挥出来，因此，只要稳定货币供应量的增长率，资本主义制度本身就有可能使经济活动正常地进行，就业问题也就不像国家干预条件下那样尖锐了。弗里德曼就此写道：“一旦生产者和消费者，资本家和雇工能够在确信未来价格的平均水平按已知方式表现（最好是高度稳定）的条件下进行活动，我们的经济体系就会运转得最好。在任何可想象的制度安排下，确定地说在目前美国现行制度安排下，价格和工资的可变性是有限的。我们需要保存这点可变性以保证商品的相对价格和工资能适应于嗜好和技术的动态变化而作相应的调整。”[①]这表明，弗里德曼在资本主义就业问题方面的政策思想主要是：政

① 弗里德曼：《货币政策的作用》，载《现代国外经济学论文选》，第1辑，商务印书馆，1979年版，第126页。

府不必去关心失业率本身的变动，而只需要着手为经济的正常活动提供一个良好的条件，包括保留现存的资本主义制度，充分发挥市场调节的作用，实现货币供应量的稳定的增长，维持物价的稳定，这样，就业问题将自然而然地得到解决。

三、对工资率的态度

弗里德曼根据有关“自然失业率”的假定，对工资率和就业保障问题提出了自己的看法。

他不同意由政府来颁布最低工资的法令。他认为，颁布这些法令形式上是帮助低收入者，实际上却损害了低收入者的利益。这是因为，要求颁布最低工资法令的压力来自工会，其用意是主张提高最低工资，使工会会员免受竞争的危害。然而这样一来，促成雇主们歧视技术水平较低的人。例如，一些缺乏技能的青少年的劳务每小时仅值2美元，他们也许渴望以这种工资干活，以便由此学到较多技能，以后再得到较好的工作。如果每小时最低工资为2.9美元，雇主就不愿意以此代价来雇用这些青少年。因此，在弗里德曼看来，战后美国青少年失业率的增加主要是最低工资法令造成的。第二次世界大战结束时，最低工资是每小时40美分。此后最低工资急剧上升，1950年升至75美分，1956年上升到1美元。50年代初期，全体工人的失业率大约为4%，青少年的失业率为10%，白人和黑人青少年的失业率大致相等。在最低工资率急剧提高之后，白人和黑人青少年的失业率扶摇直上，在白人和黑人青少年失业率之间出现了差距。70年代末，白人青少年的失业率在15%—20%之间，黑人青少年的失业率在35%—45%之间。弗里德曼写道："在所有法令中，最低工资法令是最歧视黑人的一项法令。政府先是开办中小学，其中许多青年人，特别是黑人青年，所受的教育很差，以致他们未掌握必要的技能从事工资较高的工作。随后政府再一次惩罚了他们，阻止他们为了得到在职训练而为低工资干活。所有这一切都是在帮助穷人的名义下进行的。"①

弗里德曼用供求规律进一步说明制定较高工资率对就业问题的影响。他指出：供求规律表明，某种东西的价格愈高，愿意购买它的人就愈少；假使某种劳动较为昂贵，这种劳动提供的工作机会就会减少。比如说，假使木匠活较为昂贵，则建造的房屋减少，并且所造的这些房屋会采用木匠活不多的建筑材料和方法。提高航空公司驾驶员的工资，乘飞机旅行将变得更贵，乘飞机的人将会减少，因此对于航空公司驾驶员来说，就业机会也会少一些。所以说，要使更多的人就业，就不能采取提高工资率的办法。那么，能不能用减少利润的办法来提高工资呢？弗里德曼认为这是不可能的。按照他的解释，道理在于美国的全部国民收入目前约有80%用于支付工资、薪金和小额优惠，余额的一半

---

① 米尔顿·弗里德曼，罗斯·弗里德曼夫妇：《自由选择：个人声明》，商务印书馆，1982年版，第249页。

以上用于支付租金和贷款的利息。公司利润总额不到国民收入的10%。这还是纳税前的利润。纳税以后，公司利润大约是国民收入的6%。即使全部利润都投放进去，也几乎不可能使所有的人都领取高工资。而且，这不啻于杀鸡取蛋，因为利润为投资提供了刺激，投资为工资的提高创造前提，如果减少利润，哪里会有高工资呢?

在工资率和就业问题上，弗里德曼把主要责任归咎于工会组织。他认为工会是一种阻碍就业扩大的垄断力量。他强调当前美国经济的实际情况是：工会在政府协助下，用实行高工资率的办法缩减就业机会。而工会本身所采用的办法之一，则是“采取暴力行动或以暴力相威胁：宣称如果雇主雇用非工会会员，或付给工会会员的工资率低于工会指定的工资率，将毁坏雇主的财产或者殴打他们；宣称如果工人同意为较低的工资干活，就揍他们或破坏他们的财产。这就是工会在进行工资调解和谈判时，为什么经常伴随有暴力行为的原因”。[①]

总之，弗里德曼认为应当设法减少工会对工资率的干预，并且认为政府不必干预工资率。他指出，工资率应当由劳工市场的供求双方自由去议定，这样才能把“自然失业率”尽可能地降低。对工资率的外在力量的任何干预，包括政府的干预、工会的干预或雇主联合会的插手过问，都妨碍雇主和工人之间的自

① 米尔顿·弗里德曼，罗斯·弗里德曼夫妇：《自由选择：个人声明》，商务印书馆，1982年版，第247页。

由谈判，从而妨碍他们签订有利于降低“自然失业率”的工资协议。

如果社会上失业的人多了，那又该怎么办呢？弗里德曼强调说，“自然失业率”不等于零，而且，即使它可能降低，也不一定会降到零，这样，当市场失业率与“自然失业率”一致的时候，社会上总有一部分人被排除在工作岗位之外。政府部门也没有必要使这些人统统就业。在他看来，要使这些人就业，政府是力所不及的。如果一定要使他们就业，经济将变得不稳定，失业的人反而会更多。另一方面，社会上保留一部分失业者，对于经济效率的提高未尝没有好处。一个没有失业者的社会，工人对雇主的态度可能发生变化，工人对工资率可能提出过分的要求，这对于经济效率都是不利的。再说，在资本主义社会中，失业率也不可能真正降低到零。因为，去失业登记所登记的人数多少与失业率本身的大小有关，如果社会上已经有许多人失业，失业率已经很高了，那么到失业登记所来登记的人数（如家庭妇女等）将会减少；反之，如果社会上失业率很低，原来的登记者都找到了工作，那么这将吸引更多的人（如家庭妇女等）前来登记，所以登记的失业人数是很难下降为零的。

第三节 评货币学派的就业理论

一、"自然失业率"假说的错误

弗里德曼的"自然失业率"假说是反科学的。根据这一概念，在资本主义经济中将存在着一批无论如何也很难被经济所吸收的失业者，而这些失业者之所以得不到就业机会，并非由于资本主义制度本身的责任，而是因为他们或者是在技术上和工作能力上不适应资本主义经济的需要，或者是由于他们自己或他们的代表（工会领导人）提出了不能被资本主义经济中的雇主所接受的工资率和雇佣条件。因此，"自然失业率"假说为资本主义剥削制度推却了责任。

不仅如此，在弗里德曼看来，如果资本主义经济中存在着与"自然失业率"水平相一致的市场失业率，那么这将是合理的，因为市场失业率同"自然失业率"一致，这就意味着资本主义已经处于均衡的就业水平了。所以说，在这种就业水平条件下仍然存在的失业者，只不过是些"多余的人"，因为社会不可能为他们安排就业的岗位。弗里德曼的这种说法反映了他为资本主义制度辩护的立场，它否认相对过剩人口是资本主义生产方式的必然产物。

马克思指出："资本主义积累不断地并且同它的能力和规模成比例地生产出相对的，即超过资本增殖的平均需要的，因而是过剩的或追加的工人人口。”[①]资本主义经济中存在的失业率，绝对不是什么“自然失业率”，而是相对于资本价值增殖的需要而形成的失业率。失业的根源在于资本主义制度本身。针对资本主义社会中的实际情况，马克思曾经写道：“如果明天把劳动普遍限制在合理的程度，并且把工人阶级的各个阶层再按年龄和性别进行适当安排，那么，要依照现有的规模继续进行国民生产，目前的工人人口是绝对不够的。”[②]这就清楚地说明，弗里德曼所说的那种“自然失业率”或者均衡的失业率，是根本不存在的。

再做进一步的考察，不难发现，弗里德曼所提出的“自然失业率”概念之所以不科学，因为它本身是无法计算出来的。货币学派在英国的重要代表人物D. 莱德勒在评论弗里德曼的“自然失业率”假说时，曾经指出：“自然失业率”是需要计量的，因为只要知道了“自然失业率”的水平，才能对失业的现实状况做出解释，然而在英国，“自然失业率”极难估计。他写道：“根据曼彻斯特大学的初步研究成果，英国的自然失业率也许略低于2%。”[③]但他承认，由于“自然失业率”估算的困难，所以曼彻斯特大学的上述估计“肯定有很大误差”。他接着指出：“如果政府确定的失业率目标低于自然失业率，那么要维持政府确定的

① 马克思：《资本论》，第1卷，载《马克思恩格斯全集》，第23卷，第691页。

② 同上，第698页。

③ 戴维·莱德勒：《一个英国人的评论——“需求管理”的终结：如何减少七十年代的失业》，载《失业还是通货膨胀》，商务印书馆，1982年版，第48页。

这一比率，就必须不断扩大总需求，从而使通货膨胀率不断加速。只有自然失业率能使通货膨胀率保持稳定或消除通货膨胀。如果我们不知道自然失业率，那么，我们将无法知道政府确定的宏观经济政策目标是否可以实现。”

总之，既然“自然失业率”难以计算出来，那么又如何能够判断出实际的市场失业率究竟是在“自然失业率”之下，还是在它之上呢？又如何能够用“自然失业率”来说明社会上究竟有多少人失业才达到了劳工市场的均衡状态呢？

二、弗里德曼的就业对策的实质

如上所述，弗里德曼不主张由资产阶级政府采取经济调节措施来减少失业人口，他的就业对策实际上就是：要求政府不必干预，听任市场经济自发调节，让失业人口自行消长。这种做法显然是不利于广大失业者的。我们知道，20世纪40年代中期，美国、英国等主要资本主义国家先后奉行凯恩斯主义，通过了所谓“充分就业”的立法。尽管这是资产阶级政府企图以此缓和阶级斗争的策略，尽管这些立法被以后的事实证明是难以实现的，但不管怎样，从工人的角度来看，由于这些立法表明资产阶级政府承认自己有责任使失业者得到工作，所以这毕竟是工人阶级长期斗争的一个成果，没有30年代以来工人阶级的斗争，资产阶级政府是不会通过这些有关就业的立法的。然而弗里德曼却认为资产阶级政府不必再承担这种责任，主张让失业人口随市场本身的扩张和收缩而自行消长，这实际上是主张返回到第二次世界大战以前的状态去。难道这不是对早已通过的就业法（尽管它是难以实现的）的公开的否定吗？

再看，按照弗里德曼的设想，在资本主义经济中，只要稳定货币供应量增长率，似乎就可以使物价保持稳定，从而可以使市场失业率在经济正常运行的条件下自行下降，甚至还有可能使“自然失业率”在市场充分发挥调节作用的条件下逐渐降低，这样，资本主义制度下的就业问题就会缓和下来。弗里德曼的这些设想是毫无根据的，因为前面已经指出，失业既是资本主义生产方式的产物，又是资本主义生产方式赖以存在的条件，资本主义制度本身不可能解决失业问题。至于稳定货币供应量增长率的措施，不仅难以做到，而且即使实现了，也很难使物价保持稳定，很难使资本主义经济正常运行，因为当前资本主义国家的通货膨胀与垄断资本主义制度是紧密联系在一起的，巨额的财政赤字、庞大的国债总额、垄断资本集团对物价的操纵、国际通货膨胀的影响，等等，都促使物价上涨。即使按照弗里德曼所设想的“单一规则”去做，资本主义国家经济仍然处在激烈动荡的困境中，而失业问题的越来越严重最终仍然会迫使资产阶级政府去寻找“单一规则”以外的对策。

此外，还应当指出，弗里德曼在有关就业问题的分析中，曾对工会的作用做了严重的歪曲。按照他的观点，工会制定保障工人最低工资的法令，以及关于减少利润和增加工资的要求，都是不利于扩大就业的。姑且不谈工会能否起到垄断劳工市场的作用，但单纯就最低工资率和改变利润和工资之间的比例关系这一点而论，弗里德曼的论点是没有根据的。这是因为，如果我们把最低工资法令的制定看成是工人为维持最低生活水平而进行斗争的结果，把减少垄断利润看成是工人和广大人民的正当要求，那么工会提出的这些要求本身无可非议。难道把造成资本主义社会中的失业现象的原因不归咎于资本主义制度，而归咎工人们的正当要求吗？显然，弗里德曼是在为资本主义制度辩解。他的论点是违背事实的。

三、如何看待货币学派对凯恩斯主义就业理论和就业政策的批评？

我们认为，不仅有必要指出以弗里德曼为代表的货币学派的就业理论和就业对策的错误和辩护性，而且还需要指出货币学派对凯恩斯主义就业理论和就业政策的批评，无非反映了两个资产阶级经济学派之间的争论。货币学派和凯恩斯主义一样，都割裂了资本主义制度同资本主义社会中的失业现象的联系，都认为资本主义制度可以解决就业问题，只不过前者认为市场经济本身能起到这种作用，后者则认为非通过政府的调节措施不可。货币学派和凯恩斯主义之争代表着当代资产阶级经济学中经济自由主义思潮和国家干预主义思潮的分歧。

但与此同时，我们也应当承认，货币学派在对凯恩斯主义就业理论和就业政策的批评中，一定程度上也揭露了战后长时期内资本主义国家实行的国家干预政策所带来的严重后果，其中包括：由于刺激需求而引起的通货膨胀的加剧，由于依靠通货膨胀来应付失业而造成的通货膨胀与失业的并发症，由于实行某些“福利”措施而导致的经济效率下降，以及由于实行某些“福利”措施而促使资本主义社会的就业问题复杂化，使得一些失业者不急于寻找工作或不愿意从事某些行业的工作，等等。这也就是货币学派所批评的：以刺激需求的办法来实现充分就业，有弊无利；采用凯恩斯主义的财政货币政策，或者无法使失业率降下来，或者代价过大而“得不偿失”。货币学派指出了凯恩斯主义的就业理论和就业政策的不可行性。从这个角度来考察，我们认为，货币学派对于凯恩斯主义的批评对于分析战后资本主义国家的经济有一定的参考价值。

（引自厉以宁、吴世泰合著的《西方就业理论的演变》，华夏出版社，1988年版。）

劳工市场技术结构的分析

第一节　后凯恩斯主流派对凯恩斯的就业理论的发展

前面已经提到，J. 凯恩斯的就业理论被认为是一种总量就业理论，它只考察资本主义社会中的总就业量的变化、就业水平的高低，而不分析就业的结构，因此，它被当代西方经济学界认为是不适宜解决现代资本主义社会中的就业问题的。20世纪60年代中期以后，资本主义社会中的失业问题越来越严重，并且日益同通货膨胀问题交织在一起。怎样解释失业和通货膨胀的并发，既成为非凯恩斯派经济学家批评凯恩斯就业理论的一个中心课题，也成为凯恩斯主义者补充和发展凯恩斯就业理论的一个重要的方面。美国著名经济学家、后凯恩斯主流派重要代表人物J. 托宾在《通货膨胀和失业》一文中，为了补充和发展凯恩斯的就业理论，着重从劳工市场的技术结构的角度来论述当前资本主义社会的失业的特征以及失业与通货膨胀并发的原因。此外，美国著名经济学家、后凯恩斯主流派另一个代表人物J. 杜生贝在托宾论述的基础上，又进一步阐释了劳工市场的技术结构的特点和失业对通货膨胀的影响。

一、劳工市场的技术结构

劳工市场的结构包括技术结构、部门结构、区域结构、社会结构等方面。劳工市场的技术结构是指劳工市场可以按照工人的技术状况来细分为若干个局部市场，每一个局部市场主要代表一定技术工种、一定技术水平的劳动力的供给与需求的关系。例如，按技术工种划分，工人可以细分为电气工人、冶金工人、纺织工人、建筑工人、机械工人、司机、打字员，等等；按技术水平划分，工人可以细分为非熟练工人、半熟练工人、熟练工人、一般技术人员、技术专家，等等。这样，每一个局部市场实际上只是很狭窄的、专业性很强的劳动力供求市场。不同的局部市场的劳动力供给或需求一般都是难以替代的。除了技术工种和技术水平的区别而外，劳工市场还可以按工人的年龄、性别细分，工人则按照年龄的不同、性别的不同而分属于不同的局部市场。这些局部市场劳动力供给或需求有时也很难彼此替代。

二、结构性失业

由于劳工市场的结构方面不相适应（主要是技术结构不相适应）而造成的失业，在一些西方经济学文献中通常被称为结构性失业。结构性失业表现为失业与职位空缺的并存，即一方面是“人找事”，另一方面是“事找人”。失业与职位空缺的数额经常是不相等的。即使二者相等，失业也不可能消失，因为失业者在结构方面不能适应职位空缺的要求。结构性失业中有相当大的部分是由于劳工市场技术结构方面的不相适应所造成的失业，这种结构性失业具有较大的普遍性。在任何技术条件下，失业者都有可能或者由于技术工种不同，或者由于技术水平过低，从而不能填补现存的职位空缺。

结构性失业问题的提出是对凯恩斯总量就业理论的补充和发展。但结构性失业问题并不是托宾、杜生贝最早提出的。在凯恩斯以前的西方传统就业理论的著作中所使用过的“摩擦性失业”概念，与结构性失业有不少相似之处，甚至可以被看成是“结构性失业”的一种，只不过它较着重于失业的“季节性”“临时性”和“局部性”而已。然而，托宾、杜生贝在这方面的主要贡献是把结构性失业同通货膨胀问题结合在一起进行考察。他们从结构性失业的角度分析了当前的停滞膨胀的原因。简单地说，托宾、杜生贝的论述步骤如下：

1. 认为现代资本主义社会中存在工资刚性和价格刚性；

2. 认为现代资本主义社会中存在工资与物价的螺旋形上升；

3. 认为由于劳工市场技术结构不相适应而造成的失业与职位空缺的并存引起失业与工资上升并存；

4. 认为失业与工资上升并存必然演变为失业与通货膨胀并发。

他们根据自己的上述分析，提出应付当前的失业与通货膨胀并发症的对策，以及消除由于劳工市场技术结构不相适应而造成的结构性失业的对策。这就是托宾和杜生贝在就业理论上对凯恩斯就业理论的补充和发展。下面，我们按照托宾和杜生贝的论述顺序，看一看托宾和杜生贝是怎样得出他们的基本论点的。

三、工资刚性和价格刚性的后果

在现代资本主义社会中，由于工会对工资率的控制而形成的工资易于上升、不易于下降的特点，被称作工资刚性；由于大公司对物价的控制而形成的物价易于上升、不易于下降的特点，被称作价格刚性。虽然工资刚性和价格刚性是早已存在的现象，但托宾认为凯恩斯至少不曾在自己的就业理论中引进这两种刚性，进行较细致的分析。

托宾指出，即使不能简单地利用大公司和工会的经济权力的集中来说明整个通货膨胀的倾向，但不能否认的事实是：在现代资本主义经济中，大公司和工会的确是能操纵价格和工资的。这种操纵造成的一个重要结果是助长了通货膨胀倾向。托宾写道："毫无疑问，操纵的工资和价格的优势有了永久的增大，这是与农业和其他自营职业部门的相对衰落有关系。这种发展，由于扩大的那些货币工资对过度供给的反应慢于它们对过度需求的反应的劳工市场数目，大概助长了整个经济的通货膨胀倾向。”[①]为什么托宾在这里要提出农业部门的衰落呢？这是因为，农产品价格是富有伸缩性的，农业部门的工资也是富有伸缩性的，因此农业部门的衰落必然使操纵价格在整个经济中的影响扩大了。对物价的操纵和对工资率的操纵促成了物价和工资交替上升的可能性和现实性。

四、关于失业和职位空缺的并存

托宾认为，由于劳工市场技术不相适应而造成的失业和职位空缺的并存，以及这种并存与通货膨胀之间的关系，是凯恩斯不曾研究的课题，而这个问题如果不解决，那就说明不了现阶段资本主义经济中出现通货膨胀与失业并发的原因。

托宾提出了这样一个问题：为什么存在“没有过度总需求”的通货膨胀？“没有过度总需求”是指市场上的失业人数和职位空缺数目相等时的总需求。按照凯恩斯的理论，如果没有过度需求，是不可能产生真正的通货膨胀的。但现代资本主义经济中的

① 托宾：《通货膨胀和失业》，载《现代国外经济学论文选》，第1辑，商务印书馆，1979年版，第281页。

实际情况是：即使没有过度总需求，仍然存在通货膨胀，甚至存在加速的通货膨胀。托宾认为，原因就在于失业人数与职位空缺的数目虽然一样多，但它们由于技术结构方面的特点却不能互相抵销。

托宾写道："因劳工市场上过度供给而造成失业的形式，或因过度需求未能补充而造成工作空位的形式。不论什么时候，市场在过度的需求或供给中广泛地变化，整个看来，经济显示既有空位又有失业。"[①]但是，失业和职位空缺对于货币工资率的影响却是不一样的，"失业减缓货币工资速度不及空位加速增加货币工资"，[②]这就是说，尽管有失业存在，货币工资并不会下降，或者下降的幅度很小，而一旦存在职位空缺，那么货币工资不仅上升，而且职位空缺对货币工资增长的推动程度将大于失业对货币工资增长的缓和程度。托宾由此得出的一个重要论点是："在空位数目与失业人数相等的意义上的充分就业是与物价稳定有矛盾的。零通货膨胀需要失业人数多于空位数目。"[③]

为什么托宾会得出"零通货膨胀需要失业人数多于空位数目"的论点？这是因为，在他看来，如果失业人数与空位数目相等，那么由于失业对货币工资增长的速度的减缓不及职位空缺对货币工资增长的推动，所以一般工资水平仍会上升，总需求仍会增大，从

---

① 托宾：《通货膨胀和失业》，载《现代国外经济学论文选》，第1辑，商务印书馆，1979年版，第277页。

② 同上，第278页。

③ 同上，第279页。

而通货膨胀倾向仍然不可避免，这就是“零过度需求带来通货膨胀”的原因。因此托宾认为，只有在失业人数多于职位空缺数目的条件下，资本主义经济中才能实现零通货膨胀，也就是“无通货膨胀标准要求有足够的另外的失业来扫除通货膨胀倾向”。

杜生贝在托宾的论述的基础上，进一步阐释道：在存在失业的条件下，工资水平不下降，是工会操纵工资率的结果，而工资的增长推动物价的上涨又是大公司操纵价格的结果，所以即使在失业人数与职位空缺数目相等时，平均工资也会增长，物价也会上涨，所以失业与职位空缺的并存意味着失业与通货膨胀并发。杜生贝甚至认为，即使失业人数大大超过了职位空缺数目，但由于劳工市场是由许许多多局部市场组成的，劳工的供给和需求是高度分散的，并且由于各个市场上的工资变动状况会相互影响，彼此推动，所以只要个别市场上出现了职位空缺，出现了工资水平的上升，也就会推动整个工资水平的上升，推动整个物价的增长，从而引起通货膨胀。①

五、对“自然失业率”假说的批评

后凯恩斯主流派经济学家不同意货币学派的“自然失业率”

---

① 杜生贝：《通货膨胀和收入分配》，载伦德堡编：《通货膨胀理论和反通货膨胀政策》，伦敦，1977年版，第268，271页。

假说以及货币学派对凯恩斯就业理论的批评。他们在补充和发展凯恩斯就业理论的同时，对M. 弗里德曼关于就业的论点进行指责。托宾在这方面的论述被认为是最有代表性的。

托宾首先反对弗里德曼“自然失业率”假说中的这样一个重要命题，即认为“自然失业率”是一种最优的失业率，它是同稳定的工资率相适应的。如果市场失业率与“自然失业率”一致，那就意味着劳工市场既没有需求过度，也没有供给过度，从而既不会有通货膨胀，也不会有通货收缩。弗里德曼正是根据他的这种假设，主张国家不必干预市场的就业状况。托宾认为，有关最优失业率的提法是不能成立的，因为劳工市场是一个不完全竞争的市场，劳工市场技术结构的不相适应十分显著，所以实际上不可能知道经济中究竟什么样的失业率是最优的，或者说，最优失业率是不存在的。

不仅如此，托宾认为，在劳工市场技术结构不相适应的条件下，零过度需求也会带来通货膨胀，所以那种认为市场失业率与“自然失业率”一致就可以避免产生过度需求，从而不会带来通货膨胀或者不会使通货膨胀加速进行的论点，无疑站不住脚。从另一方面看，也正是由于劳工市场技术结构不相适应的结果，失业率的变动并不一定同通货膨胀率的变动直接有关。职位空缺数目同失业人数一致，职位空缺数目大于失业人数，或者职位空缺数目小于失业人数的幅度还不够大，等等，都能促使货币工资率上升，从而能引起通货膨胀。托宾认为，这也是弗里德曼的“自然失业率”假说所无法解释的。

托宾还反对弗里德曼“自然失业率”假说中的另一个重要命题，即认为零通货膨胀条件下的失业是自愿失业，它表现为人们寻找更适合于自己或能取得更高工资收入的职业。这也是弗里德曼认为国家不必干预市场的就业状况的一个理由。托宾同样认为，“自然失业率”假说中的这个命题不能成立。他写道：“自然失业率——即和零通货膨胀率一致的失业率——从经济福利的立场上看，是没有特殊理由存在的。在工资调整作用过程中的通货膨胀倾向的一定情况下，非通货膨胀引起的失业率，远远不是能用自愿的或有效的寻找职业的活动加以解释的。”[①]托宾分析了资本主义经济中人们寻找职业的活动。他解释道，寻找职业的人不一定是原来没有工作的人，而很可能是在原有的工作岗位上留任，但同时在寻找新工作的人。从统计资料上看，很难看出究竟有多少人离职和就职是类似于工作的调离。正因为客观上存在着各种各样的寻找职业的人，所以很难把这种情况下的失业者或寻找工作者都看成是自愿失业者。托宾认为：凯恩斯的总量就业理论尽管有种种不足之处，但凯恩斯毕竟认为资本主义经济中的失业并不完全是摩擦性失业和自愿失业，而且还存在非自愿失业，“非自愿失业是一种失衡现象”。[②]在托宾看来，凯恩斯有关劳工市场失衡现象的论述，至今还有适用性，而货币学派在否定凯恩斯的非自愿失业概念时却强调零通货膨胀条件下的失业

① 托宾：《十年来的新经济学》，商务印书馆，1980年版，第85页。

② 托宾：《通货膨胀与失业》，载《现代国外经济学论文选》，第1辑，商务印书馆，1979年版，第267页。

是自愿失业，这就与资本主义经济中的实际情况不符了。因此，托宾做出了这样的论断：“从经验上看来，在美国，零通货膨胀下失业率反映自愿的、有效的寻找工作活动这个命题是牵强附会的……零通货膨胀下失业不完全是自愿的，不是最适度的，我甚至可以说不是自然的。”[①]正如前面已指出的，托宾的理由是：由于劳工市场技术结构的不相适应造成的失业，既不是自愿失业，也不是处于最优失业量的失业。

六、对菲利普斯曲线关系的看法

总的说来，托宾对于菲利普斯曲线关系是采取怀疑态度的。他认为，按照凯恩斯的理论，充分就业应当被看成是经济中的通货膨胀的开端，如果总需求扩大而尚未达到充分就业的话，那么至多只会引起物价略有上升，而不会产生持续的通货膨胀。但战后的经验表明，凯恩斯的这种通货膨胀理论已经不够用了，因为经济中还不曾达到充分就业，持续的通货膨胀就已经出现，凯恩斯理论不能解释这个问题。那么，菲利普斯曲线关系能不能解决这个问题呢？托宾认为，由于菲利普斯曲线关系也没有涉及劳工市场的技术结构问题，所以它同样说明不了为什么会在达到充分

① 托宾：《通货膨胀与失业》，载《现代国外经济学论文选》，第1辑，商务印书馆，1979年版，第275—276页。

就业之前就有持续的通货膨胀现象。此外，由于菲利普斯曲线关系只不过是某种经验上的判断，它在理论上是站不住脚的，所以不必认真地看待它。这是因为，按照菲利普斯曲线关系的解释，只要快速升高通货膨胀率，失业率是可以降低的，但在劳工市场技术结构不相适应的情况下，通货膨胀的快速升高不可能使得不相适应的劳工市场技术结构变得适应起来，所以失业率并不一定会就此降低。

托宾和杜生贝关于劳工市场技术结构的分析，特别是托宾对于弗里德曼的“自然失业率”假说的否定和对菲利普斯曲线关系的怀疑，都有着重要的政策含义。在下一节中，我们将对他们由此提出的就业政策进行评述。

第二节　劳工市场技术结构不协调的对策

一、对充分就业目标的理解

自从凯恩斯的《就业、利息和货币通论》一书出版以来，充分就业作为一种政策目标已经成为各种根据凯恩斯主义阐释的宏观经济学书籍的一个主题，但是人们对充分就业的理解却是多种多样的。托宾就此进行了论述。

要弄清楚究竟什么是充分就业，必须先了解什么是失业。按照西方经济学的解释，失业是指那些能够并且愿意工作的人无法找到有合适工资收入的工作。这意味着失业必须是非自愿的。如果自己不愿工作（如家庭妇女）就不能算作失业。同时，这里所指的“能够”工作的人，应排除掉那些因身体上或精神上有毛病而不能工作的人。

那么，充分就业是指什么呢？这通常是指：能够工作并愿意工作的人都能找到有合适工资收入的工作。但“有合适工资收入”又是指什么？这仍然是一个难回答的问题。而最难以统一的则是有关“充分”的认识，即究竟社会上存在多少失业算是达到了“充分”就业。比如说，难道只有零失业才是“充分”就业吗？或者说，职位空缺数目与失业人数相等算是“充分”就业吗？经济政策的制定者们总是想提出一种百分率作为目标的失业率，假定说，把目标的失业率定为3%—4%，这是不是说只要市场失业率小于3%—4%就算是达到“充分”就业了呢？托宾认为所有这些理解都是不符合凯恩斯提出的充分就业的原意的。

托宾指出，除了像瑞士这样的国家外，很难设想一个资本主义国家能达到零失业，因此，把零失业作为应当争取实现的政策目标缺乏现实意义，这种认识不能成为政策的指导方针。至于说把失业人数与职位空缺数目相等作为目标，那也是过于简单的，因为这正如托宾在分析劳工市场技术结构不相适应及其与通货膨胀之间的关系时已经谈到的，即使在失业人数与职位空缺相等的条件下，通货膨胀仍不能避免。

加之，无论是职位空缺数目还是为寻找新职位而随时准备离开原职位的人数，都很难精确地衡量，所以利用这个指标作为政策目标，并没有多大意义。再说，无论政府事先规定什么样的失业率（比如3%—4%）作为应当“争取实现”的目标，那都是武断的，因为没有证据表明这样的失业率符合充分就业的真正含义。

为此，托宾主张对充分就业的含义加以探讨，以便在制定就业政策时有所依据。托宾和另一些后凯恩斯主流派经济学家的观点就是：充分就业意味着劳工市场的均衡，非自愿失业的存在意味着劳工市场的失衡。托宾认为这才是符合凯恩斯的原意的。

二、劳工市场均衡概念

后凯恩斯主流派在把充分就业理解为劳工市场的均衡状态时，指出有必要把凯恩斯关于劳工市场均衡概念同凯恩斯以前的资产阶级经济学家关于劳工市场均衡的传统概念区分开来。

凯恩斯以前的资产阶级经济学家把劳工市场均衡理解为市场充分发挥作用时所能实现的就业量，这时，劳工市场的特征就是货币工资率稳定不变。如果这时仍然有人持久地失业，那么这意味着他们不愿接受现行货币工资率，所以这种持久的失业就是自愿失业，它的存在并不影响劳工市场均衡。

凯恩斯则把劳工市场均衡理解为“雇主们想要提供的总数和工人们按流行的工资率与物价想要接受的总数这样的就业

量”。[1]雇主想要提供的总数就是职位空缺的数目，而工人们按流行的工资率与物价想要接受的总数就是愿意并准备填补职位空缺的人数。假定这二者相等，那就意味着不存在非自愿失业。假定前者较小，后者较大，那就表明失业者并不是自愿失业者，而是非自愿失业者。

从政策含义上说，在凯恩斯以前的资产阶级经济学家看来，劳工市场的均衡是无须国家干预的，而凯恩斯则认为，劳工市场的均衡有赖于国家的干预。

托宾作为后凯恩斯主流派经济学家的重要代表人物，认为凯恩斯关于劳工市场均衡的说法是正确的，从而国家对劳工市场的干预也是必要的，至于凯恩斯以前的资产阶级经济学家所谓充分就业的实现“需要政府仅仅是并恰恰是中立的”的论点，则没有根据。

托宾指出，货币学派所提出的“自然失业率”假说实际上回到凯恩斯以前的资产阶级经济学家关于劳工市场均衡的论点上去了，区别在于：“只是在这种均衡下，货币工资不一定不变，而是按生产力增加率加上旧有的和预期的价格膨胀率而增长。”[2]这就是说，在货币学派的理论体系中，只要达到了“自然失业率”，劳工市场就处于均衡状态，在“自然失业率”条件下，货币工资率仍有可能根据劳动生产率的增长率、现存的通货

① 托宾：《通货膨胀与失业》，载《现代国外经济学论文选》，第1辑，商务印书馆，1979年版，第266页。

② 同上，第271页。

膨胀率和对通货膨胀的预期而增长，即货币工资率即使变动，也不会影响劳工市场的均衡状态，所以，政府干预是不必要的。托宾写道：“‘自然失业率’理论认为，我们不会真正有政策上的选择。从长远看，替换将消失，菲利普斯曲线将成为垂直线。因此，不管它是一种什么比率，我们还不如顺从‘自然失业率’，并使货币和财政政策完全适应预定的通货膨胀。按照这种看法，我们不应该把消除失业当作稳定政策的明确目标。”[①]托宾既然从理论上反对“自然失业率”假说，当然也反对货币学派关于政府不干预就业的主张。

三、制定就业对策时的基本考虑：在通货膨胀与失业两难中进行选择

如上所述，托宾虽然同意凯恩斯关于劳工市场均衡的论点，但他认为这种论点现在不够用了，因为在达到充分就业之前就已经有了持续的通货膨胀，资本主义国家的政府必须在通货膨胀与失业之间进行选择，才能制定自己的政策。托宾承认这是不易解决的问题。

换句话说，在托宾看来，在当前的资本主义国家中，资产阶级政府面临的首先是两个政策目标：一是劳工市场均衡，也就是

① 托宾：《十年来的新经济学》，商务印书馆，1980年版，第85页。

消除了非自愿失业，实现了充分就业；另一是物价的稳定，即零通货膨胀。托宾认为："既解决失业问题又解决通货膨胀问题，这两个目标是水火不相容的，这是对稳定政策最不祥的挑战……虽然我们竭尽全力进行探索，但仍然没有出路。我们将不得不面对痛苦的选择，而不能指望问题会自己解决。"①

面对着这种情况，托宾认为不能单纯依靠菲利普斯曲线关系进行调节。对于政策的制定者而言，是权衡通货膨胀与失业所带来的社会损失的大小。

什么是通货膨胀带来的社会损失？托宾写道：西方经济学界对这个问题的回答一直是含糊不清的，尽管不少人声称通货膨胀最终将带来巨大的灾难，但至今还缺乏经验统计方面的证据。托宾认为，通货膨胀所带来的社会损失实际上被夸大了，而那些不了解事情真相的普通老百姓又被这种没有根据的推论吓坏了，实际上，通货膨胀的社会损失并不是那么严重。托宾从以下三方面来进行分析。

第一，虽然通货膨胀会使那些手头持有现金的人受到损失，但由于持有现金的人数很多，很分散，他们之中有许多是小商人、消费者、进行非法活动的人、手头保留一笔现金而准备进行投机的人，等等。对于小商人和消费者来说，他们的现金周转太快，他们用不着把这些现金换成有利息收入的有价证券。对于进行非法活动的人和准备进行投机的人来说，他们不打算把这些现

① 托宾：《十年来的新经济学》，商务印书馆，1980年版，第85页。

金换成有利息收入的有价证券。至于一般的企业，实际上早已把现金余额减少到最低限度了，把多余的现金转化为存款或投资了。因此，尽管发生通货膨胀，也不可能在资本主义社会中引起大的震荡。

第二，通货膨胀会不会最终导致货币支付制度的崩溃，这并不是一个单纯的经济问题，也不是由于工资和物价的上涨所引起的。如果真的会发生这种情况，那么一定与重大的政治事件有关，比如与战争、战败、革命、赔款有关。换句话说，只要不发生上述这些重大的政治上的动荡，就不必为通货膨胀而过分担心。

第三，通货膨胀对经济的有害影响是引起经济资源的错误的配置，引起财富的不合理的转移。但这是一个缓慢发生的过程，而不是迅速来到的。何况，不仅通货膨胀会造成这样的后果，通货收缩也会造成这样的后果。但主要的问题不在通货膨胀还是通货收缩，而在于这些通货膨胀或通货收缩是被预计到的，还是未被预计到的。如果这些都被人们所预计到，那么就不会引起经济中的混乱。只有未被预计到的通货膨胀、通货收缩、相对价格变化，才会不利于经济资源的配置。

总之，托宾不同意把通货膨胀称作“最残酷的税收”的说法。即使是加速进行的通货膨胀，那也同样不能把它说得那么可怕。“‘加速’这个词并不一定像人们所想象的那样，就一定是灾祸。实际上，加速通货膨胀不会像某些通货膨胀过程的抽象模型所表现的那么无情的千篇一律。”[1]托宾作为后凯恩斯主流派经济学家的代表，他的这些论点，主要是针对货币学派的议论而发的。对于失业问题，托宾则是另一种态度。他认为，非自愿失业的社会损失不仅是易于被人们察觉到的，而且是直接的。托宾在这里继承了凯恩斯关于解决资本主义经济中的失业问题的基本政策思想，所不同的只是，他在把失业与通货膨胀并列时，宁可选择失业作为首要的政策目标，而把通货膨胀置于较次要的地位。换句话说，在托宾看来，如果能够缓和失业与通货膨胀之间的交替关系，能够同时兼顾充分就业和物价稳定这两个政策目标，这当然是最合乎理想的，但如果做不到这一点，那就只有用社会损失不那么明显或社会损失发生较迟的通货膨胀来替换社会损失较显著和直接的非自愿失业。

四、具体的就业措施

由于当前资本主义经济中的失业是同通货膨胀并发的，并且由于这种失业被托宾认为主要是由于劳工市场技术结构的不相适应而造成的，所以托宾所提出的具体的就业措施不同于凯恩斯的刺激需求的主张。这是因为，在托宾看来，刺激需求的政策只能解决“就业水平”问题，不足以解决“就业内容”或“就业结

① 托宾：《十年来的新经济学》，商务印书馆，1980年版，第86页。

构”问题。

托宾写道：“宏观经济政策，即货币的与财政的，要同时实现所规定的社会上失业和通货膨胀目标是无能的。这个阴暗事实成为始终鼓励着去寻找第三种手段来担任这项工作：一方面，指导路标和收入政策，另一方面，劳工市场和人力政策。”[①]这里所说的指导路标和收入政策，是指政府采取措施限制工资和物价的上升，以缓和通货膨胀；这里所说的劳工市场和人力政策，是指政府采取措施，调整劳工市场的结构，主要是对劳动力重新训练与教育，把非熟练的工人训练成有一定技术熟练程度的工人，把不适合职位空缺要求的失业者训练成能够满足雇主需要的工人，以缓和资本主义经济中因劳工市场技术结构不相适应而造成的失业问题。

应当指出，托宾在谈到收入政策时，他考虑得较多的是对工资的控制。他说：“虽然我不愿看到对工资的合法控制成为美国经济的永久特征，但我认为有理由制定一套松散的工资标准制度。相互比着不断增加工资，是毫无道理和非常危险的。因此，我们必须共同设法提高工资的要求降级。”[②]托宾之所以提出要限制工资的增长率，特别是主张限制工会在提高工资率方面的要求，除了他企图把物价上涨的责任归咎于工资的增长，并且指望依靠限制工资增长率来制止通货膨胀而外，还由于他认为这与解

① 托宾：《通货膨胀与失业》，载《现代国外经济学论文选》，第1辑，商务印书馆，1979年版，第285页。

② 托宾：《十年来的新经济学》，商务印书馆，1980年版，第86页。

决当前资本主义经济中的失业问题有关。托宾认为，工会所考虑的仅仅是工会会员的收入，主要是工会上层会员的收入，因此要求一再提高工资收入，“工会追求的是那些几乎没有考虑低级会员和后备会员的利益的工资政策”，[①]这样，失业者的利益就不在工会领导人的考虑之内，所以为了解决失业问题，有必要使经济处于稳定，那就不能不限制工会提出的增长率的要求，否则就应当把工会正式会员资格给予所有合乎工会会员标准的人，包括就业者和失业者，而不能只让一部分已就业的工会会员得到工资增长的利益。

就人力政策而言，托宾是同意西方经济学中有关人力资本理论的论点的，他认为：“人力资本的研究者令人信服地论证了挣钱能力，即实实在在能移转的挣钱能力，取决于经验以及正式的教育。”[②]这就是说，通过人力政策对劳动者进行训练和教育，不仅被认为可以使没有技术的失业者得到被雇用的机会，而且可以增加他们赚取收入的能力，使他们今后可以得到较多的收入。

为了解决就业问题，托宾还认为有必要修改现行失业补助金制度。他提出，现行的失业补助金制度缺乏灵活性，从而起不到刺激失业者去加紧寻找工作的作用或者只能助长失业者对职业的挑选。托宾写道：“在总失业超过某一界限时，完全有理由根据情况决定是发放还是停止发放失业津贴补助。这种方法，除了

① 托宾：《通货膨胀与失业》，载《现代国外经济学论文选》，第1辑，商务印书馆，1979年版，第286页。

② 同上，285页。

帮助稳定总需求外，还可使菲利普斯曲线的情况得到一些改善。在大量失业人口是自愿寻找工作的人时，失业补助金给予扩大寻找工作的刺激便会削弱。”[①]托宾的这种观点反映了他的这种看法：运用人力政策只是有助于解决由于劳工市场技术结构不相适应而引起的就业问题，它们还不足以消除自愿失业，为此就有必要采取某种办法修改福利措施（包括失业补助措施）。

第三节　评托宾的就业理论

一、劳工市场技术结构分析的意义

在对后凯恩斯主流派代表人物托宾和杜生贝关于资本主义就业问题的论点进行评价时，应当承认，作为一种研究方法以及作为一种对就业问题的深入一步的研究途径，对劳工市场进行结构分析是十分必要的；而在对劳工市场进行的结构分析中，技术结构分析又是很重要的一个组成部分。仅仅有就业的总量分析，而缺少就业的技术结构分析，那是很不够的。所以托宾和杜生贝在分析劳工市场时所得出的劳工市场的可细分性或不完全性的论断，有可取之处。

① 托宾：《十年来的新经济学》，商务印书馆，1980年版，第76页。

当然，有关劳工市场的技术结构分析并非从托宾和杜生贝开始。在传统西方经济学中，关于摩擦性失业的分析，实际上就是一种劳工市场的结构分析，并且与劳工市场的技术结构分析有不少相似之处。但应当强调的是，在以往的经济学的著作中，并没有把工人在技术上不适应雇主需要而造成的失业当成一个严重的经济学问题来看待，更没有把它同通货膨胀问题联系在一起考察。托宾和杜生贝在这些方面的分析，应该被看成是第二次世界大战结束以后西方就业理论中的一个明显的进展。然而，我们也需要指出，运用劳工市场技术结构分析方法来较深入地探讨资本主义现阶段的就业问题是一回事，把劳工市场技术结构的不相适应说成是资本主义现阶段失业的重要原因则是另一回事，而把劳工市场技术结构的不相适应说成是资本主义现阶段通货膨胀与失业并发的原因则更是不同的命题。我们在肯定托宾和杜生贝关于资本主义失业问题的技术结构分析方法的同时，还应当指出，他们把劳工市场技术结构的不相适应看成是资本主义现阶段失业的基本原因的论点，却是不符合实际的。我们承认，劳工市场技术结构的不相适应确实与资本主义现阶段的就业问题有关。战后，在生产技术不断进步的过程中，在各个部门和企业中工作的非熟练工人所占的比重不断下降，甚至非熟练工人的绝对数也不断减少；一定的工作岗位对工作者的技术工种和技术水平的要求越来越严格，不同技术工种的工作者越来越难以互相替代，技术水平较低的工作者也越来越不能适应要求有较高技术水平的工作者担任的工作；这样，那些没有受过专业训练的人不容易找到工作，那些在技术工种和技术水平方面不适合要求的人也不容易找到工作，而需要补充人力的某些专业性、技术性较强的工作岗位则又找不到合适的人选，资本主义经济中失业与职位空缺之间的矛盾不可避免地尖锐起来。这正是资本主义现阶段失业问题的一个特点，因此可以把劳工市场技术结构的不相适应看成是资本主义现阶段失业的原因之一。

但即使如此，仍然不能把这种不相适应看成是造成当前资本主义经济中失业的基本原因。从战后主要资本主义国家的就业统计资料可以看出，失业人数与职位空缺数目相比，职位空缺总是较少的，如果所有的职位空缺都被填补了，那么资本主义经济中仍然会有大量失业，怎么能仅仅用劳工市场技术结构的不相适应来概括当前资本主义社会的整个失业状况呢？正如前几章中已经指出的，资本主义经济中失业的根本原因在于资本主义制度本身，即由于资本有机构成的不断提高而使得经济中对于劳动力的需求相对减少。资本主义经济中劳动力的供给大于对劳动力的需求，必然使得职位空缺数目少于失业人数。在资本主义现阶段，人力政策作为一种就业对策，并非完全没有效力，但它解决不了严重的失业问题。

二、托宾关于通货膨胀与失业并发的学说的错误

就托宾关于通货膨胀与失业并发的原因和对策的研究而言，

他在理论上的错误较为明显。根据他的理论，失业与职位空缺并存造成的工资水平上升，将转化为失业与物价上涨的并存，转化为失业与通货膨胀并发。这样，托宾实际上是把工资水平上升看成是当前资本主义世界普遍发生的通货膨胀与失业并发症的原因。他的这一学说的核心实际上就是工资成本推进通货膨胀论。这种说法不仅掩盖了通货膨胀与失业并发症的根源在于垄断资本的统治，在于资产阶级政府战后长时期推行的以财政赤字、通货膨胀来应付经济危机和促进经济增长的政策的恶果，而且还把通货膨胀与失业并发症的责任推卸给工人阶级，似乎是由于工人在技术上不能适应企业的要求，由于工资不能再像以往那样随资本家的意愿任意降低，才使资本主义经济中发生了通货膨胀与失业并发症。这显然是对事实真相的歪曲。

事实首先是：当代资本主义社会中的职位空缺数目与整个资本主义经济中的雇佣工人总数相比，所占比重是很小的，即使由于职位空缺而引起某些技术工种或某些技术水平的工人的工资有所上升，但这种上升根本起不到推动整个工资水平上升的作用，何况，在失业人数众多而其中又有不少有一定技术的失业者的情况下，某些职位的空缺不会形成长期无人补充的局面，因此，当职位一旦出缺，较快就有人来补充时，这些职位的暂时空缺也并不一定引起工资的上升。所以说，托宾的论点与资本主义现阶段的劳动力市场的实际情况不符。

其次，在现代资本主义经济中，物价的上涨与工资的上升虽然不是没有联系的，但更确切地说，工资的上升总是在随着物价上涨之后，并且总是在物价上涨后工人感到实际工资下降，他们才提出增加货币工资的要求的。托宾所提出的由于失业与空位并存而引起的工资水平普遍上升推动物价上涨的论点，也与资本主义现阶段的实际情况不符。

由此可以对托宾关于通货膨胀与失业并发的学说做出这样的判断：一方面，这一学说继承了凯恩斯关于资本主义社会中非自愿失业发生的原因的论点，把资本主义社会中的失业的存在同资本主义雇佣劳动制度割裂开来，从而掩盖了资本主义失业的真相；另一方面，这一学说以补充和发展凯恩斯理论的形式出现，实际上是给凯恩斯就业理论增添了新的错误的成分，例如认为资本主义现阶段通货膨胀与失业并发的根源是劳工市场技术结构的不相适应，是职位空缺所引起的工资水平上升，等等。

三、收入政策能否使资本主义经济摆脱通货膨胀与失业并发的困境?

前面曾经指出，托宾认为，要应付当前资本主义社会中的失业问题，有必要采取宏观财政政策和宏观货币政策以外的措施，主要是收入政策（工资与物价管制政策）以及人力政策。关于人力政策的效力问题，我们在前面已经做了分析，即人力政策作为一种就业政策，并非完全没有效力，但由于当前资本主义社会中的失业问题主要不是劳工市场技术结构不相适应所引起的，所以人力政策即使推行，仍然解决不了严重的失业问题。下面，我们再剖析托宾所竭力主张实行的收入政策的性质，看看它能否带来如托宾所设想的那种效果。

从根本上说，这种政策是不可能收到托宾所设想的效果的，因为对物价的真正限制十分困难，而只要难以真正限制物价，那么不管政府在限制工资增长率方面能取得何种暂时的效果，它们都是不巩固的，物价的公开的或暗中的上涨将会冲垮政府在限制工资增长率方面的任何努力，或者会抵消政府在这方面已取得的任何暂时性的成绩。

为了更清楚地说明这一点，让我们对收入政策的效应进行分析。

在收入政策中，最没有约束力的是“自愿合作”“协商恳谈”或“规劝”，即政府力求劝说工会和企业限制工资和物价的增长。最强硬的方式是工资与物价管制，即工资和物价的增加必须得到政府部门的许可。介于这两个极端之间的是其他的方式，例如运用工资—物价指导线的做法。在实行“自愿合作”时，由资方、劳方和政府的代表组成一个委员会，对工资、物价上涨问题进行研究，根据情况而及时提出劝告或警告。但企业所制定的价格和工会所要求得到的工资增加额不受法律的限制。因此它的效力是十分有限的。如果“自愿合作”没有成功，它将被强制性的政策所取代。

政府运用工资—物价指导线的做法，比“自愿合作”要稍强一些。这是指政府所制定的这一指导线应当成为工资和物价调整的依据。从理论上说，如果货币工资率的增长快于劳动生产率的增长，物价水平的趋势是向上调整，其调整数量等于弥补上述差额所需要的数量。假设货币工资率为既定，雇主所雇用的劳动力数量必须符合下述条件，即产量的价格乘以劳动的边际产品等于货币工资率。如果工资增长的百分比大于边际产品增长的百分比，这表示要得到最大利润，就需要一个较高的价格，否则工资的提高是以牺牲利润为代价的。这表明只要平均每人工资收入的增长率超过平均劳动生产率的增长率，物价水平就不能保持稳定。所以工资—物价指导线实行的目的就在于使工资的年增长率不超过劳动生产率的增长率。有了这样的限制，工资的增长就同物价稳定目标一致了。

具体地说，工资—物价指导线的要求是：在根据劳动生产率增长情况制定这一指导线后，要求一切遵守这一指导线调整工资增长率的企业按下述方式调整价格，即那些生产率的增长大于全国生产率增长率的企业应当降低价格，降低的幅度要反映出上述生产率的差额；而那些生产率的增长小于全国生产率增长率的企业，则可以适当地提高价格，借以弥补所支出的工资增加额中超过生产率增加的部分。这样，由于某些价格下降而其他一些价格又提高，总的结果将接近于价格稳定。但指导线并没有法律效力，企业可以不遵守它，工会也可以不遵守它。如果企业不遵守指导线，物价水平会提高；如果工会也不按指导线限制工资增长的要求，那么工资—物价指导线的做法将失去效力。其结果是或者依旧引起工资与物价交替上升，或者将被迫采取硬性的工资与物价管制措施，直到冻结工资和物价。

事实也确是如此。企业在制定价格方面是不愿受到指导线的约束的，它们的定价经常不符合指导线所要求的水平。结果，即使工资也能增加，但这只能弥补生活费用的增加，而不能反映出生产率的提高。这是工会所不能接受的。工会也就不再遵守指导线的约束，从而指导线会被放弃。

那么，强制性的工资与物价冻结措施又会有什么样的结果呢？冻结工资和物价给企业和工人的积极性的挫伤，自不待言，对生产要素流动的障碍也是异常明显的。何况冻结终非长久之计，一旦解除管制，国内市场的物价就会上升，而一些行业价格上升又会使另一些行业的成本增大。如此相互影响，物价上升的趋势难以抑制。从工资的角度来看，在冻结解除以后，随着物价的上涨，工资也会有所上升，但工资上升和物价上涨相比，则往往是落后的。

根据70年代美国为了抑制通货膨胀而实行的工资与物价管制措施的经验，可以看出，即使在开始这种管制的初期，这一措施也曾得到工会和企业界的一定程度的支持，后来由于管制的不可避免的不利影响，终于使得支持管制被反对管制所取代。至于硬性的工资与物价管制的成绩（就它能够生效的短暂历史时期来说）究竟有多大，至今还不能做出判断。主要困难在于没有办法精确地判断。如果根本不存在管制，那么这些年份里在工资与物价领域内会发生什么情况，也许可以做出估计，但采取了管制而后来又不得不取消管制之后，物价最后会上升到何种程度和工资会提高到何种程度，则是难以估计的。

问题还不仅限于收入政策的效果不显著或没有效果。要知道，既然资本主义现阶段普遍性的通货膨胀与失业并发症并不是由于政府无力限制工资的增长率或物价的上涨率所形成的，既然通货膨胀与失业并发的根本原因在于资本主义社会中各种矛盾的尖锐化，即由于生产能力扩大与劳动人民有支付能力的需求相对狭小的矛盾引起了生产相对过剩，那么，收入政策既不可能应付生产相对过剩，更不可能使得有支付能力的需求增加，从较长时期看，收入政策的唯一结果将不可避免地使经济进一步恶化。也就是说，西方各国政府如果真的按照托宾所建议的工资与物价管制政策去做，至多也只能在极短时间内使物价与工资的增长趋势缓和一下，但肯定会使资本主义经济问题变得更加复杂化，使这些经济问题更加难以解决。

我们知道，在当代西方就业理论中，弗里德曼提出了错误的“自然失业率”假说，托宾作为后凯恩斯主流派经济学家中的代表人物之一，他对“自然失业率”假说的批评是有一定根据的。但反过来说，弗里德曼对托宾等人提出的工资与物价管制的批评，也并非没有道理，因为弗里德曼指出，不能把通货膨胀的责任推给工会的提高货币工资率的要求，因为工会之所以要求提高货币工资率，几乎都是为了使货币工资的增长率赶上通货膨胀率，而一旦西方国家的政府实行工资与物价管制政策的话，那么必然会破坏经济资源的有效配置，大大降低经济效率。托宾和弗里德曼在就业理论和对策方面的争论中，双方都能揭露对方的某种错误，这些可供我们参考。

（引自厉以宁、吴世泰合著的《西方就业理论的演变》，华夏出版社，1988年版。）

劳工市场社会结构的分析

第一节　现代西方经济学家关于劳工市场社会结构与就业问题的分析

一、劳工市场社会结构的含义

在谈到现代西方经济学家关于劳工市场的制度结构时，已经涉及劳工市场的二元性问题了。劳工市场的社会结构分析方法与劳工市场的制度结构分析方法有一些相似之处，它也是以劳工市场的二元性的存在为前提的。但就其含义而言，劳工市场的社会结构要比J. 加尔布雷思关于“计划体系”中的劳工市场和“市场体系”中的劳工市场这种二元结构更广泛些。劳工市场的社会结构不限于从雇佣工人的单位的所有制形式上来进行考察，也从职业本身的社会地位或就业人员本人对职业的社会评价来进行考察。这样，劳工市场社会结构问题在更大程度上是一个社会学问题、伦理学问题，而并不仅仅是一个经济学问题。

所谓劳工市场的社会结构，是指劳工市场可以按职业的“社会等级”来划分。它至少可以分为两大市场，这就是“好职业”的劳工市场和“坏职业”的劳工市场，前者又称头等市场（the primary market）或劳工市场上层，后者又称次等市场（the secondary market）或劳工市场下层。

根据G. 萨恰罗波洛斯为劳工市场所下的定义：①

头等市场的特征在于：这里的职业通常被称为“好职业”，在这些工作岗位上，基本工资较高，额外的津贴和福利较多，工作条件较好，技术要求较高，在职深造和学习的机会较多，被提拔的可能性较大，等等。

次等市场的特征在于：这里的职业通常被称为“坏职业”，在这些工作岗位上，基本工资较低，额外的津贴和福利较差，技术要求较低，在职深造和学习机会较少，被提拔的可能性较小，等等。

因此，在头等市场中就业的人，更受到社会的尊重，他们被看成是“有出息的”；在次等市场中就业的人，一般被人们轻视，他们被看成是“没出息的”，他们自己也往往因此感到自

① 萨恰罗波洛斯，A. 马林：《学校教育和收入分配》，载《经济统计评论》，1976年8月；萨恰罗波洛斯：《劳工市场二元性与收入分配：英国的实例》，载W. 克雷尔，A. 索洛克斯编：《个人收入分配文集》，阿姆斯特丹，1978年版；萨恰罗波洛斯，R. 莱雅德：《人力资本与收入：英国的资料与评论》，载《经济研究评论》，1979年版。

卑、苦恼、不安心。虽然劳工市场按社会等级的分类通常并不是正式的划分，而是存在于社会上的一种习惯的、心理的划分，但由于它已经“深入人心”，所以也被看成是一种正式的划分了。

劳工市场从其职业的“社会等级”来划分，至少可以分为上述两大类，但这只是十分粗略的划分。其实在每一类劳工市场之中，又可以细分为若干市场，即有的职业被认为“最好”，有的职业被认为“次好”，有的职业被认为“最坏”，有的职业被认为“次坏”。由于社会习惯的看法，社会上的职业可以分为许许多多“等级”，每一个较高“等级”的职业都显得比那些较低“等级”的职业优越些，从而更能吸引就业者。

二、劳工市场社会结构同所有制结构、技术结构之间的关系

按职业的“社会等级”来划分的劳工市场社会结构同劳工市场所有制结构、部门结构、技术结构的划分标准是不一样的，但这些结构之间有一定的联系。

一般说来，大企业中的工作岗位与小企业中的工作岗位相比，前者属于头等劳工市场的可能性更大一些，后者属于次等劳工市场的可能性更大些；扩展中的部门中的工作岗位与停滞、衰退中的部门中的工作岗位相比，前者对就业者更有吸引力，后者的吸引力就较差；头等劳工市场中的工作岗位，更适合于专业人员和技术熟练工人担任，次等劳工市场中的工作岗位对于就业者

的专业和技术的要求就低一些。从这些方面来看，劳工市场的社会结构的划分同劳工市场的所有制结构、部门结构和技术结构划分之间存在着某些程度的一致性。比如说，在头等市场中工作的不包括非熟练工人，而在次等市场中工作的主要是非熟练工人，等等。

但由于劳工市场社会结构分析是按职业的社会等级来进行的，即使在同一种所有制的企业中（例如在隶属于垄断资本的大公司中）或在同一个部门中（例如在汽车工业部门中），人们对不同的职位仍有不同的看法。例如，某一种职务（比如从事办公室工作）被认为是较好的，另一种职务（比如从事体力劳动）则被认为是较差的。在同一个企业，甚至在同一个车间，职业好坏或职业的“社会等级”高下的区分依然存在。即使具有同样的文化教育程度，比如说工作者都是中学毕业生，但由于他们本人对于职业的“社会等级”有一定的看法，所以他们宁肯从事“比较体面的”工作而不愿从事被认为“不体面”的工作。

由此可见，劳工市场社会结构分析的适用范围是十分广泛的。“好职业”还是“坏职业”的区分以及由此形成的职业评价，渗透到任何一个企业和任何一个部门的任何一个具体工作岗位上。每一个就业人员都与此有关。这个问题被认为是现代资本主义社会中一个不可忽视的就业问题。根据现代西方经济学家的看法，如果忽略了对劳工市场的社会结构的分析，那么当前资本主义国家中的许多失业问题是难以得到解释的。

三、“后工业社会”中的“自愿失业”

根据西方经济学著作中关于“自愿失业”的传统定义，“自愿失业”的人是指那些不愿意接受现行货币工资率和现行工作条件，从而不去就业的人。但在资本主义经济高度发展的环境中，也就是在所谓“后工业社会”中，西方经济学家们认为“自愿失业”问题比以往任何时期都更加密切地同劳工市场社会结构问题联系在一起。这种情况可以从以下两个方面加以分析：

第一，由于资本主义国家中实行了失业救济制度和某种社会保障制度，因此失业者宁肯坐领失业救济金和享受某种福利待遇，而不愿到被认为是“坏职业”的工作岗位中去就业。这就是说，除非有“好职业”可以从事，否则他们就“自愿失业”。

第二，在资本主义国家中家庭平均收入上升的条件下，就业的经济方面的刺激作用减弱了，就业的社会学方面的要求增大了，因此，一些人不愿从事“坏职业”，这样也就产生了“自愿失业”。

这些情况表明，“后工业社会”中的“自愿失业”与西方经济学著作中关于“自愿失业”的传统定义有所不同。“后工业社会”中的“自愿失业”在更大程度上是指那些不愿意接受被认为“职业等级”较低的工作岗位从而不去就业的人。

“后工业社会”中的“自愿失业”的存在给经济造成了一些严重的结果。一方面，社会上的失业人数不容易减少。这是因为，经济越是繁荣，家庭平均收入水平越高，那么就业的经济方面的刺激作用就减弱，不愿从事“坏职业”的人就越多，这样，即使在经济高度繁荣时期，社会中仍然会有一批“自愿的”失业者。至于在经济衰退和家庭平均收入下降时期，尽管“自愿的”失业者会有所减少，但由于这个时期的经济是收缩的，所以社会的失业率仍然很高。这样，政府为了救济失业者而支付的费用将因为失业人数的不易减少而不可能下降，从而加重了财政的负担。另一方面，不少工作尽管从职业的“社会等级”来看是较低的，是被人们认为“不体面的”，但这些工作却为社会所必需。由于人们有时宁肯失业而不乐意到这些工作岗位去工作，于是外国移民工人纷纷填补了这些职位空缺，“坏职业”对他们来说并不缺乏吸引力，因为外国移民工人是为了赚取工资而前来寻找工作的，这样，“好职业”和“坏职业”的并存很自然地转化为本国居民“自愿失业”与外国移民工人就业并存。然而外国移民工人所取得的工资收入是要汇出国境的，结果，外国移民工人来到本国就业必然导致本国国际收支状况的恶化。

四、由次等劳工市场向头等劳工市场转移的困难

头等劳工市场和次等劳工市场的存在不仅引起了“后工业社会”中的“自愿失业”问题和吸引外国移民工人前来就业问题，而且就国内的劳工市场本身而言，这种情况也造成了劳动力转移的实际困难。这是因为，按照总量就业理论的分析，劳动力被

看成是一个整体，不存在劳动力在不同市场之间的转移问题，而按照新古典经济学的就业理论，即现代西方经济学的传统就业理论，劳动力作为一种经济资源是可以自由地在市场之间流动的。然而从劳工市场社会结构的角度来考察，劳动力的这种跨市场的转移却遇到了困难。

头等劳工市场和次等劳工市场各自包括的职业是不同的。在现代西方经济学家看来，属于头等劳工市场的职业有：政府官员、工商业管理人员、各种专业人员、脑力劳动者、领班等；属于次等劳工市场的职业有：工商业中的下层职员、体力劳动的工人、农业工人等。从全体就业者的职业分布来看，属于头等劳工市场的职位所占的比例是较小的，而且收入越多或越被认为是“体面的”职位的数目也越少；属于次等劳工市场的职位在全部职位中所占比例是较大的，而且收入越少或越被认为是“不体面的”职位的数目也越多。社会上，从被人们认为是“最不体面的”职位到被认为是“最体面的”职位之间存在着若干“职业等级”，整个“职业等级”的排列如同一个社会流动的上升阶梯一样。处于两个极端中间的任何一级，都被看成是一个中间环节或过渡环节，即“比上不足，比下有余”。但从全体就业者的职业分布来看，这些职位的排列却像一个金字塔，即“最体面的”职位是塔尖，“最不体面的”职位是塔的底层。上层职位的数目的有限性本身构成了从次等劳工市场向头等劳工市场转移的一个障碍。

除了上层职位数目有限而外，从次等劳工市场向头等劳工市场转移的另一个重大的障碍是上层职位所固有的排他性或非开放性。这种排他性或非开放性在资本主义国家中通常存在于以下三个方面：

第一，种族上的限制。如果存在着公开的种族歧视，那么从次等劳工市场向头等劳工市场转移的困难以及受到种族歧视的人难以获得上层职位，是很容易理解的。但即使在不存在公开的种族歧视的社会中，由于习惯上的原因和其他方面的原因，上层职位也不是对一切种族的就业者都开放的。这样，对于某个种族的就业者来说，他们往往只能在次等劳工市场中寻找工作，而难以进入头等劳工市场。

第二，性别上的限制。这种限制通常是比较隐蔽的，但它确实存在。上层职位中的某些职位通常由男性就业者担任。因此，妇女就业者主要是在次等劳工市场的职业中。

第三，技术、知识和能力方面的限制。这种限制是同一定职位对一定技术、知识和能力的要求联系在一起的。要获得头等劳工市场中的职位，必须具备一定的技术、知识和能力。有些劳动者缺少这些技术、知识和能力，从而只可能在次等劳工市场中就业，无法进入头等劳工市场去从事被认为“体面的”职业。

除此以外，年龄虽然不是一个限制，但由于年龄有时与技术、知识和能力有联系，因此在头等劳工市场中从事“好职业”的劳动者的平均年龄是较高的，而在次等劳工市场中从事“坏职业”的劳动者的平均年龄则是较低的。

因此，一般说来，在头等劳工市场工作岗位上就业的、从事“好职业”的，主要是白人，特别是成年男性劳动者；在次等劳工市场工作岗位上就业的、从事“坏职业”的，主要是有色人种，特别是妇女、青少年劳动者。

劳工市场划分为头等劳工市场和次等劳工市场，看来不是一种暂时的现象，而是长时期内会一直存在的现象。次等劳工市场中的劳动者并不是不想转移到头等劳工市场去就业，他们也并不是绝对没有转移的可能性，但由于上述这些障碍和限制的存在，转移是不容易的。

五、劳动力跨市场流动困难的影响

在现代西方经济学家看来，从次等劳工市场向头等劳工市场转移的困难，给当前资本主义国家的就业增添了一些新的问题。概括起来，它引起了以下三个问题：

第一，从次等劳工市场向头等劳工市场转移的困难增加了“自愿失业”的人数。这是因为，次等劳工市场中的职业本来就已经被人们看成是一种“坏职业”或“不体面的”职业了，但如果向头等劳工市场的转移是较容易的，那么这将有助于缓和因职业的选择而产生的“自愿失业”问题，一些人本来有可能把在次等劳工市场中的就业看成是一种过渡性、临时性的安排；然而实际生活中从次等劳工市场向头等劳工市场转移的困难，则使得这些人终于放弃了这种过渡性就业的打算。

第二，由于从次等劳工市场难以转移到头等劳工市场中去，因此目前已经在次等劳工市场中就业的人员会对自己的就业前景失去信心，从而影响他们的工作和学习的积极性。这对于提高次等劳工市场的劳动生产率和改善次等劳工市场的收入水平、福利状况和工作状况都是不利的。长此下去，次等劳工市场同头等劳工市场在这些方面的差距会越来越大，于是又会进一步扩大劳动者对次等劳工市场中的职业的反感，进一步增加社会上“自愿失业”的人数。

第三，由于从次等劳工市场难以转移到头等劳工市场中去，结果形成了次等劳工市场中的劳动者同头等劳工市场中的劳动者之间日益加深的对立情绪，从而对社会的稳定是不利的。从劳工市场社会结构的角度来分析，不同劳工市场中的劳动者之间的对立情绪不容易消除，他们之间的隔阂要大于不同部门的劳动者之间的隔阂，甚至不同所有制的企业的劳动者之间的隔阂。

正因为当前资本主义经济中存在着由于“好职业”“坏职业”的差异而造成的上述种种就业问题，所以研究劳工市场社会结构的西方经济学家相继提出了自己的就业对策。

第二节　现代西方经济学家关于“后工业社会”中“自愿失业”的对策

一、职业评价问题的提出

在现代资产阶级经济学家看来，既然“后工业社会”中的失业问题中包括了如上所述的“自愿失业”问题在内，并且这种“自愿失业”在很大程度上是同人们对职业的好坏差异的评价与职业的选择联系在一起的，因此采取战后资本主义国家所一直采用的凯恩斯主义的宏观财政政策和宏观货币政策都不会有成效。要减少“后工业社会”中的“自愿失业”，对职业的评价问题被提到重要的位置上。

A.罗宾逊指出，这是一个涉及人们对各种不同的职业如何排列优劣次序和确定高低等级的问题，而个人对各种职业的高低等级的判断又涉及价值标准。这就是说，如果一种职业被人们认为是“不体面的”“低下的”，另一种职业被人们认为是“体面的”“上等的”，那么在这种职业评价没有改变以前，很难使人们乐意从事“不体面的”“低下的”职业而放弃对“体面的”“上等的”职业的追求。

但奥斯汀·罗宾逊接着说：问题在于迄今为止，由于人们对各种职业的了解程度非常不够，对不同的职业的偏爱程度也各有不同，所以他们究竟如何看待各种职业，以及究竟如何判断人们对某种职业的满意程度，还很难做出确定的回答，这是一个有赖于社会学继续探讨的问题。[①]

正因为这一问题涉及对职业的评价，因此在一些西方经济学家看来，提高次等劳工市场中的职业的劳动报酬和增加津贴数额在解决“自愿失业”方面能够起到的作用是有限的。当然，这并不是说用经济的办法（如提高劳动报酬和增加津贴数额）不能起作用，但如果职业评价问题没有得到解决，那么即使某些被认为“不体面的”工作岗位能吸引本国的失业者去就业，那也只能是暂时性的，因为一旦就业者认为劳动报酬的增加不足以弥补自己在低等级的工作岗位上就业而使自己遭到的社会学方面的损失时，他们仍有可能“自愿失业”。

二、增加“好职业”的途径

在现代西方经济学家看来，既然“自愿失业”的存在是与人们往往不愿从事“坏职业”，愿意从事“好职业”的愿望有关的，而在社会上现有的各种职业中，“坏职业”始终占据多数，“好职业”毕竟只是少数，因此，要缓和由于对职业的挑剔而形成的“自愿失业”问题，政府应当设法增加社会上“好职业”的数额。

---

① 克雷尔，索洛克斯编：《个人收入分配文集》，阿姆斯特丹，1978年版，第443页。

萨恰罗波洛斯对增加“好职业”的问题做了分析。他指出，“好职业”可以通过下述两条途径来增加：

第一，各种专业人员的工作被认为是“好职业”，而社会上对各种专业人员的需要量不是不变的。随着经济和文化的发展，社会上对专业人员的需要量将增大，这方面的职位空缺将会增多，所以经济和文化的发展是促进“好职业”增加的前提。

第二，“好职业”与“坏职业”的重要区别在于：“好职业”与“坏职业”相比，有较高的基本工资收入，有较多的额外津贴与福利，有较大的深造机会和被提拔的机会，有较好的工作条件。“坏职业”之所以被人们认为是“坏职业”，在某种程度上与它们在这些方面不如“好职业”有关。因此，要增加社会上的“好职业”的数额，需要消除“好职业”与“坏职业”之间的这些差异，改善“坏职业”的状况，使“坏职业”在这些方面逐渐接近于“好职业”。

萨恰罗波洛斯认为，在这里需要强调的一个问题是：在社会的职位总数中，“好职业”的职位数与“坏职业”的职位数占职位总数的比例不是固定不变的。“好职业”的职位数所占的比例可以增加，“坏职业”的职位数所占的比例可以下降。以专业人员为例，由于专业人员的绝对数可以随着经济和文化的发展而增加，以及由于专业人员的职位数在社会的职位总数中所占的比例也可以增加，所以，一个工人可以升为专业人员（即由从事“坏职业”变为从事“好职业”），但这并不要求社会上同时必须有另一个专业人员下降为工人（即由从事“好职业”变为从事“坏职业”）。萨恰罗波洛斯指出，正是由于这一点，所以社会上“好职业”的职位数增加和人们由“坏职业”向“好职业”的变动并不如想象中那样困难。

三、促进人们从次等劳工市场向头等劳工市场的转移

为了促进人们从次等劳工市场向头等劳工市场转移，萨恰罗波洛斯认为，除了有必要增加社会上“好职业”的数额而外，还应当消除由于种种原因而造成的某些“好职业”的排他性。比如说，“好职业”的职位应当是向社会上一切有能力的人开放的，不应当存在种族、性别等方面的限制，这样就可以让那些愿意从事“好职业”而又有能力从事的人转入到这些职业岗位上来。

然而就劳动者本人而言，他们要转变职业，还必须具有一定的知识和技能。萨恰罗波洛斯指出，有些劳动者并没有足以胜任“好职业”的知识和技能，因此即使在“好职业”有空缺时，他们仍然只可能在次等劳工市场中找到“坏职业”，无法进入头等劳工市场获得“好职业”。不仅如此，还应当了解到：虽然受教育可以使人们获得知识和技能，但如果家长在次等劳工市场中工作，那么子女受教育的机会就比较小，从而进入头等劳工市场的机会也比较小。为此，从制定对策的角度来看，有必要实行义务教育制和延长义务教育的年限，因为这样一种政策能够鼓励低收入家庭把自己的子女送入学校，鼓励他们延长自己的子女受教育

的年限，为日后转入头等劳工市场创造条件。

除了学校教育外，萨恰罗波洛斯也把在职训练看成是有利于劳动者从次等劳工市场向头等劳工市场转移的途径，因为在职训练可以提高劳动者的知识水平和技能水平，使他们能在“好职业”有空缺时适应那里的工作。

萨恰罗波洛斯把低收入家庭和高收入家庭子女在教育受益方面的后果进行了比较。根据他的看法，“好职业”向来是为高收入家庭的子女开放的，不管怎样，高收入家庭的子女比较容易得到从事“好职业”的机会；但低收入家庭的子女则不然，他们本来是很少有可能进入头等劳工市场从事“好职业”的，多受教育为他们开辟一条可以通过竞争从事“好职业”的机会，因此，普及教育、发展教育对于低收入家庭子女的意义要比对于高收入家庭子女的意义更加重要。另一方面，高收入家庭的子女向来是可以得到“好职业”的，所以他们从事“好职业”这一事实不会给他们的家庭增添更多的好处，而低收入家庭的子女则不然，他们一旦通过受教育而获得了“好职业”，这将使他们本人的前途和他们的家庭的社会地位发生很大的变化，这也就说明教育对于低收入家庭在就业方面的重要性。

此外，萨恰罗波洛斯还把职工本人经验的积累看成是有助于从次等劳工市场向头等劳工市场转移的途径之一。他指出，一个劳动者在实际工作岗位上是可以提高自己的工作能力的，而工作能力的提高有可能使他改变职业和职位。比如说，一个属于次等劳工市场的工人，可以在工作岗位上，由不熟练的工人逐步成为熟练工人，并有可能成为领班或职员，这样他就进入了头等劳工市场。虽然一个工人成为领班或职员后，仍然处于头等劳工市场的低级职业范围内，然而对他本人和对他的家庭来说，这已经是一个巨大的变化了。萨恰罗波洛斯说，工人是愿意走这条道路的，因为在工作岗位上提高个人工作能力同在职训练一样，不需要像进正规学校那样地放弃收入。

四、修改外籍工人入境条例，改善劳工市场结构

1979年以来，G.约翰逊对改善劳工市场结构进行了研究，他试图解决这样一个问题，即在劳工市场结构存在各种不完全性的条件下，发达国家的政府应当采取什么样的劳工市场政策来应付失业。①

他指出，劳工市场结构问题可以分为两类。一是工资结构方面的问题。由于这种问题的存在，以致某些种类的劳工供给与需求无法相互适应。二是失业津贴方面的问题。由于这种问题的存在，使得一些人有时不工作也能有收入。假定采取取消最低工资法，对工会施加压力，或废除收入转移计划（即取消福利措

① 乔治·约翰逊：《人力训练计划纯影响分析中的劳工市场替代效应》，载《劳动经济学研究》，1979年第3期；《在不加速通货膨胀条件下降低失业率的就业政策的潜在影响》（与A.布莱克摩尔合作），载《美国经济评论》，1979年5月；《劳工市场干预理论》，载《经济学报》，1980年8月。

施），当然是可以应付劳工市场结构不完全性的问题的，但无论从政治上说还是从社会的角度来看，政府对劳工市场的这种直接干预方式是不妥的。乔治·约翰逊声称，他所要研究的就是在劳工市场结构不完全性的既定前提下，能否采取间接干预的方式使劳工市场更好地发挥作用。在这些间接干预方式中，修改外籍工人入境条例是可行的措施之一。

修改发达国家对待移民工人的政策，主要是指对低工资国家来的非熟练工人加强入境限制。如果这一政策行之有效，将有助于缓和发达国家国内的就业和收入再分配问题。乔治·约翰逊指出，当前在发达国家，入境的外籍工人的情况是不一样的。例如：

在英国，大多数外籍工人是常住的居民，他们得到充分的公民权利，包括同等享受收入转移计划（福利措施）的权利。因此，入境的外籍工人人数的增加意味着国内非熟练工人供给的增加，前者与后者是没有差别的。

在美国，情况与此不同，外籍工人是临时性的工人或者是来“作客”的劳动者。美国有不少来自墨西哥的入境工人，他们是来短期工作的，如果他们未能找到工作，他们不可能享受到福利待遇。与此相似的是瑞士境内的意大利籍工人，他们的工作也是短期性的，只有找到了工作，才有福利方面的收入。

上述这两种情况对于劳工市场上非熟练工人的供给的影响是不一样的。在后一种情况下，收入转移计划或对失业者的补助不影响外籍工人的供给；在前一种情况下，外籍工人将根据自己可能得到的失业补助金的多少与就业后的工资收入的大小来决定劳动的供给量。此外，像法国、西德和西欧其他一些高工资的国家，则介于上述两种情况之间，在这些国家，可以给予非熟练的外籍工人以有限的常住权和与此相应的某种程度的福利待遇。

这对于劳工市场的供给变化有什么影响？如果外籍工人在失业时也能得到失业补助或福利津贴，那么他们对入境国国内失业者的影响较小，但对于入境国的财政支出和入境国的纳税人的影响较大。反之，如果外籍工人在失业时得不到失业补助或福利津贴，那么他们就会竭力设法去寻找工资报酬更低的工作，这对入境国国内失业者的影响较大，但对于入境国的财政支出和入境国的纳税人的影响较小。这一点可以用入境的外籍工人的劳动供给弹性大小来说明。

但入境国的财政支出和入境国的纳税人的负担并不仅仅与入境的外籍工人是否享受收入转移计划的利益有关，而且还与入境外籍工人对总收入增长的贡献大小有关。如果增加了的入境外籍工人的供给能使总产量增长，使总收入提高，那么这就多多少少抵销了给予入境外籍工人的福利津贴所造成的损失。所以对入境国纳税人来说，他们究竟因外籍工人入境而受益还是受损失，要根据各国具体情况而定。这是在制定有关移民入境的政策时需要注意的问题。

问题当然不限于此。移民入境不是局限于某一时期的现象。正在申请入境或正在迁入境内的外籍工人、过去入境的外籍工人、今后可能入境的外籍工人之间是彼此影响的。每增加一个入境的外籍工人，都会影响已经入境的外籍工人的就业和收入状况，而且还会继续吸引新的外籍工人前来。这样，从较长时期来考察，外籍非熟练工人与入境国国内非熟练工人在就业和收入方面的矛盾就会突出，国内非熟练工人的失业率会提高，纯收入会减少。这样，不管入境的外籍工人是否享受收入转移计划的好处，由于入境国国内低收入者和失业者是享受收入转移计划的好处的，外籍工人入境人数越来越多，也势必影响入境国的财政支出，使入境国纳税人的负担加重。乔治·约翰逊认为，在制定有关移民入境的政策时同样需要考虑这样一类问题。

五、增加非熟练工人就业机会的长期政策

从劳工市场社会结构分析的角度来看，要改善非熟练劳工市场的状况，增加非熟练工人的就业机会，除了上面已经提到的各种措施而外，还需要制定一项长期的就业政策。

在1980年8月《经济学报》上刊载了R.杰克曼和R.莱雅德的《长期劳工市场政策的效率问题》一文，对这个问题进行了分析。

他们认为，对于这个问题，需要从两方面进行分析。一是假定工资是灵活的，另一是假定存在着工资刚性，即假定工资是不灵活的。

（一）工资灵活条件下的情况

在工资具有灵活性的条件下，假定不存在对失业者的补助，劳工的供给依存于净工资收入的大小，企业对劳工的需求依存于企业的规模收益的大小。企业的规模收益表现于：一个企业为了实现最大利润，将雇用适当数目的工人，以便使劳工成本与每一类工人的边际产品相等。现在，假使由政府给予非熟练工人的雇主以一定的津贴，同时由政府向雇用熟练工人的雇主征收一定的税金，并且这种津贴总额与这种税收总额恰好相等。那么会产生什么结果呢？显然，这些政策将增加非熟练工人的供给和减少熟练工人的供给。[①]如果熟练工人和非熟练工人的相对工资不变，那么非熟练工人供给的增加意味着非熟练工人得到的工资总额的增加，熟练工人供给的减少意味着熟练工人得到的工资总额的减少。假定非熟练工人的工资供给弹性大于熟练工人的工资供给弹性，非熟练工人增加和熟练工人减少的结果将不会使效率降低，甚至还会使效率增加，同时又不至于增加财政负担。[②]这就是有效的长期劳工市场政策的措施之一。

在工资具有灵活性的条件下，另一种有效的长期劳工市场政

---

① 杰克曼，莱雅德：《长期劳工市场政策的效率问题》，载《经济学报》，1980年8月，第332页。

② 按照福利经济学的定义，效率的变化乃是纳税人和各种类型的工人的福利变化的总和。参看杰克曼和莱雅德：《长期劳工市场政策的效率问题》，载《经济学报》，1980年8月，第334页。

策的措施就是政府部门增加对非熟练工人的雇用。这是因为：

熟练工人供给＝政府部门的熟练工人供给＋私人部门的熟练工人供给

非熟练工人供给＝政府部门的非熟练工人供给＋私人部门的非熟练工人供给

假定政府部门提供的公共产品（劳务）是一个常数，这种公共产品是由政府部门的熟练工人和非熟练工人提供的，那么政府部门稍许增加自己所雇用的非熟练工人人数，也就是稍许减少自己对熟练工人的雇用，这样就会造成私人部门中非熟练工人的相对的不足，结果将引起私人部门中非熟练工人工资的增加。这时，假定非熟练工人的工资供给弹性大于熟练工人的工资供给弹性，并且假定政府的总劳动支出不变，那么政府部门增加雇用非熟练工人和减少雇用熟练工人并不会使效率降低，因为如上所述，效率变化是纳税人和各种类型的工人的福利变化的总和。

在工资具有灵活性的条件下，职工培训也是有效的长期劳工市场政策的措施之一。它的特点在于：它之所以提高非熟练工人的相对工资，并不像前两项措施那样采取扩大对非熟练工人的需求的办法，而是采取减少非熟练工人的供给的办法，因为通过职工培训，非熟练工人中有一部分人转入熟练工人一类。结果，非熟练工人供给的减少使非熟练工人的工资增加，熟练工人供给的增加使熟练工人的工资下降。假定非熟练工人的工资供给弹性大于熟练工人的工资供给弹性，那么实行职工培训的措施可以使效率不变甚至增加，也就是使非熟练工人的福利、熟练工人的福利、纳税人的福利三者之和不变甚至增加，因此，进行职工培训对社会是有利的。

以上分析的是工资具有灵活性条件下的情况。现在再考察工资不灵活条件下的情况。

（二）工资不灵活条件下的情况

杰克曼和莱雅德指出，在西欧各国，由于工会力量比较强大，所以那里的工资刚性问题要比美国严重些。[①]这样，就有必要进而探讨在不灵活的工资条件下的长期劳工市场政策的有效性。

假定这时采取给雇用非熟练工人的雇主以一定的津贴（旨在鼓励雇主多雇非熟练工人），向雇用熟练工人的雇主征收一定的税金（旨在筹集发放上述津贴的资金）的政策，并假定给雇主的上述津贴总额与向雇主征收的上述税金总额恰好相等，那么这时社会得到的好处经常会大于工资具有灵活性条件下实行类似政策所带来的好处。为什么会这样？这是因为：在工资非灵活时，尽管雇主减少了对熟练工人的雇用，但熟练工人的工资不会下降，熟练工人与非熟练工人的工资率之比也不会变更；所以

① 杰克曼，莱雅德：《长期劳工市场政策的效率问题》，载《经济学报》，1980年8月，第338页。

增加了对非熟练工人的雇用只会使非熟练工人受益，而不会像在工资具有灵活性时那样，非熟练工人的受益将被熟练工人遭受的损失所抵消。

在工资具有非灵活性时，采取政府部门扩大雇用非熟练工人的措施或者采取对非熟练工人进行培训的措施，也会收到比在工资具有灵活性时更好的效果。道理是与分析实行雇佣津贴措施（即给予雇用非熟练工人的雇主以一定的津贴，同时向雇用熟练工人的雇主征收一定的税金）时所提出的论据一样。要知道，在工资具有非灵活性的条件下，即使对熟练工人的相对需求有所减少（扩大政府部门对非熟练工人的雇用将产生这种结果），或者熟练工人的供给有所增加（实行职工培训将带来这种结果），由于工资刚性的作用，熟练工人的工资不会下降，熟练工人与非熟练工人的工资率之比也不会发生变化。

杰克曼和莱雅德还认为，需要注意的一个问题是：上述这种劳工市场政策究竟应当实行到何种程度？他们指出，如果熟练工人与非熟练工人的相对工资是固定的，那么这种劳工市场政策要一直实行到消灭了非熟练工人的过度供给之时为止。如果工资是灵活的，那么可以继续实行这种政策，因为这对于收入的再分配状况将起着改善的作用。

第三节　评现代西方经济学中的劳工市场社会结构分析方法

一、劳工市场社会结构分析方法的意义

现代西方经济学家把资本主义国家的劳工市场区分为头等劳工市场和次等劳工市场，把职业区分为“好职业”和“坏职业”的分类方法，以及从劳动者对职业的社会等级的看法来论述当前资本主义国家“自愿失业”的原因等观点，不是没有学术价值的。这种分析方法和由此得出的有关论点，在一定程度上涉及了资本主义现实经济中存在的就业问题的复杂性，它们可以作为我们研究当前资本主义就业问题的一种参考，特别是由于这种分析方法和由此得出的有关论点从一个侧面揭露了资本主义社会中实际存在的种族歧视、男尊女卑和阶级偏见及其对于就业问题的影响，这一点更是西方经济学中其他一些用于分析资本主义就业问题的方法（如总量分析方法、部门结构方法，等等）所不如的。

正是考虑到这些，所以应该承认劳工市场社会结构方法的有用性。甚至还可以认为，劳工市场社会结构方法所揭露的某些问题，同样存在于发展中国家，包括发展中的社会主义国家，因为在这些国家中，由于剥削阶级意识形态的影响，人们同样把社会上的职业分为三六九等，某些职业被认为是“低人一等的”，人

们不愿意从事它们，另一些职业被认为是“高尚的”，它们被某些家庭所独占，并且成为社会上许多就业者追求的对象。当然，这并不是说一定要搬用现代西方经济学家所使用的头等劳工市场和次等劳工市场的概念，而是说，人们对职业的“好”“坏”的看法无疑将对人们对职业的选择发生影响。

二、现代西方经济学中的劳工市场社会结构分析方法的缺陷

劳工市场社会结构分析方法尽管有一定的参考性，但在现代西方经济学家那里，它们存在着严重的缺陷。这些缺陷是：

第一，现代西方经济学家在分析当前资本主义社会的就业问题时所采用的劳工市场社会结构分析方法仍然只是停留在表面现象上，而没有对造成资本主义社会中失业的原因从实质上进行分析。如果按照这种解释来看，那就忽略了这样一点，即资本主义生产方式本身是造成失业的根本原因，只有从资本主义基本矛盾着手分析，才能真正说明为什么随着资本主义的发展会产生经常性的失业人口。

第二，即使采用劳工市场的社会结构分析方法，即把职业分为“好职业”与“坏职业”，这至多只是一种辅助的分析方法，因为它只是从一个不同的角度对资本主义社会中的失业的原因做了补充的说明。并且，这种分析方法对于资本主义社会中的失业原因的说明必然随着资本主义经济状况的变动而有所不同。比如

说，在经济繁荣阶段，人们可以出现挑选职业的情况，这时，社会上将有一部分人因为挑选职业而宁肯不去就业，但是在经济萧条阶段，利用人们对职业的挑选作为失业的原因的解释是难以说明问题的，因为在这种情况下，许多人只要能找到一个“职业”就很满足了，他们未必会像现代西方经济学家所描述的那样，对职业的“社会等级”有过分的要求。

此外，现代西方经济学家在把资本主义社会中的劳工市场区分为头等劳工市场和次等劳工市场时，往往忽视了一个重要的事实，这就是：一种职业的“社会等级”的高低与收入多少之间的关系是十分复杂的，即不能简单地得出职业的“社会等级”较高，收入必定较多的论断，而是要根据各个国家的具体情况进行较细致的分析。关于这一点，荷兰海牙社会研究所的H. 汤玛斯认为，无论是过去的劳工市场二元性研究还是萨恰罗波洛斯在这方面的探讨，都没有真正阐明不同职业中的就业问题，因为这些研究都把劳工市场的结构和行为看得过分简单。汤玛斯认为最好以“职位竞争理论”（theory of job competition）或“筛选假定”（screening hypothesis）为基础进行分析。在他看来，社会上的职位与工资总是呈现这样一种图形：好的职位数很少，中等的职位数较多，坏的职位数最多，在这下面还有根据经济周期状况而存在的一大批失业者。因此，劳工市场应是多元的或多层结构的。他认为，对这一问题如果要进行更为有效的研究的话，那就应当着重分析造成劳工市场划分层次的原因，并弄清楚是否存在使劳工市场分层与追求最大限度利润的活动之间保持一致性的结构。[①]西德的W.克雷尔在评论现代西方经济学家关于劳工市场社会结构分析时也指出，从目前西德的情况来看，头等劳工市场和次等劳工市场的划分并不符合西德的实际，因为在西德从事比较令人不愉快的职业的工人所得到的各种津贴是较多的。[②]

由此可见，究竟如何分析当前资本主义社会中职业的“好”与“坏”，如何评价人们对职业好坏的看法，还有待于进行更深入的研究。

三、评现代西方经济学家关于当前资本主义社会中“自愿失业”的对策

为了解决所谓“后工业社会”中的“自愿失业”问题，现代西方经济学家提出了一些对策。但这些对策对资本主义社会的就业问题而言，都是很难收效的。

以重新讨论职业的“社会等级”和转变人们对职业的某些偏见来说，不能说这种主张毫无道理，但问题是：在资本主义那样的社会中，要改变人们历来所形成的对某些职业的看法，特别是扭转人们对体力劳动的偏见，岂是空泛的讨论所能做到的？如果现实生活中存在的这些偏见不消除，重新讨论职业排列的先后次

① 克雷尔，索洛克斯编：《个人收入分配文集》，阿姆斯特丹，1978年版，第441—442页。

② 同上，第443页。

序，又有什么意义呢？

再以通过义务教育来促使人们获得“好职业”这一点来说，这也是一种不切实际的设想。要知道，在资本主义社会中，连大学毕业，甚至连取得更高的学位都不免有失业的可能，依靠普及义务教育难道就能解决失业问题吗？这当然是不可能的。教育，当然可以提高受教育者的文化技术水平，但要使受教育者就业，则是另一个问题；而要使每一个就业者都能找到自己满意的职业，则又是一个问题。资本主义社会即使能够提高受教育者的文化技术水平，但却不能保证受教育者就业，更不能保证受过教育的就业者都能够得到自己所满意的职业。如果把这几个问题简单地混为一谈，把教育视作解决资本主义社会中的就业问题的基本途径，显然是没有根据的。

（引自厉以宁、吴世泰合著的《西方就业理论的演变》，华夏出版社，1988年版。）

劳工市场地区结构的分析

第一节　劳工市场地区结构分析与劳工市场的其他结构分析的关系

一、劳工市场的地区结构

在现代西方经济学中，劳工市场的地区结构分析是指从区域结构的角度对劳动力的供给和需求进行分析。例如，一国的劳工市场可以按照国内各个不同的地区划分为若干个地方性劳工市场。在每一个地方劳工市场里，由于劳动力的供给和需求的不相适应，可能产生失业与职位空缺并存的现象，而从全国范围来看，由于劳动力供给和需求的地区差异，也可能产生某些地区劳动力供给过多，另一些地区劳动力供给不足的情况。因此，劳工市场的地区结构以及由此产生的就业问题，是凯恩斯的总量就业理论所不可能解释的。第二次世界大战结束以后，资本主义国家经济学界的就业问题研究中，关于地区劳动力供给与需求的不适应问题以及全国劳动力的地区分布问题成为经济学家重视的问题之一。

劳工市场的地区结构分析本身是一种多层次的研究。这是因为，就全国范围而言，可以把劳工市场划分为若干个大区市场，而每个大区市场，又是由若干个中等区域所组成的，每一个中等区域还可以划分为若干个小区。区域的划分可以分为若干层次，相应地，关于劳动力供给和需求的适应问题的区域性研究也可以分为若干层次。

对劳工市场进行地区结构分析的目的在于说明地区劳动力供求不相适应的原因，提出缓和这个矛盾的对策。一个基本的对策就是劳动力的区际流动。但劳动力的区际流动并不是易于实现的，究竟能不能把劳动力供给过多的区域的劳动力转移到劳动力供给不足的区域去就业，要取决于许多因素，包括政治的、社会的、经济的、文化的因素，等等。这样，有关劳工市场的地区结构分析问题和劳动力区际流动问题必然涉及经济学领域以外的问题，并且，劳工市场的地区结构分析方法同劳工市场的其他结构分析方法有一些交叉的、重叠的关系。

二、劳工市场的地区结构与部门结构的关系

前面在谈到劳工市场的部门结构时已经指出，在现代西方经

济学书籍中，从部门结构来考察，可以把全国的各个部门划分为扩张中的部门和停滞或衰退中的部门。扩张中的部门的劳动生产率增长较快，而停滞或衰退中的部门的劳动生产率增长较慢，甚至停止增长或下降，从而这些部门可能发生收缩，失业人数将增加。

但一国经济的部门结构和地区结构往往是有联系的。这取决于一国的生产力布局的历史和现状。历史上曾经成为经济发达地区的某些区域，可能是以当时在经济生活中有着重要地位的某种产业部门为主的，但后来，随着这种产业部门的相对重要性的下降，甚至其绝对产值的下降，该区域可能变为经济衰退地区。反之，若干年前仍是经济不发达地区的某些区域，可能由于种种原因而成为新兴的产业部门的集中地，从而变为经济迅速增长的地区。这些情况显然会影响到地区的劳动力的供给和需求，所以说，劳工市场的地区结构分析同劳工市场的部门结构分析有时是结合在一起的。要解决劳动力在地区之间的供求不相适应，实际上也意味着要解决劳动力在部门之间的供求不相适应。

三、劳工市场的地区结构与技术结构的关系

劳工市场的技术结构是指按工种和技术水平的不同而把劳工市场划分为若干组成部分。就技术水平来说，至少可以把劳动力分为熟练劳动力和非熟练劳动力两大类型。由于不同技术水平的劳动力之间存在着不可替代性或替代性很小，因此从劳工市场的

技术结构来分析，失业与职位空缺并存的现象难以避免。

劳工市场的地区结构也同劳工市场的技术结构有关。这是因为，由于经济和文化发展程度不同，有的地区的经济较发达，教育较发达，从而熟练劳动力的人数较多，熟练劳动力在劳动力总数中所占的比重较大，而另一些地区则因经济不发达和教育不发达，熟练劳动力人数较少，熟练劳动力在劳动力总数中所占比重较小。这样，在前一类地区，有可能出现非熟练劳动力不足和熟练劳动力供给较充足的情况，在后一类地区，则有可能出现熟练劳动力不足和非熟练劳动力过剩的情况，劳动力地区之间的协调问题往往也就是熟练劳动力和非熟练劳动力的调配问题。

四、劳工市场的地区结构与所有制结构的关系

前面已经提到，在现代西方经济学中，劳工市场的所有制结构是指按雇用劳动力的企业单位的所有制形式来划分劳工市场的。例如，当前资本主义国家的大公司所雇用的工人属于一种类型的劳工市场，而小企业所雇用的工人和独立的小生产者属于另一种类型的劳工市场。这两类劳工市场中的劳动力的受雇佣条件和劳动报酬是不一样的。

这种划分劳工市场的方法与按地区划分劳工市场的方法也在某种程度上有交叉、重叠之处。这是因为，首先，从城市和乡村的划分来说，乡村的劳工市场几乎完全属于小企业类型的或独

立的小生产者（小农场主）类型的劳工市场，在这里就业的，主要是农业工人、非熟练工人、半熟练工人，而这些劳动者多半是不参加工会组织的。再以城市来说，还可以区分为大城市和工业中心的劳工市场以及小城市和非工业中心的劳工市场，后一类劳工市场的情况与乡村的劳工市场比较相似，而在前一类劳工市场中，尽管还存在着一些不参加工会的非熟练工人、半熟练工人，但受大公司雇用的并属于强大的工会组织的工人所占的比重是相当大的。

五、劳工市场的地区结构与社会结构的关系

与劳工市场的地区结构关系最为密切的是劳工市场的社会结构，这两种结构分析方法实际上经常结合在一起。关于这一点，可以从以下两方面进行考察。

第一，在一个地区，特别是在某一个城市中生活的劳动者，往往把到另一个地区，特别是到乡村地区去就业看成是从事“坏职业”。职业的“好”和“坏”在这里是同地区的差别相关的。可以这样认为，在人们的心目中，不仅职业有“社会等级”的划分，地区也有类似于“等级”的排列次序。正因为客观上存在着这种次序排列的相吻合性，所以区际劳动力的流动比通常所想象的要困难得多。

第二，在地区的“等级”差别的次序与职业的“等级”差

别的次序不一致的情况下，当不同“等级”的地区之间发生劳动力的流动时，劳动者会考虑这种迁移将使自己的职业变得“较好些”还是变得“较坏些”的问题。比如说，从一个被认为是“较差的”地区转移到一个“较好的”地区去就业时，职业却可能从“较好的”下降为“较差的”；或者，从一个被认为是“较好的”地区转移到一个“较差的”地区去就业时，职业也有可能从“较差的”上升为“较好的”。在这些情况下，劳工市场的地区结构分析（不同地区的劳工市场分析）同劳工市场的社会结构分析（头等劳工市场和次等劳工市场的分析）都是不可缺少的。劳动者究竟是选择“更好一些的”职业还是选择“更好一些的”地区，既要根据其他条件来决定，也要根据地区经济状况和职业本身的变动趋势来决定。

以上两方面的情形都说明，脱离了劳工市场社会结构分析的劳工市场地区结构分析有着很大的局限性。

第二节　劳工市场地区结构分析和区域性就业对策

一、国内人力总迁徙的原因

由于劳工市场地区结构不协调而引起的失业问题，可以通过改善劳工市场的地区结构状况和实行区域性就业对策来逐步解决。为了使区域性就业对策的制定和实行有理论上的依据，必须对国内人力迁徙问题进行研究。

关于国内人力迁徙的研究，在现代西方经济学中，大体上有总迁徙和净迁徙两种分析方法。

总迁徙（gross migration）——指人力从迁出地到迁入地的流动总数。

净迁徙（net migration）——指两个地点相互迁徙的结果所造成的净人力流动数。

例如，有i、j两地，从i迁往j的总迁徙为GM_{ij}，从j迁往i的总迁徙为GM_{ji}，以NM_{ij}表示i、j两地的净迁徙。则：

$NM_{ij}=GM_{ij}-GM_{ji}$或$NM_i=\sum_{j=1}^{n}GM_{ij}-\sum_{j=1}^{n}GM_{ji}$

那么，究竟有哪些因素决定总迁徙？据现代西方经济学家分析，主要因素如下。

（一）迁出地与迁入地之间的距离

这是根据“重力原理”而得出的有关人力迁徙的论断，即假定迁徙与迁出地、迁入地居民人数的多少直接有关，并且与两地之间的距离成反比。据M.格林伍德发表于1975年6月《经济学文献杂志》上的《有关美国国内迁徙的研究情况概述》一文所归纳的，距离作为决定迁徙的因素，不仅涉及运输成本问题，而且还涉及“心理成本”（psychic costs）、信息问题。这就是说，两地距离越远，“心理成本”越大；距离越远，能获得的信息越少，不确定性则越大。另外，据W. 瓦迪斯基的研究（《论机会成本与迁徙分析》，载《区域科学年刊》，1974年2月；《可供选择的机会和州际迁徙》，载《经济统计评论》，1974年5月），与距离因素联系在一起的还有机会成本因素，即距离越远，机会成本也越大。

（二）收入

这是假定迁徙者在面临几个可供选择的迁入地点时，总是选择预期未来净收益最大的一处。关于这方面的研究，最早是由T. 舒尔茨在《人力资本的投资》（载《美国经济评论》，1961年3月）和G. 贝克尔在《人力资本投资：理论的分析》（载《政治经济学杂志》，1962年10月增刊）中提出的。在《政治经济学杂志》1962年10月增刊上，L. 斯杰斯塔德遵循舒尔茨和贝克尔的分析方法，发表了《人力迁徙的成本和收益》一文，用贴现率来折算人力迁徙后预期未来收益的现期价值和人力迁徙成本的现期价值，以求得预期未来净收益的现期价值。他的看法是，首先，人力迁徙的预期未来净收益必须大于零，然后，迁徙者将选择能使预期未来净收益为最大值的迁徙地点。

70年代，人力资本理论的研究者们在这个问题上又有若干新的研究成果。例如，E. 密勒在1973年1月发表于《南方经济学杂志》上的《经济状况影响迁出吗？》一文中，不同意以往一些研究者过多地考虑迁入地点的经济状况（即考虑预期未来收益问题），而把迁出地点的经济状况当作一种不重要的因素来对待。他认为，一个地区的就业率的变化对于人力的迁出有显著作用。同时，有些地区的迁入率虽然很高，但迁出率也是很高的，迁入和迁出可能相互影响，影响人力迁入的因素也可能影响人力迁出。70年代美国的某些城市关于人力迁徙的经验统计材料证实了这一结论，例如有的城市，一方面黑人大批迁入，另一方面白人又大批迁出。此外，根据格林伍德的概述，70年代以来在有关收入因素对人力迁徙的作用的研究中，非总量分析（总量分解）方法越来越受到重视。他援引了S. 麦斯特斯在《从南部迁往北部城市的黑人比已经住在北部城市中的黑人境况较差吗？》（载《人力资源杂志》，1972年秋季号）、小尼米（A. W. Niemi，Jr.）在《受过教育的黑人从南部迁出的受益》（载《南方经济学杂志》，1973年10月）中的研究成果，得出这样的看法，在人力迁徙问题上，总量分析显然不够用，有必要像麦斯特斯、小尼米等人那样对不同类型的迁徙者进行分组研究，才能进一步弄清楚有关人力迁徙的许多问题。

（三）“心理成本”

1962年，斯杰斯塔德在分析人力迁徙成本时曾指出，所谓“心理成本”并不是实际支出的费用，而只不过是迁徙者的一种主观的心理感受，所以对“心理成本”的直接衡量是很困难的。1973年，A. 施瓦茨在《试论距离对迁徙的影响》（载《政治经济学杂志》，1973年9—10月）一文中提出了一种替代直接衡量“心理成本”的方法。他指出，“心理成本”是指迁徙者离开本乡本土、亲戚朋友之后能感觉到的一种苦闷，可以把它换算成由迁入地点返回原来的地方探亲访友的次数和交通费用，并且由于随着年龄的增大，返回的次数将会增加，所以“心理成本”也随着年龄增大而增加。另一些研究论著，如格林伍德在所著《美国劳动力地区流动的决定因素分析》（载《经济统计评论》，1969年5月）和R. 费布里坎特在所著《一个预期迁徙模型》（载《区域科学杂志》，1970年4月）中所分析的，指出在研究人力迁徙时既要考察“心理成本”，也要考察“心理收益”，即迁徙到有亲戚朋友居住的地方时的一种精神上的满足。

（四）信息

这是指迁徙者总是希望迁徙到自己比较熟悉的地方去，不愿迁徙到自己不熟悉或一无所知的地方去。根据费布里坎特、格林伍德以及V. 伦肖等人[①]的研究，目前的迁徙作为以前的迁徙的函数的假定是可以成立的，因为目前迁徙的信息来源于以前的迁徙，已经迁到某一地区的亲戚朋友会把信息传递给准备迁往该地的人。

---

① 伦肖：《迁徙在劳工市场调整中的作用》，1970年，麻省理工学院；格林伍德：《有关美国国内迁徙的研究情况概述》，载《经济学文献杂志》，1975年6月，第405—406页。

（五）个人特点

这主要指迁徙者的年龄、受教育程度、种族等而言。以年龄来说，迁徙与劳动者年龄是成反比的，因为年龄越大，预期的未来工作年限越短，从迁徙可能得到的总收益（未来各年收入之和）也越少。加之，年龄越大，家庭联系和职业保障等因素也变得越重要。关于这一点，L.加莱威在1969年所写的《年龄与劳工流动形式》（载《南方经济学杂志》，1969年10月）中已经作了验证。

再以受教育程度来说，由于受过较多教育的人能有较多的就业信息和较多的就职机会，因此他们迁徙的可能性较大。另一方面，受过较多教育的人可能不像受较少教育的人那样重视与家族的联系，对外地的情况有所了解，因此不那么留恋本土。关于这一点，施瓦茨在1973年所著《试论距离对迁徙的影响》一文中也做了分析。

最后，以种族情况来说，在美国这样的国家里，决定白人和黑人迁徙的因素是不一样的。1970年，J.帕斯基和J.凯恩在《下南部的迁徙、就业和种族》（载《南方经济学杂志》，1970年1月）一文中，以及1971年，格林伍德和P.戈尔姆莱在《白人和非白人州际迁徙的比较》（载《人口学》，1971年2月）中，都曾指出就业率变动对白人和黑人迁徙的影响不同。这是因为黑人主要从事低收入的职业，他们缺少技术，失业对他们说来是普通的事，他们迁徙后也不一定能找到工作，所以就业率变动对他们迁徙的影响不大。而白人的情况则与此相反，就业率变动对白人迁徙的影响要大得多。

二、国内人力净迁徙的原因

以上所提到的是影响总迁徙的基本因素。下面再看有关净迁徙的原因的研究。尽管总迁徙和净迁徙的理论含义不一样，但理论基础则被认为是相似的。格林伍德对此做了这样的表述：

假定从某一地区（i）向其他一个地区（j）的总迁徙为GM_{ij}，从其他一个地区（j）向某一地区（i）的总迁徙为GM_{ji}，假定i和j（或j和i）之间的总迁徙是i和j之间的距离D_{ij}和其他一些变量X_j的函数。X_j可能是收入、人口、失业率等。那么：

$$GM_{ij}=\beta_0+\beta_0 D_{ij}+\beta_2 X_j \quad (1)$$

$$GM_{ji}=\beta'_0+\beta'_1 D_{ij}+\beta'_2 X_j \quad (2)$$

这样，i和j之间的净迁徙（NM_{ij}）将是：

$$\begin{aligned} NM_{ij} &= GM_{ij}-GM_{ji} \\ &= (\beta_0-\beta'_0)+(\beta_1-\beta'_1)D_{ij}+(\beta_2-\beta'_2)X_j \quad (3) \end{aligned}$$

由此可见，决定净迁徙的因素是由决定总迁徙的同样一些因素构成的。

失业情况作为影响净迁徙的一个变量，研究者对此有两种看法。一种是传统的看法，即把失业水平作为失业情况的标志，另一种看法则用“预期的失业”或“未来失业情况”来代替失业水平。C. 布朗科就是采取后一种方法来研究净迁徙的。他的主要著作在60年代中期发表，如《预期失业和州际人口流动》（载《经济统计评论》，1964年5月）、《预期失业和州际人口流动：答辩》（载《经济统计评论》，1965年11月）。I. 劳雷、W. 马泽克等人后来遵循布朗科的研究方式来研究有关净迁徙的决定因素问题。

格林伍德认为，在研究总迁徙和净迁徙的原因时，研究者们往往忽略了一些与失业率有关的问题。例如，在一定的地区内，失业人数毕竟只占居民中的少数，这一因素对于迁徙的影响究竟有多大，仍是不明确的。失业率的变动只反映一部分居民对迁徙的看法，而不能说明那些并不受到失业威胁的居民迁徙的原因。相形之下，收入水平的变动和收入的差异对居民的迁徙的影响要大得多。但这里所要注意的是，收入的差异不是狭义地仅指货币工资率的差异而言，而是指实际收入的差异，其中包括各地区生活费用的差异以及生活环境的差异。

三、地区结构性的就业问题和人力计划化

在分析了国内人力迁徙的原因之后，可以进一步探讨区域性就业对策问题。如上所述，在一些现代西方经济学家看来，当前资本主义社会中的就业问题在相当大程度上是一种结构性的就业问题，其中包括地区结构性的就业问题，因此，对劳工市场进行

地区结构分析的主要目的在于如何设法解决国内各个地区之间劳动力供给和需求之间的适应问题，以及如何以一个地区的过剩的劳动力来补充另一个地区的劳动力不足。

但也正如前面已经指出的，由于劳工市场地区结构分析与劳工市场的其他各种结构分析之间有着密切的联系，地区结构性就业问题在不同的程度上分别是部门结构性的、技术结构性的、所有制结构性的和社会结构性的就业问题，所以要缓和某一地区的劳动力过剩现象或缓和另一地区的劳动力不足现象，都必须采取有针对性的区域就业政策，它们是区域经济和社会发展政策的一个重要组成部分。通过这种政策，尽可能把劳动力的区际流动、劳动力在部门之间的转移和劳动者对职业的选择问题结合在一起予以解决。

从资本主义国家当前实行的“经济计划”来看，它们的地区的发展计划中包括了人力计划这一重要的内容。人力计划不仅旨在保证本地区经济和社会发展所需要的各种劳动力（包括熟练劳动力），减少失业人数，而且也旨在提高本地区劳动者的收入水平，改善本地区劳动者的生活状况。现代西方经济学家认为，通过人力计划的制定和实行，将有可能使地区结构性的就业问题得到解决。

在着手解决地区结构性就业问题方面，现代西方经济学家认为一个重要的问题是如何使全国的计划与区域的计划协调。以人力计划工作来说，全国的计划是从人力资源现状、人力资源变动的趋势、全国经济和社会发展的目标以及对于人才的需求情况来考虑的，而区域的计划则以区域的人力资源现状、区域人力资源变动趋势、区域经济和发展的目标以及对于人力的需求情况为出发点。二者之间能否适应，关键仍在于如何在区域之间进行劳动力的调剂，使全国的总目标和地区的子目标得以协调。这是因为，在资本主义现实环境中，劳动力既不是完全流动的生产要素，又不是完全不流动的生产要素。劳动力流动有可能受到各种阻碍，同时，在劳动力有可能流动的条件下，这种流动可能是自发的流动，也有可能是指导性的、组织性的流动。所以说，要使区域的人力计划同全国的人力计划相适应，并且使得区域的经济和社会发展目标同全国的经济和社会发展目标相一致，在区域就业政策中，以下三方面的措施被认为是可能有效的。这些措施是：①以工厂的迁移代替劳动力的迁移；②减少和消除劳动力区际流动的障碍；③以较好的经济和社会条件吸引劳动力流入。此外，政府还应当采取措施限制劳动力的区际盲目流动，并应尽可能通过各种经济调节措施增加地区内部对劳动力的供给量或需求量，使地区内的劳动力供给和需求相适应。

（一）以工厂的迁移代替劳动力的迁移

由于劳动者离开本地区到外地区去就业时会遇到这样或那样的问题，所以劳动力的迁移通常被认为是比较困难的。为此，有些西方经济学家建议用工厂的迁移来代替劳动力的迁移。英国经济学家C. 克拉克就曾提出过这种主张。[①]按照他的想法，首先应当解决的是国内工业布局的不合理性。比如说，在某些并不适宜发展工业的地区，工厂过于集中，而另一些有较好的发展工业的条件的地区则缺少工厂，因此，要做到国内工业的合理布局，与其迁移劳动力，不如迁移工厂，而随着工厂的迁移，劳动力也就分布于被认为适宜的地区去了。这就是说，他认为首先应当采取措施鼓励工厂迁移，然后再依靠迁移后的工厂来吸引劳动力，做到地区的劳动力的合理配置。他所提出的具体措施中，包括建议采取征收工资税和发放工资补贴等做法。所谓工资税，是指向某些地区的工厂主征收的一种按工资总额缴纳的税金；所谓工资补贴，是指向某些地区的工厂主发放的一种按工资总额支付的补贴。如果在人口密集的老工业区建厂，工厂主就应缴纳工资税；如果在人口稀疏的新地区建厂，工厂主就可以得到工资补贴。这样就可以鼓励工厂迁往新地区，既有助于调整国内的工业布局，又可以促进劳动力在本地区之间的均匀分布。他的这些建议是不同于资本主义国家的政府以往曾经采取过对新建工厂实行投资优惠政策（如减免投资利润税，给予较优惠的信贷利率等）的做法的。

① 科林·克拉克：《工业区位和经济潜力》，载《劳埃德银行评论》，1966年10月。

（二）减少和消除劳动力区际流动的障碍

根据现代西方经济学家的分析，劳动力区际流动的障碍是不利于劳动力在全国范围内合理配置的有力因素。这些障碍大致上可以分为经济方面的障碍、社会和心理方面的障碍。

经济方面的障碍主要指迁移费用较高和迁移后就业的收入较低。这实际上是劳动力迁移的成本与收益之比，因为劳动者在考虑究竟迁移还是不迁移时，必然会把迁移前的净收益同迁移后的预期未来净收益进行对比，并且，在他面临几个可供选择的迁入地点时，总是选择预期未来净收益最大的地点。实际迁移费用是劳动力迁移成本的主要项目。为了减少劳动力区际流动的障碍，应当由政府设法降低劳动力区际流动所必需的迁移费用，特别是降低由劳动者本人负担的实际迁移费用。同时，只要劳动者迁移前的收益不等于零，那就应当设法提高劳动者迁移后所从事的同等工作的收益，使之超过迁移前的收益。

社会和心理方面的障碍主要指劳动者迁移后，由于离开原来居住的地点，同亲人分居，同朋友分离，同原来熟悉的环境告别，在一个不熟悉的环境中生活和工作，等等，会产生一种苦闷。如上所述，这种苦闷在现代西方经济学中被称为“心理成本”。一般说来，劳动者迁移到距离原来居住的地方越远的地方去，“心理成本”越大；劳动者年龄越大，迁移的“心理成本”也越大。劳动者的迁移成本中，除了包括实际迁移费用而外，还包括迁移的“心理成本”在内。劳动者究竟是否愿意迁出原来居住的地区，必须把预期的未来收益同由实际迁移费用和“心理成本”之和组成的迁移成本相比较，才能作出判断。也就是说，只有在预期未来净收益大于零时，劳动者才有可能迁移，国内就业问题也才有可能通过劳动力的区际流动而缓和。

劳动者在进行区际迁移时，自己是考虑到这种社会和心理方面的障碍的。比如说，劳动者多半是迁往有亲戚、朋友、熟人、同学、同乡的地方去，因为在迁入那样的环境时，“心理成本”可以减少些。并且，迁移也可能是分阶段进行的，他们通常迁入离原来的地区不太远的地区，这不仅为了减少实际迁移费用，而且也是为了不至于在社会和心理方面进入隔阂更大的陌生的环境。如果那里的就业条件合适，他们可能不再迁移了；如果还不合适，再向较远处迁移。迁移正是这样由近及远、分阶段实现的，这也是为了不使“心理成本”一下子就突然增大。那么，政府在这些方面能够起什么作用呢？政府可以通过哪些措施减少和消除劳动者迁移时所遇到的社会和心理方面的障碍呢？据现代西方经济学家的看法，政府的作用主要在于降低劳动者迁移的“心理成本”，例如为劳动者的迁移提供充分的信息，使劳动者增加对所要迁入地区的了解；在新工业区和准备吸收劳动力的地区提供社会、文化和生活服务设施，以减少迁移者思乡的苦闷，满足他们在社会、文化生活方面的需要；给予迁移者以探亲的实际便利。

前面还提到过，根据施瓦茨的看法，劳动者区际流动中的“心理成本”是可以数量化的，即把它折算为迁移者返回原来居住地区的探亲费用等。由于“心理成本”被折算为货币价值，这样就可以进一步估算出劳动者的迁移成本以及迁移后的净收益，从而为政府设法减少和消除劳动者迁移的社会和心理方面的障碍制定有关的对策。

（三）以较好的经济和社会条件吸引劳动力流入

这方面所要采取的措施有时同减少和消除劳动力区际流动的障碍不可分。例如，在新工业区和准备建设的地区发展社会、文化和生活服务设施，既可以减少和消除劳动力区际的社会和心理方面的障碍，同时也是吸引劳动力流入新地区的重要条件。又如，由新地区负责解决迁移费用和安置费用，也能达到同一目的，即促使劳动者由不愿意迁移转变为愿意迁移。

除此以外，还有一些特殊的吸引劳动者迁入新地区的条件，这主要是指在劳动力水平流动（劳动力在地区之间的转移）时一并实现劳动力的垂直流动（例如使他们由“坏职业”改变为“好职业”，由“社会等级”较低的职业改变为“社会等级”较高的职业，给予职务上的提升的便利，等等）。根据劳工市场社会结构分析，人们对职业的“社会等级”的选择有时比收入多少的选择更为重要，因此，要吸引劳动力迁入新地区，就不能仅仅着眼于提高同一种职务的收入量，而应当在职业的改变和职务的提升方面提供较好的机会。

四、国内人力迁徙后果的分析

假定政府采取一定的措施，减少和消除了劳动力区际流域的障碍，或者，某些地区采取措施，以较好的经济和社会条件吸引劳动力流入，那么就有必要进一步考察国内人力迁徙的后果问题。关于这些后果，可以从三方面分析。

（一）关于劳动力资源的重新配置

这主要涉及人力迁徙是否增加效率的问题。早在1959年，小斯雷克（H. S. Shryock，Jr.）在《美国国内迁徙的效率》中就曾研究过迁徙结果引起的效率变化。他认为，如果迁出和迁入的人数恰好相抵消（假定迁出者与迁入者的职业与技术特征相同），那么这种迁徙不增加也不减少效率。如果迁出和迁入的人数相抵后有一差额，这才表明迁徙引起效率的变化。但贝克尔认为这个结论是不恰当的。按照贝克尔的看法，关于人力迁徙后的效率变化，不能只从一般的职业和技术特征来考察，还应当考察工人在某一特定的工作岗位上所受到的特殊训练。由于这种特殊训练的结果，工人留在原来的工作岗位上所提供的劳动生产率是比较高的，如果他离开原来的工作岗位，对于企业来说是个损失。企业即使招收了一个与离去者有同等学历的工人来代替他，除非再给予特定的训练，否则效率会降低。这样，企业为了不让一个已经熟悉本职工作的工人离开工厂，宁肯多付给他一些工资，而那些有机会离开企业的工人则考虑到留在原企业能比在别处干同样工作得到较高的工资，从而不愿迁徙。

这种情况还表明，如果工厂迁徙到新地区去，尽管工厂能够在新地方雇用到足够数量的工人，但工厂往往愿意花钱把原来雇用的工人及其家属一起迁徙到新地区去，因为这样做能维持原来的劳动生产率。

这种情况同样表明，在某一个企业工作的连续工龄对工人和企业双方都是有重要意义的。企业愿意使用连续工龄长的工人，工人愿意自己的连续工龄增加，从而得到额外的津贴。1974年，J.希克斯在所著《凯恩斯经济学的危机》中也曾强调这一点。他指出：在正规的就业情况下，雇主和雇工之间的关系应当有某种持久性，以便提高效率；雇主不会因市场上存在失业而降低这些与自己保持长久关系的工人的工资。

（二）人力培养费用的负担

在传统的研究论著中，通常做出这样的假定，即假定劳动力是"同质"的或具有同一教育水平的，从而人力的迁出会使得劳动力供给减少和工资上升，人力的迁入会使得劳动力供给增加和工资下降。但近年来，随着人力资本理论研究的深入，关于劳动力"同质"的假定已被认为是不适当的。对不同教育水平的劳动力迁徙的研究如今越来越受到重视。

1974年，J.罗曼斯在《迁徙的利益与负担》（载《南方经济史杂志》，1974年1月）一文中，专就人力迁徙中的“人才流失”（brain drain）问题进行分析。他指出，受教育程度与人力迁徙有关，受较多教育的人外迁的可能性大。他认为，关于这个问题，应从两个不同角度来分析。如果从全球的角度来看，人才的流动改进了全球的劳动力资源的配置；如果从迁出地区的角度来看，“人才流失”显然是不利的，因为熟练的劳动力减少了。但即使如此，对于迁出地区的留下未走的劳动者（其中包括许多非熟练劳动者）而言，人才外流能使他们得到好处，因为他们的竞争者减少了，受到的压力减轻了。罗曼斯接着指出，要进一步了解“人才流失”的后果，还应当考虑这些外流的人力的受教育费用究竟由谁负担的问题。假定当初受教育的费用是由本人负担的，那么这些人外流后，他们可以靠增加的收入来弥补自己对教育的投资。假定他们受教育的费用是由地方政府负担的，即由地方税收开支的，那么人才的外流将会使地方财政受到损失，因为地方财政替他们承担了受教育的费用，却不能从他们日后取得的较多个人收入中征收到税金（这些人在学业结束后迁徙到别处去了）。因此，从地方当局的角度来看，它是不希望人才外流的。

（三）人力迁徙对公共服务事业和公用设施的增长的影响

格林伍德在1975年所写的《有关美国国内迁徙的研究情况概述》中曾指出，不管是迁入某一地区还是从某一地区迁出，都可能影响对该地区提供的公共产品和公共服务的需求，以及影响该地区用来维持这些公共产品和公共服务的收入。迁徙对地方公共部门的影响的大小不仅依存于所发生的迁徙数量，而且也依存于迁徙者的各种特征。例如，迁入某一地区的既有高收入家庭，又有低收入家庭。从地方财政收入的角度来看，高收入家庭的迁入要比低收入家庭的迁入提供较多的税收。但这两类家庭对公共服务的需求也是有差别的。低收入家庭迁入后，要求有较多的福利、保健设施，而高收入家庭迁入后，要求有更多的教育设施以及社会治安方面的措施。除了上述这些直接影响而外，人力迁徙也可能对地方公共服务事业产生间接的影响，因为人力迁徙会对那些未迁徙的居民的收入变动发生作用。[①]

五、限制劳动力的区际盲目流动

从国内人力迁徙后果的分析可以了解到，劳动力的盲目流动会给地区劳动力供给和需求的适应增添不少新的问题。一些西方经济学家在对发展中国家的经济发展过程中的就业问题进行分析时，曾强调要采取措施限制劳动力的区际盲目流动，其中包括限制由农村游离出来的劳动力涌入某一地区。即使在发达的资本主

① 格林伍德：《有关美国国内迁徙的研究情况概述》，载《经济学文献杂志》，1975年6月，第418页。

义国家中，由于劳动力在地区之间的盲目流动，也成为经济学家关心的一个问题，所以采用某些手段来限制这种现象也被认为是必要的。

为了限制劳动力在地区之间盲目流动，可以在雇佣条件、工资、税收等方面采取措施。例如，禁止一个地区的公私部门和企业雇用不符合迁移和居住条件的人员就业，在工资和税收方面对不符合迁移和居住条件的就业者以及雇用这些就业者的私人企业实行某种特殊的或附加的规定。但现代西方经济学家认为，要真正限制劳动力在地区之间的盲目流动是很困难的，因为劳动者在迁入自己所乐意迁入的地区后，有很大的可能性不遵照政府的规定而自谋职业，而私人企业、特别是小企业也愿意雇佣工资要求很低的迁入者，结果，仍然不能防止劳动力在本地区之间的盲目流动。

在劳动力区际流动过程中，经常可以看到这样一种现象，即一个地区的劳动者迁入量固然很大，但迁出量也很大，迁入和迁出相抵后，净迁入数可能是零。但只要这种迁入和迁出是具有盲目流动性质的，它们仍然会给地区的经济带来很大的危害性。那么，为什么会发生一方面大量迁入，另一方面又大量迁出的现象呢？一种可能性是：前一时期迁入者在居住一段时期之后，由于找不到合适的职业，于是又迁走了，但新迁入者由于不了解地区的就业信息，仍然大量迁入。针对这种情况，现代西方经济学家认为，政府应当采取的一项重要措施是增加地区就业信息的供给，以防止劳动者的盲目流入。另一种可能性是：迁入者和迁出者尽管在数量上是相等的，但劳动力的技术结构不同，他们所从事的职业的“社会等级”不同，或者他们所从事工作的产业部门不同。比如说，迁出者是熟练劳动力、技术工人、专业人员，而迁入者则是非熟练劳动力。或者，迁出者是该地区原来从事“社会等级”较低的职业的就业者，他们希望到其他地区去寻求“社会等级”较高的职业，而迁入者则宁愿从事任何一种职业，不管该种职业的“社会等级”如何，只要有一个职业就行。或者，一个地区的经济发生比较剧烈的变动，有些产业部门处于停滞、衰退之中，于是这些部门中有一些劳动者迁出该地区，而又有一些部门则处于兴旺、发展之中，于是外来的迁入者填补了这些部门的职位空缺或准备填补它们的职位空缺。针对上述这些情况，政府就应当采取一些特殊的措施，例如调节地区的经济，改变地区内各种职业的收入差异和其他经济、社会条件，等等。

总之，限制劳动力在地区之间的盲目流动被认为是一个复杂的问题，这个问题有待于对地区经济的全面研究和多方面调节才有可能逐步得到解决。

六、增加地区内部的劳动力供给量或需求量

从劳动力区际流动的角度来考察，要保持地区经济增长与全国经济增长的协调，就应当通过上述各种措施使劳动力在地区之

间的流动符合经济均衡增长的要求，也就是说，应当使劳动力过剩地区的多余劳动力补充劳动力稀缺地区的劳动力不足。但在规划区际劳动力的同时，还应当从地区内部进行劳动力的供给量或需求量的调节，这些方面的调节被认为有助于把劳动力区际流动的人数减少到尽可能小的数量，从而达到合理利用现有资源和减少在劳动力转移过程中的资源损失的重要措施。

在现代西方经济学家看来，如果能从地区内部调节劳动力的供给量或需求量，使每一个地区的劳动力的供给和需求趋于均衡或接近均衡，减少劳动力区际流动的人数，特别是减少长距离劳动力迁移的人数，可以从以下三个方面节约资源：

第一，节约劳动力迁移费用，包括为迁移劳动力而需要消耗的交通运输方面的资源；

第二，节约为安置迁入的劳动者而需要消耗的资源，包括城市建设、民用建筑、公用事业和生活服务方面的投资和其他有关的资源；

第三，减少劳动力迁移后的效率损失，这里主要包括两方面的效率损失，一是劳动者迁移后由于工作环境的更换而可能引起的效率降低，二是劳动者迁移后由于同亲人分离等心理上的原因而可能引起的效率降低。

因此，地区内部劳动力供给量和需求量的调节被认为是必要的。但劳动力供给量首先涉及人口增长率，这是一个需长期调节的问题，所以通常在考察劳动力供给问题时，可以假定人口增长率为既定的，甚至假定劳动力供给量为既定的。在进行就业问题的总量分析时，往往采取这样的假定。而在进行劳工市场结构分析时，仍然可以假定劳动力供给量是可以进行调节的。例如在劳动力不足时，增加地区内劳动力供给量主要包括两方面的措施：一是利用家用电器设备来代替家庭主妇的劳动，或者依靠家庭生活服务业的发展来代替家庭主妇的劳动，从而使更多的家庭主妇加入就业者的行列；二是利用更多的或较先进的技术设备来代替劳动力，从而在总产量不变的前提下减少生产过程中所使用的劳动力数额，以便节约劳动力，满足地区内对劳动力的需要。就地区的、局部的范围来说，这两项措施都可以较快地收到效果。此外，在假定熟练劳动力与非熟练劳动力之间存在着可替代性，并且熟练劳动力与资本之比小于非熟练劳动力与资本之比的条件下，通过教育和在职训练等措施，可以使非熟练劳动力变为熟练劳动力，从而增加地区内的劳动力资源的供给量。

对劳动力的需求量进行调节主要依靠增加地区内的投资。此外，还可以在投资数额为既定的前提下，以发展劳动密集型行业来增加地区内的劳动力需求量。

总之，在现代西方经济学家看来，如果每一个地区都能够在调节本地区的劳动力供给量和需求量方面采取适当的措施，那么将有利于地区结构性就业问题的解决。

第三节　劳工市场地区结构分析的评价

一、劳工市场地区结构分析方法是一种有用的分析方法

考虑到就业问题的复杂性和总量分析方法的局限性，所以现代西方经济学中所提出的劳工市场地区结构分析方法是有用的。它可以作为总量分析的一种补充，也可以同有关劳工市场的其他各种结构分析方法结合运用，从不同的角度说明地区失业的原因和劳动力在不同地区之间流动的原因，并根据分析的结果提出相应的对策。因此，不能对于地区结构分析方法采取否定的态度。

在地区结构分析中，运用地区内投入产出分析方法和地区间投入产出分析方法来考察地区的就业以及地区的就业同经济增长之间的关系，已被一些资本主义国家的经验证明为有用的。在制定人才规划时，可以考虑这样一些方法。

二、现代西方经济学中的劳工市场地区结构分析的局限性

但是，也应当注意到现代西方经济学中的劳工市场地区结构分析的局限性。这种局限性主要表现于它通常是在脱离了特定的资本主义生产关系及其与生产力的矛盾的条件下进行的。正如脱离了特定的资本主义生产关系的总量分析不可能说明资本主义经

济的运行一样，脱离了特定的资本主义生产关系的地区分析也不可能说明地区经济的运行以及地区经济同整个资本主义国民经济之间的关系。

以地区就业量的分析来说，在资本主义国家中，这个问题首先是同资本主义制度联系在一起的，资本主义制度下资本有机构成的提高所引起的对劳动力的需求的相对狭小是造成失业的根本原因，但劳工市场地区结构分析却回避了这一点。这样，尽管通过这种分析可以说明地区劳动力的供给和需求之间的不适应，并且可以说明某一局部地区在一定时期内存在着劳动力过剩或劳动力不足的部分原因，但它不可能被用来说明资本主义社会中就业问题的性质。

最可以说明劳工市场地区结构分析的局限性的，是这样一种实际情况，即在资本主义国家中，一般是少数地区劳动力不足，而多数地区劳动力过剩，因此劳动力的供过于求是普遍现象。甚至在有些资本主义国家中，对地区劳动力供给和需求的分析结果表明，每一个地区都存在劳动力的过剩。这就绝不是运用劳工市场地区结构分析方法所能说明的了。要解释为什么每一个地区都是劳动力供过于求或为什么多数地区劳动力供过于求，就必须从资本主义制度的性质，从资本主义生产关系同生产力之间的矛盾来进行分析，而不可能把地区结构分析方法当作主要的分析方法。

三、评现代西方经济学家提出的区域性就业对策

如前所述，为了缓和或消除资本主义社会中的失业问题，一些现代西方经济学家提出了各种区域性就业对策。这些对策是有一定效果的。无论是从促进区际劳动力的合理流动的措施来看，还是从协调地区内部和地区之间劳动力供给和需求之间的关系的措施来看，现代西方经济学家所提出的区域性就业对策在就业理论方面也有可供参考之处。对这一点，我们不必予以否认。

然而总的说来，这些对策即使付诸实施，仍然不能从根本上解决资本主义社会中的失业问题，更不必说消除失业问题了。下面，可以针对他们提出的有关对策分别进行剖析。

先看地区投入产出分析和区域人力计划化。这是现代西方经济学家提出的区域性就业对策的重要组成部分。作为一种分析方法，地区投入产出分析是有用的；作为经济增长和发展的一种设计，区域人力计划化也是有用的。但问题是，在资本主义生产资料私有制的基础上，在资本主义竞争和生产无政府状态规律起作用的条件下，即使对地区的生产量、就业量、资源供给量进行了较精确的计算，即使根据有关的数据对区域的中长期劳动力供给和需求趋势进行分析并编制了人力计划，但客观经济的变动是不依据计划编制者的意志的。资本主义国家的中央当局或地方当局都无法保证使它们制定的计划指标得以实现。资本主义国家的公有部门所能容纳的劳动力数额毕竟是有限的，私营部门究竟能容纳多少劳动力，要根据私营企业的盈利情况、市场价格和销售量

变动的预测、居民购买力变动的预测以及生产技术水平的变化等因素而定。何况，即使是资本主义国家的公有部门，它们也是必须根据本部门的实际状况来容纳劳动力的。这一切都说明了区域人力计划化的制定和资本主义社会的就业问题的解决并不是一回事。

再看现代西方经济学家所提出的工厂的迁移代替劳动力迁移的政策主张。从表面上看，理由似乎是充足的，因为工厂的迁移可以在解决就业问题的同时调整国内的工业的布局。但如果进一步分析，这种理由就难以成立了。例如，B.劳斯贝在评论科林·克拉克提出的工厂迁移方案时就曾指出，这种主张如果付之实行，很可能更不利于缓和资本主义国家中的就业问题，这是因为：在资本设备与劳动可以互相替代的情况下，如果政府为了在某些地区限制工厂的建立而采取征收工资税的办法，即向某些地区的工厂主征收一种按工资总额一定比例缴纳的税金，那么只可能导致这些工厂采用先进的设备，以减少雇工人数，降低工资总额，以便少缴纳工资税，结果，失业人数反而会增多。[①]劳斯贝对克拉克的政策建议的批评是有道理的，这反映了资本主义私营工厂主只从自己的实际盈利额来考虑雇工多少的问题，而不考虑如何有利于全国性的失业问题的缓和。加之，即使按照科林·克拉克所建议的去做，有关工厂迁移的实际工作要比纯理论的探讨复杂得多。如果工厂迁移中遇到了实际困难，这将促使工厂主取

① 劳斯贝：《使区位政策发挥作用》，载《劳埃德银行评论》，1967年1月。

消迁移的打算，宁肯放弃政府为鼓励在新地区建厂而发给工厂主的工资补贴。

就劳动力的区际流动而言，无论是政府采取措施来促进劳动力的区际流动，还是采取措施来限制劳动力在地区之间的盲目流动，都不可能真正解决资本主义社会中的就业问题。道理是很清楚的，正如前面所述。就全国范围而言，劳动力过剩的地区多于劳动力不足的地区，劳动力的总的供给量大于对劳动力的总的需求量。在这种供求失衡的条件下，政府采取的有关劳动力区际流动的措施只可能收到局部的效果，即只能让一些掌握劳工市场信息的、劳动适应能力比较强的失业者在区际流动中找到工作。那些被资本主义企业认为“不合格”的失业者，无论怎样流动，仍难以就业。这再一次说明资本主义社会中的就业问题从本质上说是一个由资本主义生产方式本身决定的问题，而不是一个地区之间劳动力供求比例失调的问题。

最后，现代西方经济学家所提出的调节地区劳动力供给量和需求量的措施，例如调节地区的投资总额，根据地区劳动力供求状况发展劳动密集型行业或资本密集型行业，等等，涉及地区经济发展的一系列问题，并且都同资本主义国民经济的发展有关。这些措施能否在解决地区就业问题方面取得效果，要依资本主义国家的整个经济情况而定。而且为了缓和地区就业问题的每一项措施的实行又不可避免地会引起扩大就业与维持物价稳定之间的矛盾，扩大就业与提高经济效率、加强商品出口竞争能力、维持国际收支平衡之间的矛盾。这些情况是资本主义国家的中央当局或地方当局所不能不考虑的。

正如20世纪60至70年代一些资本主义国家的区域计划、人力计划的实施结果所表明，区域性就业对策实际上取得的成效是不大的，地区失业率高的地区在资本主义计划化实行过程中能够真正解决就业难题的例子，屈指可数。大多数地区在60年代初以失业率高著称，在70年代末仍然是高失业率的地区。

（引自厉以宁、吴世泰合著的《西方就业理论的演变》，华夏出版社，1988年版。）

合理预期学派关于就业问题的基本论点

第一节　合理预期概念及其在就业理论中的运用

一、合理预期概念的提出

合理预期学派是一个在20世纪70年代中期发展起来的当代西方经济学派别。它与货币主义在经济理论方面有密切的联系。合理预期概念最早是由J. 穆思在1961年美国《经济计量学》杂志上发表的《合理预期和价格变动理论》一文中提出的。那篇文章写道：人们总是竭力按照以往的一切有用的知识来进行价格波动的预测，这就是合理预期。在60年代，合理预期概念曾被西方经济学家用于分析金融市场，但对于经济活动的其他领域，则影响不大。70年代，通过小R. 卢卡斯、T. 萨金特、N. 华莱士、J. 泰勒、E. 普雷斯科特、R. 巴罗等人对合理预期理论的较为系统的表述，合理预期理论引起了西方经济学界的重视，而且运用合理预期概念所分析的范围也大大扩展了，不仅包括对生产量波动的分析，还包括对劳工市场的分析，对失业量波动的分析。合理预期学派的就业理论，是当代西方就业理论中别具一格的就业理论。它的出现被认为是对凯恩斯总量就业理论的根本性的否定。

二、合理预期与适应性预期的区别

要了解什么是合理预期，应当先了解西方经济学中的预期概念。预期是对未来价格波动（包括市场供求波动，利息率、利润率、租金率、工资率、汇率的波动等）的预测。“预期属于态度范畴，态度包含感情因素——好或坏，改善或恶化。感情的色调是基本的，它传播给很多人，而且影响行动（例如影响消费支出）。另一方面，预期的认识内容可能含糊不清和因人而异。”[①]这就是说，预期是人们根据自己的感受和评价而对经济前景的一种估计，它有主观的性质。但预期不是凭空而产生的，预期的主要根据是对于过去变化趋势的推断。例如，前一个时期的价格变动趋势就是这一时期的价格预期形成的主要原因，这表明预期虽然是主观的，但它的形成仍有客观的依据。

① 乔治·卡托纳：《预期实际上是怎样形成的》，载《现代国外经济学论文选》，第7辑，商务印书馆，1983年版，第94页。

预期可以分为适应性预期和合理预期。适应性预期，是指人们通常对价格的变动采取适应性的方式，即根据价格的波动来修改自己对未来价格的看法。适应性预期的一个基本特点是：目前形成的预期适应于前期的价格波动，人们总是被动地调整自己的预期。

就通货膨胀和失业之间的关系而言，在合理预期理论出现以前，西方经济学中流行的预期概念，是适应性预期概念。例如，货币主义者M.弗里德曼从这种预期概念出发，得出了通货膨胀与失业之间存在着短暂的交替关系的论断。在弗里德曼看来，这是因为通货膨胀之后，工人在短期内没有感觉到实际工资的下降，而雇主则感觉到了，雇主感到实际工资下降对自己是有利的，所以他们就增雇工人，扩大产量。但过了一段时间，工人感到了实际工资的下降，于是他们采取适应性的做法，相应地调整了预期，要求提高货币工资，这样又使实际工资恢复原状。货币工资上升后，雇主感到增雇工人并不能使自己得到好处，于是就把增雇的工人解雇，这样，失业率也就恢复到原来的水平。这就是适应性预期因素在经济波动中的作用。

从适应性预期概念出发，将会得出这样的结论：一定的总产量水平依存于现期价格水平和对价格的预期，也就是说，货币政策通过现期价格水平和预期价格水平之间的差异而影响总产量水平。但这时需要前提条件，即货币当局所拥有的信息量比经济单位所拥有的信息量多，货币当局获得信息的速度比经济单位获得信息的速度快，它才能影响产量的变化。于是调整货币供应量的措施在短期内可以影响通货膨胀与失业之间的交替。政府的宏观经济调节措施即使在长期说来没有什么成效，至少在短期内还可以起到稳定经济、减少经济波动的作用。尽管如此，在合理预期学派看来，在适应性预期的条件下，人们始终处于被动的地位，他们不得不随着客观形势的变化而逐渐调整价格预期和采取对策。适应性预期无非是一种未把人们以往的经验考虑在内的预期概念。

合理预期概念与此不同。它的出发点是：人们的行为通常受习惯的制约，而习惯是由过去不断重复和不断补偿的经验产生的。人是能学习的，通过学习将改变信念和态度。对同一刺激的反应，第二次不同于第一次，第三次又不同于第二次。人们会根据经验而背离过去的行为和形成新的预期。这就是合理预期产生的依据，因此，合理预期是指人们进入市场以前，已经充分了解以往的价格变动情况，进入市场以后，又把过去的信息同现在的信息综合在一起，然后根据这些信息对未来的价格变动做出预测。据B.麦卡勒姆在《合理预期理论的意义》一文中的表述，合理预期理论“假定单个经济单位在形成预期时使用了一切有关的、可以获得的信息，并且对这些信息进行理智的整理。重要的是要认识到，这并不意味着消费者或厂商具有‘完善的预见’，或者他们的预见总是‘正确的’。它所说明的是，经济单位考虑他们过去的失误，如果必要的话，就修改他们的预期行为，以便消除这些失误中的规律”。[1]这就是说，经济单位（企业、个人等）的决策是以自己所能得到的全部信息作为依据的，一旦在合理决策条件下做出决策，他们就不会轻易地改变自己的决策，也不易于被市场中的假象所迷惑。

三、合理预期条件下的经济行为

根据合理预期理论，单个经济单位对未来经济情况的预期，是他们进行现期选择的重要决定因素。比如说，企业对现期雇佣工人人数的决定，主要是根据下一个时期市场对产品的需求状况的预期决定的，而下一个时期市场对产品的需求的预期又是根据以往各个时期市场对产品的需求的变动状况做出的，这样，现期雇佣工人人数就有了根据。同样的道理，工会领导人和企业在进行工资谈判时，工资率如何确定，也要受到预期的通货膨胀率的影响，而预期的通货膨胀率的估计又同以往各个时期通货膨胀率的变动率有关。因此，在合理预期条件下，人们的经济行为势必不同于过去。

合理预期学派关于通货膨胀与失业之间连短期内都不存在交替关系的论断，正是根据上述分析而得出的。要知道，由于有了

---

① 贝内特·麦卡勒姆：《合理预期理论的意义》，载《现代国外经济学论文选》，第7辑，商务印书馆，1983年版，第40页。

合理预期，雇工对未来的价格波动就有了思想上的准备，他们在同雇主议定货币工资率时已经采取了预防性措施，因此尽管发生了通货膨胀，但实际工资率并未下降，雇主当然不会因此增雇工人，于是即使在短期内，失业率也不因通货膨胀而有所下降。如果政府采取经济扩张政策，通货膨胀率上升了，失业率很可能维持在既定的水平上。

这意味着，在合理预期条件下，人们处于主动的地位。尽管市场上会出现各种干扰因素，会发生一些偶然情况，但人们可以事先计算出它们的概率分布情况，从而选择风险最小的方案或避免出现最不利的后果。像房东在出租房屋时，估计到未来物价可能上涨多少，就把这种可能遭受的损失预先计算在房租之中。债主在放债时，雇主在议定货币工资率时，供货者在签订供货合同时，都估计到未来的价格波动，而事先打一个“埋伏”，把利息率、货币工资率、货款定得高一些，以免将来吃亏。由于每个人都采取了预防措施，所以一旦经济中发生了波动，波动就会加速地进行下去。合理预期学派由此认为，合理预期成了使经济波动不断激化的因素。

换言之，在合理预期理论中，货币被认为不可能对经济生活中的实际产量或实际收入发生系统的影响。只是在公众掌握的信息不充分、对价格的预期出现误差的情况，也就是在公众对未来价格的变动趋势判断不确切的情况下，货币才对产量或收入暂时发生影响，但一旦公众根据信息做了周密的思考，调整了预期，那么这种影响就会减弱或消失。

四、合理预期学派论劳工市场

在合理预期学派看来，劳工市场与其他市场的一个不同之处在于：它主要不是靠价格来调节的市场，而是依赖于就业人数或每人提供的劳动数量来调节的市场。劳工市场上的价格就是工资率。工资率水平之所以不能对劳工市场进行调节，同工会和工人从合理预期出发，要求保证一定的实际工资率（而不是名义工资率）有关。而就业人数或每人提供的劳动数量的变动之所以能对劳工市场进行调节，则由于劳工的供给存在着这样的特点，即工人只有在符合自己的预期实际收入的条件下才愿意提供一定劳动数量的变动。这正如B.坎特在《合理预期理论与经济思想》一文中所归纳的，“（合理预期学派）认为，工人为达到使毕生的收入最大化的目的，总是不断地替换闲暇或工作。他们（指合理预期学派）假定工人了解工资收入的季节性和周期性波动，也知道各种职业在这方面是各不相同的。因此，劳动供求的一些变动可以与预期、毕生收入和消费计划相一致。可以认为工人是在他们为劳动需求暂时高的时候提供更多的劳动时间，而在他们认为劳动需求暂时低的时候提供更少的劳动时间。在一生的工作年限中，闲暇或工作可以根据对劳动需求波动的预期而相互替代”。[①]

---

① 布赖恩·坎特：《合理预期理论与经济思想》，载《现代国外经济学论文选》，第7辑，商务印书馆，1983年版，第34页。

由此可以了解到，根据合理预期理论，不能用摩擦性失业或结构性失业的观点来解释资本主义条件下持久性失业的原因。持久性失业的原因可以从这样两方面来解释：一方面，由于劳工市场上存在着工资刚性，也就是说，在劳工市场上，不存在那种由买方和卖方自由减价来确定均衡工资率的情况，工资率的变动不像经济学中通常所描述的那样起到影响就业量的作用；另一方面，工人作为劳动供给者，他们对劳动数量的提供要受到预期收入的支配，工人不能不顾自己的预期收入而变动自己的劳动供给数量。从这样两个方面来解释，经济中的持久存在的失业率（不管是否称之为“自然失业率”）不会有较大起伏。

五、合理预期学派对西方现行就业政策的评论

根据这样的解释，合理预期学派提出，经济的运行有它自身的规律性，它主要受人们的心理活动（预期）的支配，不受外界力量的支配。假定政府作为一种外界力量要对私人经济进行干预的话，那么就只有在不存在合理预期的前提下才能起作用。合理预期学派关于货币增长对失业率的影响的分析说明了这一点。

合理预期学派把货币的增长区分为预期的货币增长和非预期的货币增长。预期的货币增长被认为不会影响失业率，而只有非预期的货币增长才对失业率发生影响。例如，1953年美国的非预期的货币紧缩，就是1954年失业增加的主要原因。合理预期学派

的这一论断的政策含义是："只有违反通常的反周期措施的货币变化才影响随后的失业。"也就是说，非预期的货币增长是未被人们事先考虑在内的，合理预期在这里不起作用。至于那种可以预料的、通常的反周期措施的货币变化，在合理预期存在的条件下，则不会影响以后的失业率。

合理预期学派在总结第二次世界大战结束以后西方的就业政策的经验时指出："积极的财政金融政策在稳定就业方面是不成功的。这不仅是因为对当前经济的了解不足以制定有效的这类政策，而且更主要的是，在一段时间内，失业、产量和其他'实际'变量的状况并不取决于当局政策规则的选择。"[①]合理预期学派考虑到政府决策与私人决策之间的冲突，认为"宏观经济政策乃是持续不变的行为与反应方式，是不会有影响的，因为私人决策者可以估计并考虑到这些政策。因此，按现在的看法，采取维持'充分就业'的政策较之不采取这种政策，一般来说并不能使失业率的值变小（或较少变动）"。[②]那么，政府的经济政策的重点应当放在哪里呢？合理预期学派的观点是："联邦储备银行和财政部应该把注意力放在防止或减少（如果这是合乎理想的话）通货膨胀，而不是失业上。把政策选择的重点放在其他变量上是没有用的，无论这些变量如何重要，政策的选择对它们不可

① 贝内特·麦卡勒姆：《合理预期理论的意义》，载《现代国外经济学论文选》，第7辑，商务印书馆，1983年版，第49页。

② 同上，第45页。

能产生有规律的影响。”[①]

同时，合理预期学派还认为，假定人们对于政府的经济政策的实施及其后果已经掌握了充分的信息，并相应地作出了预防性的对策，政府所实行的各种调节经济的政策，实际上是无效的。不仅如此，如果以政府为一方，以公众为另一方，那么在双方打交道的过程中，由于政府的决策不如公众的决策那样灵活、及时，因此政府实行任何一种稳定经济的政策，都可能被公众的合理预期所抵消。麦卡勒姆在《合理预期理论的意义》一文中举例说明了这一点：“如果决策者实际上所执行的是‘扩张’政策，经济单位就能预计到近期内通货膨胀与紧缩情况下相比会更加严重，并将采取不同的行动。”[②]甚至会有这种情形，即政府刚想采取某种政策，它的意图就被公众看透了，公众就已经采取了预防性的措施，结果，政府不得不放弃实行该种政策的打算。比如说，假定政府所要采取的政策是按照某种固定规则实行的，是符合常规的，那么公众可以根据以往的经验，对政府行将采取的政策做出判断，然后拟定自己的对策，使这些政策变得无效。假定政府的政策是突然性的，没有常例可援的，那么在这种情况下，公众可能事先不曾预料到，而只得事后采取适应性措施，但吃一堑，长一智，公众上当受骗一次，也就积累了经验。只要公众有了经验，政府下一次再实行类似的突然性的政策就变得无效了。

① 贝内特·麦卡勒姆：《合理预期理论的意义》，载《现代国外经济学论文选》，第7辑，商务印书馆，1983年版，第49页。

② 同上，第42页。

但合理预期学派并非认为政府的任何经济政策都不会影响失业率。他们指出：说经济政策对失业率的影响很小，这只是指宏观经济政策（财政金融政策）而言，“并不能说最低工资法、征兵，或其他微观经济措施对失业没有影响”。[①]征兵之所以影响失业，主要是由于征兵为失业者提供了另一种出路。即使对于未被列入征兵范围内的一般劳动者而言，由于征兵的结果，他们在劳工市场上的竞争对手的减少将使得他们有可能增加就业机会。所以在其他条件不变的情况下，扩大征兵作为一项措施，无疑将降低失业率。他们还指出，最低工资率对于失业的影响是不可否认的。它将挫伤雇主增雇工人的积极性，也就是不利于就业量的增加。此外，失业救济金对于失业率的减少也有不利的影响，即失业救济金数量的增加和失业救济范围的扩大将降低失业者寻找就业机会的积极性。

六、合理预期学派的就业对策

合理预期学派从自己对劳工市场特点的分析以及对现行西方就业政策的评论出发，提出了对待就业问题的基本原则，这就是：政府不应当违背常规行事，一切应当顺乎经济的自然。政府

① 贝内特·麦卡勒姆：《合理预期理论的意义》，载《现代国外经济学论文选》，第7辑，商务印书馆，1983年版，第45页。

越是背离常规行事，它在公众心目中的信誉就越差，公众越要设法对政府可能采取的政策进行估计和采取预防性的对策。这种效应是累积性的。因此，根据合理预期理论，任何形式的国家干预经济的措施（包括用宏观经济政策来影响失业率的措施）归根到底都徒劳无益。

就政策选择问题而言，根据以往的经济理论“在各种假设的结果为已知时，当局就根据近期内国民生产总值、失业和通货膨胀等数值来选定能产生最理想结果（或者最小不理想结果）的政策规则”。[①]尽管程序是十分复杂的，但这样一种程序的制定却表明运用经济调节政策可能控制住失业和通货膨胀。然而，“如果合理预期假说正确的话，靠现有的模型并不能成功地应用这一程序。因为合理预期假说断定，消费者、工人和厂商能够估计到将采取的政策类型，并在形成预期时考虑到这种政策的效应。……因此，这些模型的预测就是错误的，而决策者将根据对各种政策结果的错误假定在不同的政策规划中进行选择”。[②]具体到就业政策的选择来说，合理预期学派认为应当选择的就业政策，不是由政策设法去控制失业率，而是要尽可能减少政府的干预。只要经济稳定了，市场吸收了失业者，失业自然会减少。而要使经济保持稳定，唯一有效的做法是听其自然，即政府不干预私人经济活动，一切让市场经济自发调节，久而久之，公众对政

① 贝尔特·麦卡勒姆：《合理预期理论的意义》，载《现代国外经济学论文选》，第7辑，商务印书馆，1983年版，第42页。

② 同上。

府产生了信任感，也就不必事先采取预防措施了。所以合理预期学派得出的结论是：市场经济的自发调节是处理资本主义经济中的失业问题的唯一有效方式。由于合理预期学派这样进行论述，并且得出这样的结论，所以西方经济学界把合理预期学派称为彻底的经济自由主义派别。

合理预期理论实际上为西方的经济政策理论提出了一个有意义的问题：经济预测有没有效果？根据合理预期理论，经济中的最优量应该是与公众的预期相一致的量。对未来的经济变动所做出的预测，应该是与公众的预期相符的。这些恰恰都是不可能的事情。

要知道，从理论上说，不妨假定每个经济当事人各自都在进行自己的最优预测和最优选择。如果这些个人的最优预测和最优选择是已知的，如果在技术上能够及时地处理有关个人的最优预测和最优选择的数据，那么，社会作为一切个人的总和，宏观的最优模型也就有可能建立。劳工市场的一切变化都能被政府部门所掌握，从而就业的前景也是可知的。但一方面，这样的模型在技术上的困难过大，难以建立，至少在目前的技术水平的条件下，还做不到这一点；另一方面，即使略去了个人偏好问题，那么，由于各个经济当事人都是根据自己所掌握的信息做出预测的，它们并不代表在信息真正充分和完备条件下的对未来价格变动前景的预期，而各个经济当事人所做出的选择，事实上也不可能是最优的，因为他们只是根据自己所掌握的信息来做出判断和选择，而不是在已经对一切可供选择的机会进行比较之后做出判断和选择的。因此，实际上不可能建立一个与公众预期相一致的最优模型。经济中的最优量始终是不可知的。合理预期学派根据这一观点，得出了宏观最优经济模型不仅难以建立，而且即使建立，也不可能有成效的政策论断。

第二节　评合理预期学派的就业理论

一、合理预期理论的出现对西方经济学的意义

就整个经济理论而言，合理预期理论的出现对西方经济学的发展有着重要意义。根据合理预期理论，在现实生活中，人们都根据经验和已经掌握的信息，进行周密的思考和判断，采取预防性的措施。人人提防对方，人人都在经济活动中计算概率分布情况，给自己“打埋伏”，增加“保险系数”，先求“保本”，再争取较好的结果。这样，在合理预期支配着人们的行动的情况下，整个社会的经济活动就会变得异常复杂，难以预测。按照这种观点，现阶段的西方经济学研究已经不符合要求了。未来的经济问题更可能是有赖于经济学、社会学、心理学和数学等学科共同研究，才能做出回答，单靠经济学是无能为力的。

在合理预期学派看来，经济中有可能存在这样一种微妙的现象：“在价格和工资存在某种难于伸缩的性质的条件下，经济

管理当局也能采取出乎市场预料之外的行动。这可以被称为是非传统的稳定性政策”。[①]前面提到的“非预期的货币增长影响失业”的论断，就属于这种情况。但问题并不是到此为止的。作为经济的宏观决策者，经济管理当局必须了解市场对当局的行动是怎样预期的，然后采取与之不同的行动。“因此，一个博弈论式的问题出现了。这当然会使相机抉择的稳定性政策大大地偏离它的传统目标。”[②]其结果，将是市场经济中出现通货收缩的倾向。

合理预期理论的出现对西方经济学的意义，还反映于经济学必须重视预期的研究。正如西方经济学界所承认的，“在长期令人遗憾的中断之后，宏观经济分析再一次认真地研究预期的作用了。没有对预期的解释，经济理论就不能对一个把将来估计在内的世界中的宏观经济现象的理解做出贡献。合理预期理论的挑战和对这一挑战的反应将是一场为了迅速地改善宏观经济理论而对它进行的改造”。[③]具体到就业理论的研究来说，那种把劳工市场的结构分析和各种形式的结构性失业作为主要研究对象，并以为这样就可以弥补凯恩斯的总量就业理论的不足的想法，似乎不如对劳动供给者的预期的研究重要。这是因为，只研究结构性失业问题，仍然说明不了持久性失业的原因，而只有用合理预期的

① 布赖恩·坎特：《合理预期理论与经济思想》，载《现代国外经济学论文选》，第7辑，商务印书馆，1983年版，第36页。

② 同上。

③ 同上，第37页。

观点来解释，才能把持久性失业的原因解释清楚，即持久性失业可能是由劳动供给者对就业的期望值过高所引起的，或可能是由劳动供给者对劳工市场前景的估计不符合实际所引起的。这就是合理预期的就业理论的意义。

二、合理预期学派就业理论的错误

以上简要地说明了合理预期学派的基本论点（包括在就业问题上的论点），以及它们在经济政策和经济理论研究方面的含义。虽然合理预期学派在一般经济理论方面和就业理论方面提出了与其他西方经济学派别不同的论点，并且这些论点对今后西方经济学的发展可能有重要的影响，但就合理预期学派对资本主义制度下经济动荡的原因的解释，对资本主义社会中持久性失业的原因的解释，以及对资本主义国家反经济危机措施无效的原因的解释而言，这些解释却是不科学的。这些解释置资本主义现实经济中的矛盾于不顾，而把人们的主观心理状态视为造成经济动荡和持久性失业的基本因素，这显然是对实际情况的曲解。

再就合理预期理论分析的前提而言，这一理论假定市场是由一批“通晓市场行情”的人参加的，他们都有充足的信息，都能准确地总结过去，并且市场上不存在垄断现象，这样才能形成合理预期，但事实上，这种情况是不存在的。不仅商品市场、资金市场是这样，而且劳工市场更是如此。劳工市场是一个信息不充分，每个劳工的文化技术水平相距很大的市场，在这样的市场上，更难形成合理预期。合理预期学派的就业分析以这种假定作为前提，肯定得不出符合实际的结论。比如说，根据合理预期理论，工人将根据自己的经验和预期而做出加入就业队伍或自动离职的决策，这就与资本主义劳工市场的现实不符。正如西方经济的实际情况所表明的，在经济衰退的时期，典型的情况是工人被解雇，而不是工人自动离职；在经济高涨的时期，也不是工人想找到工作就能如愿以偿的，他们如果不符合劳工市场的需要，仍然不容易找到工作，至少不容易找到合适的工作。

至于合理预期学派的下述观点，即认为“预期既然是合理的，这种预期的失误也就和其他失误一样只是偶然的，而且同一切有关的宏观经济变量的过去数值并没有联系”[①]的观点，同样经不住实际情况的检验。要知道，在一个非常复杂的资本主义市场竞争与垄断并存的环境中，经济当事人不可能没有预期的失误，预期的失误不能归结为偶然，否则就把资本主义的经济活动过分简化了。预期的失误同有关的宏观经济变量的过去数值也不是没有联系的。合理预期学派的这种把经济当事人的经济行为理想化的观点，恰恰与他们对宏观经济最优模型的批评相抵触。他们认为宏观经济最优模型之所以没有成效，因为经济的变动过程中有许多不可知的东西，而他们认为预期失误只不过是偶然现象

① 贝内特·麦卡勒姆：《合理预期理论的意义》，载《现代国外经济学论文选》，第7辑，商务印书馆，1983年版，第45页。

的观点，却是建立在经济当事人经济行为理想化、最优化的假设之上，这显然难以自圆其说。

总之，在评论合理预期学派的经济理论（包括就业理论）时，只能得出这样的结论：他们歪曲了资本主义社会经济的实际情况。合理预期学派宣扬资本主义制度本身能够自行维持稳定，似乎只要政府放弃对私人经济的调节，资本主义经济危机也就不会再发生了，这是对凯恩斯以前的传统西方经济学说的重复。要知道，在经济学研究中，不是说不应当分析人们的预期因素的作用，但如果像合理预期理论那样，竭力夸大心理因素的作用，甚至把整个经济理论建立在预期概念之上，那是不科学的。

（引自厉以宁、吴世泰合著的《西方就业理论的演变》，华夏出版社，1988年版。）

关于发展中国家就业问题的研究

20世纪前半期，西方经济学家对殖民地半殖民地国家的就业问题很少注意。在有关印度、拉丁美洲国家、非洲国家的经济问题的一些著作中，就业问题通常是被放在农业问题和人口问题的讨论中附带论述的。西方经济学家在专门讨论就业问题时，无论从纯理论研究方面看还是从历史和统计研究方面看，他们主要分析工业发达的资本主义国家的就业状况，解释这些国家中失业存在的原因，提出解决工业城市中失业问题的对策。只是从20世纪50年代以后，随着发展经济学的发展以及新独立的国家的工业化过程的进行，发展中国家的就业问题才成为西方经济学家所重视的课题之一。

本章准备从三个方面来评述西方经济学家关于发展中国家就业问题的学说，即先评述二元经济发展模式中关于就业的分析，接着评述M.多德曼的劳动力转移和就业理论，最后评述西方经济学家关于发展中国家就业问题统筹解决的对策。

第一节　二元经济发展模式中的就业分析

一、刘易斯的二元经济发展模式

在西方经济学界，W.刘易斯于1954年发表的《劳动无限供给条件下的经济发展》一文曾受到高度重视，它被认为是最早系统地提出经济发展中劳动力由农村转向城市的模式的代表性的作品。

根据刘易斯的理论，发展中国家的经济是由两个不同的经济部门组成的：一是传统部门，一是现代部门。在传统部门中，主要是自给自足的农业，还有简单的、零星的商业和服务业，这里的劳动生产率很低，边际劳动生产率很低，甚至是零或负数，这里存在着大量“隐蔽失业”。发展中国家的大部分劳动力参加传统部门的劳动。非熟练劳动的价格是只能维持生存的最低工资，只要按这种价格提供的劳动超过对劳动的需求，劳动的供给就是无限的。现代部门包括采用比较先进技术的工矿业、建筑业、近代化的商业和服务业，还有大规模的农业。它的从业人数较少，但劳动生产率却比传统部门高得多。

从生产方式上看，传统部门经济是前资本主义性质的，现代部门是资本主义性质的。现代部门使用资本和劳动创造利润；传统部门的产品只是为了满足自身消费的需要，而不是为了创造利润，它也形成不了利润。如果现代部门资本积累增加，就能吸收传统部门的劳动力。但由于传统部门存在剩余劳动力，人均收入水平很低，这一水平决定了现代部门工资的下限。换言之，传统部门中大量“隐蔽失业”的存在使现代部门的工资水平基本上保持不变。在这里，资本主义工业的发展的有利条件是：它可以源源不断地获得来自传统部门的充裕的廉价劳动力；但它发展的不利条件则是国内储蓄来源有限，从而资本积累率很低。这是因为，在刘易斯看来，经济发展的关键在于资本家的剩余资本如何使用。在两部门中，只有资本主义部门是增长的动态部门，工业增长的动力来自资本积累，资本来自利润的再投资，利润又来自对剩余劳动的有效利用。如果国内储蓄来源有限，资本积累率低，那么现代部门就无力吸收全部剩余劳动，经济发展必将受到阻碍。

因此，根据刘易斯的二元经济模式，要使资本积累加速，必须使国民收入中利润或储蓄的份额在经济发展初期迅速提高。其具体方式，一是保证利润再投资，二是增加货币供给量，这样，就可以在传统部门存在大量剩余劳动力的条件下，即在现代部门的工资水平基本不变的条件下，实现总产量的扩大和就业量的增加。当然，在刘易斯看来，从全国水平看，平均工资仍然是提高的，因为现代部门支付的工资总要高于传统部门，否则也就吸引不了劳动力由传统部门转入现代部门了。但由于传统部门过于庞大，所以整个工资水平的上升始终是缓慢的。

此外，刘易斯还注意到，如果在经济发展过程中发生自然灾害和社会变革，或者由于农产品价格上升，工业贸易条件恶化，从而引起工资水平上升，利润率下降，最终将会迫使资本积累率降低，使经济发展速度放慢，于是劳动力从传统部门向现代部门的转移也就不得不停顿下来。刘易斯指出，D. 李嘉图关于土地收益递减导致粮食价格上涨、地租和工资增加，造成积累停滞的看法是有道理的。为此，在经济发展中，要避免工业贸易条件恶化，防止利润减少，甚至可以用增加农业税或提高工业品价格的办法，把农业中的额外收入转化为工业的资本积累。

二、评刘易斯关于发展中国家就业问题的分析

刘易斯关于发展中国家就业问题的分析是他的二元经济发展理论中的一个重要组成部分。他的中心论点是：发展中国家的就业问题以农业（传统部门）中存在大量“隐蔽失业”为特征，但随着资本积累的增加和经济的发展，农业中的过剩劳动力将不断地被吸收到工业（现代部门）中去；而随着过剩劳动力的被吸收，发展中国家的劳动供给曲线将逐渐趋于正常，即由水平线变为有正斜率的曲线，工农业最终将趋于均衡发展，农村和城市的工资水平都将提高，就业量也将继续扩大。很明显，他的这一研究是建立在对西方国家早期工业化过程的研究之上的，他把早期工业化过程作为自己理论的经验依据。

应当指出，刘易斯对经济发展过程中就业问题的分析，忽略了发展中国家经济发展的特点，他的论点是过于简单的。西方古典经济学的积累和增长理论，以及与此有关的就业理论，都以自

由竞争的市场机制的存在作为前提。而在战后的发展中国家，由于缺乏自由竞争的市场机制，因此不可能照搬古典的经济发展模式。另一方面，在西方国家早期工业化过程中，农业实际上是消极的部门，它主要向工业输送劳动力和农产品，其现代部门（工业）则以国外较落后的国家作为重要市场。这种情况对于战后的发展中国家是不适用的。如果后者仍以牺牲国内农业的方式来发展工业，那么不仅就业问题难以解决，而且工业也无法真正得到发展。这一点已被许多发展中国家的经验所证明。

三、费–拉尼斯的二元经济发展模式

1961年，费景汉和G. 拉尼斯在《一种经济发展理论》一文中提出了以刘易斯古典假设为基础的二元经济发展模式。[①] 1964年，他们写成《劳动过剩经济的发展》一书，对刘易斯的经济发展理论进行补充和发展。他们认为，在工业和农业两个部门的关系中，不能只强调工业的重要性一面，而忽略农业的重要性，也不能只注意到工业生产率的提高，而忽略农业生产率提高的可能性。但由于他们的二元经济发展模式是在刘易斯论述的基础上建立的，所以在一些西方经济学著作中把他们的模式同刘易斯的模式合称为刘易斯–费–拉尼斯模式。

---

① 费景汉，拉尼斯：《一种经济发展理论》，载《美国经济评论》，1961年9月。

费景汉和拉尼斯指出，二元经济的发展可以分为三个阶段：

第一阶段，农业中有大量过剩劳动力，工业部门吸收过剩劳动力。由于劳动边际生产率是零或接近于零，工业部门得到无限劳动供给。

第二阶段，工业吸收的劳动力达到一定数量，农产品开始出现短缺，工业贸易条件恶化，工资开始上升，于是工业吸收过剩劳动力的进程变慢。

第三阶段，在工业继续吸收农业中过剩劳动力的同时，农业中的劳动生产率在提高，农业的剩余劳动可以满足工业部门的需要，而且农业中的商品化过程也在加快。等到农业剩余劳动被吸收完毕，二元经济将不再存在。

同刘易斯一样，费景汉和拉尼斯也是把资本积累放在突出位置上的。他们同样认为，在发展中国家的工业化过程中，要使对劳动力的需求增加，使工业中的就业量增加，条件在于工业获得的利润不被消费掉，而被用于再投资，并且要保持实际工资率不变，这样，工业在获得利润后才愿意增加对劳动力的需求。这样，问题就很清楚了。发展中国家的就业问题实质上仍然是一个资本积累问题。费景汉、拉尼斯与刘易斯不同的是，刘易斯担心农业生产率提高会影响资本积累。费景汉和拉尼斯则认为，资本积累是工业利润和农业剩余劳动二者共同决定的。提高农业生产率和增加农业剩余劳动可以保证经济顺利发展，保证两部门均衡发展。

四、评费-拉尼斯关于发展中国家就业问题的分析

就发展中国家的就业问题的分析而言，费景汉和拉尼斯的二元经济发展模式提供了一种可以用来分析发展中国家工农业均衡发展和就业前景的方法，并且比刘易斯的分析要全面一些，但它仍然受到了一些怀疑。异议主要在于：这种分析未能就发展中国家的自由竞争市场机制是否存在这一问题进一步做出分析。

要知道，发展中国家的实际增长过程必定会偏离这些理想状态。即使通过政府干预，但只要市场机制不完善，仍难以完成趋向于均衡发展的调节过程。何况，上述分析是以劳动力数量为既定，城市中不存在失业，以及在农村剩余劳动力未被吸收完毕之前城市工资水平不变为前提的，如果考虑到人口的增长，考虑到城市中同样存在失业，以及考虑到由于其他因素而导致的城市工资水平的上升，那么社会的就业压力将更大。发展中国家的经济均衡发展就更是一个漫长而艰巨的过程。费景汉和拉尼斯也看到这种艰巨性，因此他们一再强调市场机制的作用，指望通过市场机制来调节工业和农业两大部门之间的发展速度，实现两个部门的均衡发展，同时提出在某些场合采取实物管制或直接配给方式，对保证资源的分配和经济的均衡而言是必不可少的。

第二节　多德罗的劳动力转移和就业理论

一、多德罗关于发展中国家的就业问题的分析

多德罗对发展中国家的经济发展和就业问题进行了研究，并针对刘易斯、费景汉、拉尼斯等人的二元经济发展模式中的弱点进行分析，提出了自己的劳动力转迁和就业理论。他的看法在发展经济学的研究者看来，是有特点的。

多德罗认为，在发展中国家，大量农村劳动力向城市的流动是经常发生的，甚至是不间断的。它之所以发生，既由于城市收入对农村的吸引力以及农村本身的贫穷和劳动力过剩，也由于农村劳动力有可能在城市中找到比较满意的工作。概括地说：“由乡村迁往城市的决定与两个主要变量有关：（1）城乡实际收入的差异；（2）获得城市工作的可能性。”[①]但多德罗指出，以往的发展经济学研究者在考察这个问题时，往往把实际情况简单化了。这是因为，从历史上看，确实存在着人口由农村向城市转移的过程，劳动力的这一转移同经济发展的进程是不可分的，但是以往的研究者在分析发展中国家的劳动力转移时，“总是把它看作一种一个阶段的现象，即一个工人从低生产力的乡村直接转移

① 迈克尔·P.多德罗：《发展中国家的劳动力迁移模式和城市失业问题》，载《现代国外经济学论文选》，第8辑，商务印书馆，1984年版，第167页。

到高生产力的城市工业工作。至于典型的没有技能的乡村移民是不是真能找到较高工资的固定的城市工作，这个问题就很少有人过问。普遍的和长期的城市失业和就业不充分的实际情况，证明这种迁移过程并不像想得这样简单”。[①] 因此，要对发展中国家就业问题进行符合实际的分析，就必须考察由农村迁移来的人口究竟能在多大程度上在城市中找到工作。

多德罗认为：“发展中国家劳动力迁移更加真实的图画应该是把迁移看作两个阶段的现象。第一阶段是没有技术的乡村工人移居城市并开始在所谓‘城市传统’部门中担任一定时期的工作。第二个阶段是终于获得一个较为固定的现代部门的工作。”[②]只有按两个阶段进行分析，才能就发展中国家的就业问题得出较正确的结论。

同刘易斯、费景汉、拉尼斯不同的是，多德罗强调收入预期因素在劳动力迁移中的作用。城乡收入之间存在着差异，这固然是吸引农村人口前来的因素之一，但这种差异不能仅限于现实的差异，更重要的是预期的收入差异以及与迁移代价的比较。正如多德罗所指出的，“这里提出的一个重要问题是：平均起来一个迁移者必须等候‘多长’时间才能真正获得一种职业。即使现行的实际工资高于预期的乡村收入，但是，要想在比如说一两年内获得一种现代部门的职业，其‘可能性’很小。这一事实肯定

① 迈克尔·P. 多德罗：《发展中国家的劳动力迁移模式和城市失业问题》，载《现代国外经济学论文选》，第8辑，商务印书馆，1984年版，第166页。

② 同上，第167页。

会影响未来的迁移者关于是否离开农村的抉择。实际上，他必须在承担城市中一定时期失业或打零工的可能性和风险同有利的城市工资差别二者之间权衡轻重”。[①]比如说，一个农村来的劳动力，如果只有很少的可能性在城市里找到工作，那么即使城市的收入比农村的收入高出一倍，那么他未必认为迁入城市是合理的经济行为。

多德罗从城乡收入差异的预期和城市中寻找到工作的概率出发，对发展中国家的就业行为做了如下的概述：

他指出：假定发展中国家在工业化开始时，几乎全部人口住在农村，工业化开始后，城市失业人数较少，因此由农村迁入城市后获得就业的概率较大，并且城市预期实际收入比农村要高，那么城市对农村人口转移就有足够的吸引力。于是，在一段时间内，城市劳动力增长速度会超过城市中职位创造的速度。

但城市中劳动力数量的较快增长给以后的就业状况带来了不利影响，即下一时期农村人口到城市里寻求工作的概率下降了。假定城乡实际收入差异的比率不变，假定城市职位创造速度不变，那么，在城市中找到工作的较低的概率就会使农村人口向城市迁移的速度放慢下来，使城市劳动力增长率放慢下来。最后，城市的失业率将稳定在某一个水平之上。

应当指出，多德罗的这种分析要比刘易斯等人的分析更符

① 迈克尔·P.多德罗：《发展中国家的劳动力迁移模式和城市失业问题》，载《现代国外经济学论文选》，第8辑，商务印书馆，1984年版，第167页。

合发展中国家的实际。他不像刘易斯对解决发展中国家的就业问题持有那样乐观的态度，他对发展中国家解决就业问题的艰巨程度的认识甚至超过了费景汉和拉尼斯。尽管多德罗关于城乡实际收入差不变的假设和城市职位创造速度的假设都可以重新加以考虑，但无论如何，他指出了发展中国家城市中失业人口存在和农村过剩劳动力存在的长期性。

二、多德罗关于发展中国家就业问题的政策建议

多德罗接着提出了自己的解决发展中国家就业问题的政策建议。对于某些发展中国家推行的加速农村经济发展的农村发展规划，他是采取支持态度的。他认为，可以通过发展农村的工业来充分利用农村的资源和提高农民收入水平，减少城市的向心力。他的理论依据是：在城乡预期实际收入差异存在并有可能增大的情况下，如果不设法减少这种收入差异，那么农村的过剩劳动力会日益涌入城市，而他们在城市中又不易找到工作，结果，农村的“隐蔽失业”必将转化为城市的非隐蔽失业，并由此带来整个经济的混乱，阻碍经济的发展。

为此，多德罗写道：“不将有限资金分配给城市低成本住房工程，从而有效地提高城市实际收入并因而导致住房问题更严重，如果发展中国家的政府将这些资金用来改进乡村生活条件，则情况就会更好些。事实上，将‘城市光明’带给乡村的纯利

益，会大大超过因增加城市生活条件的吸引力而引诱农民流入城市所产生的纯利益。”[①]他还描绘了不改善农村生活而可能导致的前景，即大量农村劳动力挤进城市中日益拥挤的贫民窟，加入城市的失业大军，而农村则缺乏青壮年，农业生产陷入困境。也就是说，“假如许可城乡实际收入之间的缺口进一步扩大，那么，同时提高劳动生产率和降低城市失业率的可能性看来的确很小”。[②]这的确是值得注意的问题。

多德罗认为，调整发展中国家政府投资的结构，对于解决这些国家的就业问题是有重要作用的。除了适当抑制提高城市生活设施的投资而外，政府投资还可以从两方面来扭转城乡收入差异的格局。一是为工业的分散提供有利条件，二是增加农业地区的建设投资，以保证国内各地区间的经济发展平衡。

第三节　对发展中国家就业问题统筹解决的对策

目前，实际上对发展中国家的政府制定就业政策时有较大影响的，不是某一个西方经济学家提出的某种经济发展模式或某种就业理论，而是综合了多种不同的就业分析（总量分析和各种劳

① 迈克尔·P.多德罗：《发国中国家的劳动力迁移模式和城市失业问题》，载《现代国外经济学论文选》，第8辑，商务印书馆，1984年版，第177页。

② 同上，第176页。

工市场的结构分析）以及有关的政策建议的结果。对发展中国家就业问题的统筹解决的对策，就是由此逐渐形成的。

下面，从失业原因的综合分析、一揽子就业政策以及就业政策中的两种基本倾向这样三个方面加以概述。

一、关于发展中国家失业原因的综合分析

发展经济学研究者普遍承认，发展中国家与发达国家相比，其非熟练劳动力资源丰富，工资低廉，因此，在发展中国家发展需要大量非熟练劳动力的工业被认为是有利的。这也是增加发展中国家的工业就业人数的有利条件。但只要工业发展起来了，发展中国家的失业就不再仅仅是隐蔽失业，而是隐蔽失业（主要在农村中）和非隐蔽失业（主要在城市中）的并存。

在发展中国家，非隐蔽失业的产生有各种原因。其中，最经常出现的是由于城市中劳动力增长率过快（包括城市人口自然增长和由农村迁入城市的劳动力的增长）而导致的就业职位的不足。这在某种程度上恰恰又是低工资带来的意想不到的结果，即低工资固然可能使新建的工业部门容纳较多的就业者，但低工资却同低劳动生产率联系在一起。低劳动生产率妨碍经济的发展，实际上也就妨碍了城市就业职位的增加。

此外，在发展中国家，季节性的失业和结构性的失业也是经常存在的。在建筑、收摘水果、旅游服务等行业中，对劳动力

的需求随季节而变化，从而使就业带有季节性。这种失业无法避免。而劳动力的缺乏流动性（包括因社会因素造成的流动性缺乏和心理因素造成的对工人流动的阻碍），使得某个地区的某一类职业的工人找不到工作，而在另外一些地区却又缺乏这种相同类型的工人。

发展经济学的研究者在对发展中国家的失业原因进行分析时，十分重视国际贸易因素对国内失业的影响。这是因为，不少发展中国家由于历史形成的各种原因，成为依靠少数初级产品出口来维持国内经济和就业的国家。如果因世界市场的情况的变化而引起出口量的下降，那就会导致国内的失业人数的较大增加。产生这种情况的一个因素是：那些从发展中国家进口初级产品的国家的收入下降，而它们对发展中国家某些出口商品的需求具有较高的需求的收入弹性，于是导致发展中国家出口额的下降。虽然发展中国家出口的某些初级产品是由农业提供的，出口量下降后，在直接引起农业中的收入下降的同时，农业中的就业状况表面上没有什么变化（农业中的失业一直是隐蔽失业），但农业收入下降不仅必然会引起城市中的经济衰退和城市失业率上升，而且还可能导致一些农村劳动力离开农村，到城市中去寻找工作，从而加剧了城市中的失业问题。

以上有关发展中国家失业原因的分析中，还不包括由于人口增长率过快而引起的就业困难。但几乎所有的发展经济学研究者都注意到这一点。他们认为，只要人口增长率过快的问题未能解决，发展中国家的就业压力是难以消除的。

二、关于发展中国家就业问题的一揽子政策

由于当前发展中国家的失业是多种因素所造成的，因此，在发展经济学的研究者看来，就不能不采取一揽子的就业政策来缓和失业现象。特别是不同原因所引起的失业往往交织在一起，对现实经济生活中某一具体失业现象，难以判断失业的性质，或者说，难以判断哪一种原因是主要的，哪一种原因是次要的。比如说，某一发展中国家的城市中，存在着非熟练工人的失业，很难判断这是不是主要由季节性的原因造成的，还是因工人本身缺乏技术和职业流动适应性造成的，或者是由于出口不振所造成的。只能认为，所有这些因素都在起作用，各种就业措施在缓和失业现象时都有一定的效果。这些失业很大程度上是各种因素交叉地起作用的结果。

在一揽子解决发展中国家就业问题的政策中，凯恩斯主义的主张，即增加财政支出，提高社会总需求，刺激生产，扩大就业的主张，仍有影响。尽管发展经济学的研究者已经认识到，发展中国家的情况不同于西方发达国家，凯恩斯主义的刺激需求的政策未必适用，但在失业现象较为严重，而其他政策措施又不易很快取得成效时，作为稳定社会秩序的措施，增加财政支出以减少失业人数的措施不是不可以采用的。应当注意的主要是：为了减少失业人数而采取的增加财政支出措施不能被当作经常性措施，而只能被当作临时的、应急的措施，否则不仅会给国家带来沉重的财政负担，增加通货膨胀压力，而且会妨碍劳动力供求的市场

机制发挥作用，不利于劳动力自由流动，不利于消除职位空缺与劳动力过剩并存现象，也不利于改善劳动力质量，使其符合空缺岗位对劳动力质量的要求。

就产业部门的发展与就业之间的关系而言，发展经济学研究者日益重视产业结构调整以及各个部门之间的比例关系的协调对于解决发展中国家就业问题的重要意义。以往曾经流行过一种看法，即以为只要制造业发展了，发展中国家农村中的过剩劳动力就有了去向，现在这种看法已被认为是不符合实际的。但正如D.摩拉维茨所指出的，在解决发展中国家就业问题时，既不能过于强调制造业的作用，也不能轻视这种作用。他写道："不能期望单靠制造业的增长就能解决大多数发展中国家的就业问题，如果人口继续25年增加一倍的话，那就肯定是不可能的。但是，它能够作为一揽子发展措施中的一个重要因素，特别是当随后实行一种逐步扩大需求的政策时，它可以帮助缓和支付平衡问题。"[①]摩拉维茨还指出：发展中国家就业的增加可能主要在建筑业和服务业方面，如果制造业的产量没有适当增长，建筑业和服务业就不能发展，就业人数实际上也难以增加。[②]

发展经济学研究者认为提高劳动力的职业流动性的措施对于解决发展中国家的就业问题同样有着重要的作用。他们指出，发展中国家的政府有必要认识到这样一点，即劳动力职业流动性的

---

① 大卫·摩拉维茨：《评述发展中国家工业化的就业含义》，载《现代国外经济学论文选》，第8辑，商务印书馆，1984年版，第164页。

② 同上。

提高是与劳工市场机制的完善结合在一起的。除非在必不可少的场合，一般情况下，政府应当取消职业选择的封闭性，鼓励劳工市场上的自由进出，保护劳工市场上的竞争。此外，增加劳动力职业流动性的措施还有：政府为增加工人的就业能力而设立就业训练中心，为失业者提供技术训练课程；政府帮助工人得到就业的信息，帮助学生为适应经济和技术需要而选择专业；政府对工人及其家庭的迁移进行帮助等。

在解决发展中国家就业问题的一揽子政策中，还包括适当的技术政策的制定。一种目前基本上已被学术界所接受的思想是，在发展中国家工业化的过程中，十分先进的技术对于扩大就业是没有好处的。K. 马斯顿在《适用于发展中国家的进步技术》一文中指出："多余的工人可能不会被新的工厂所吸收，因为工厂在使用机器代替人力，而且生产率的差异又如此之大。某些消费者可能会因降价而获取一些好处，但可能被整个社会平均实际收入的下降所抵消。这种现象会出现于下述情况之下：

（1）新的替代产品所用进口材料和零件的比例大于旧产品；

（2）因为剩余资本冻结于专业化设备，同时失业劳动者缺乏教育背景或者新职业所要求的社会机动性，所以，不能轻易地转移各种资源用以满足其他产品更高的货币需求。"①

因此，发展中国家引进先进的技术的产品之一将是本国失业

---

① 基思·马斯顿：《适用于发展中国家的进步技术》，载《现代国外经济学论文选》，第8辑，商务印书馆，1984年版，第180—181页。

的增加。只有引进适合本国国情的技术（即使它们不很先进），才能在维持经济增长的同时，增加本国的就业人数。

马斯顿还提出了一个重要的论点，即为了更好地解决发展中国家的就业问题，“在资本稀罕、劳动失业或就业不足的国家里（即大多数发展中国家里），重点应该放在使资本生产率而不是劳动生产率最大化。在生产一定产品有数种方式可供选择的场合，应该（在其他因素不变时）选择那种用一定资本费用可以达到最高产量的方式”。[①]他的这一思想的理论依据，可以用这样一句通俗的语句来表示，这就是：“最经济地使用你最稀罕的配料（资本），你就能制造出最大的‘蛋糕’供人民分享。”[②]根据这种观点，既然发展中国家最缺乏的是资本要素，那么在建立新工业时，与其耗资很多去建立合成纤维工业，不如选择轧棉工业和精纺工业，这将是更合理地利用现有资源的途径，也是有助于解决就业问题的途径。

总之，发展经济学研究者从战后发展中国家的经济发展经验出发，越来越强调统筹解决就业问题的必要性。对于各种与就业有关的政策措施，应当注意它们之间的相互约束性，在实施时要力求使它们彼此配合，要防止由于单纯强调某一政策措施而带来的不利后果。关于这一点，摩拉维茨的下述看法是有道理的。他写道：“单独改变一种政策表面上有好处，实际上使总就业的状

① 基思·马斯顿：《适用于发展中国家的进步技术》，载《现代国外经济学论文选》，第8辑，商务印书馆，1984年版，第187页。

② 同上，第188页。

况恶化，这是非常可能的。例如，在过去10年中，只刺激现代工业部门而不消除要素价格的异变，使许多国家的工业就业只有很少或没有增加，甚至绝对下降。成长起来的现代企业都不像它们所取代的传统企业那样劳动密集。实行出口津贴有助于纠正关税制度带来的对进口替代有利的偏差，但是如果不对要素价格的异变进行调节，则其最后结果便是这个国家只增加非劳动密集型物品的出口，对就业和增长都没有好处。”[①]这就清楚地说明了发展中国家的就业问题必须统筹解决。

三、发展中国家就业对策研究中的两种基本倾向

正如西方经济学界在讨论发达资本主义国家的就业对策时大体上可以划分为经济自由主义和国家干预主义两个基本倾向一样，发展经济学研究者关于发展中国家就业对策的研究中，也大体上可以分为这样两个基本倾向。主张经济自由主义的发展经济学研究者认为，要解决发展中国家的就业问题，建立和完善自由竞争的市场机制是增加产量和扩大就业的基础；而主张国家干预主义的发展经济学研究者则认为，要增加产量和扩大就业，政府的经济计划和经济调节是主要的。

① 大卫·摩拉维茨：《评述发展中国家工业化的就业含义》，载《现代国外经济学论文选》，第8辑，商务印书馆，1984年版，第164页。

摩拉维茨曾把发展战略的研究分为三个学派，即“价格-刺激学派”“经济计划学派”“激进改良学派”。[①]“价格-刺激学派”属于经济自由主义倾向。“经济计划学派”和“激进改良学派”则属于国家干预主义倾向，它们二者的区别在于：前者限于用经济措施来促进经济发展，后者则认为必须进行“政治-经济制度的改革”才能扩大就业。

在摩拉维茨看来，“价格-刺激学派”把发展中国家的经济环境理想化了。他写道：“认为‘使价格正确’将解决就业问题这种说法，包含一个假定，就是市场完美无缺。也就是说，每个生产者都能按现行价格想卖多少就卖多少，并按现行工资想雇用多少熟练工人就能雇多少。”[②]这样的假定被认为是脱离发展中国家的现实的。他接着指出：“还有，‘价格-刺激学派’所暗含的假设是既假定现期价格（加上一个完美市场的假设）足以供人做出关于未来的决定，又假定私人生产者能够轻易得到关于未来的需求、供给和价格的精确的信息。”[③]这同样是一个不切实际的假设。因此，摩拉维茨得出了如下的论断：“由于上面的假定没有一个可能是正确的，私人生产者不可能有做出合乎逻辑的基本的投资决定所必需的信息，这样，政府干预便是可以供人参

① 大卫·摩拉维茨：《评述发展中国家工业化就业的含义》，载《现代经济学论文选》，第8辑，商务印书馆，1984年版，第161—163页。

② 同上，第162页。

③ 同上。

考的了。”[①]

但国家干预主义是否一定比经济自由主义更好呢？摩拉维茨并不这样看。对于价格–刺激、经济计划还是激进的政治–经济改革三者的选择，他认为：必须根据每一个国家的具体条件才能决定。他认为：“对于小的半工业化国家来说，收入分配不过于不平等，也没有过量的管理和工程才能的储蓄，只要使要素、产品和外汇价格较为合适，大概就足以使对劳动的吸收大大增加。没有足够人力资本存量的最不发达的小国，或许需要政府进行一些干预。在少数人为自己谋利的社会里，除了革命可能别无他法。”[②]这种看法比较符合实际。

（引自厉以宁、吴世泰合著的《西方就业理论的演变》，华夏出版社，1988年版。）

① 大卫·摩拉维茨：《评述发展中国家工业化就业的含义》，载《现代经济学论文选》，第8辑，商务印书馆，1984年版，第162页。

② 同上，第163页。

西方经济学家关于长期就业趋势的论述

从长期考察来看，在经济增长过程中，总产量是不断增加的。但就业趋势又是如何呢？西方经济学家在讨论发达资本主义国家的就业问题时，对长期就业趋势进行了探讨。与长期就业趋势有关的一个重要问题是技术进步对就业的影响。关于这一点，本章第二节和第三节将评述西方经济学家的有关论点。而在本章第一节，先不涉及技术进步问题，仅就西方经济学家有关总产量的增长与就业之间的关系加以评论。

第一节　经济增长和就业趋势之间的关系

一、总产量增长与就业的关系

根据西方经济学家的论述，在一定的技术水平之下，如果有较高的投资率，就有较高的经济增长率。如果经济增长了，那么就业人数将是增加的。从历史资料来看，经济增长率较高时，失业率较低，而较高的就业率，以及工资的增长，又会促进经济增长，因此，经济增长率同就业之间的关系是明显的。换言之，要达到充分就业，最重要的是经济的增长率。总产量按充分就业所要求的比率增长，正是一条合乎理想的经济增长道路。这个问题，早在第二次世界大战结束后不久，就由美国经济学家E. 多马做了表述。

多马在1946年4月号《经济计量学》杂志上所载《资本扩张、增长率和就业》一文中指出："本文的中心论题是增长率，这个概念在经济理论中还很少用过，对于这个概念我具有很大的信心，它可能作为经济分析的一个极其有用的工具。一个人并非必须是一个凯恩斯主义者，才会相信就业多少依赖于国民收入，而国民收入又与投资有一些关系。一旦投资流入，就不能舍弃增长，因为对于个别企业来说，投资可能意味着较多的资本和较少的工人，但对于整个经济（作为一般情况）来说，投资则意味着较多的资本而工人并不较少。假如两者都被有效地使用，则必然产生收入的增长。"①

接着，在1947年3月的《美国经济评论》上，多马在《扩张和就业》一文中写道，投资量可以保持不变，也可以上升或下降，但只要它是正数，生产能力就会增加，"但如果收入也同样

① 多马：《经济增长理论》，商务印书馆，1983年版，第84页。

上升，则仅投资那样的数量就不够了：收入的增加不是投资量的函数，而是投资增量的函数”，[①]“假如投资以及收入不能按照所要求的比率增长，则未利用的生产能力就会扩大。资本和劳工变为闲置”。[②]

从多马的分析中，可以清楚地了解到，就经济增长的总量分析的角度来看，就业与经济增长率之间被认为存在着这样一种关系，即为了保持高度的就业率，经济增长是必不可少的。但这样一种分析并没有涉及与收入分配有关的问题，而一旦把收入分配因素引入，就业与经济增长之间的关系就不会如此简单，而会复杂得多。所以一些西方经济学家认为，有必要把这种关系的分析再深入一步，例如，需要通过收入分配对储蓄的影响来分析经济增长对就业的影响。他们认为，如果工资的增长在较长的时间内落后于利润的增长，那么这将引起工资在总收入中所占的比重缩小。由于利润收入的获得者具有较高的储蓄倾向，因此，当工资在收入中所占比例缩小时，收入中用于储蓄的部分就会扩大。根据古典派的假定，资源中用于生产资本品的份额与利润在收入中比重的大小有关。这样，一部分资源将从生产消费品的部门转移出去，用于生产资本品形式的那部分资源就同利润和储蓄一起增长，于是也就促进了经济增长。[③]在其他一切条件不变的情况下，经济的增长将有利于就业的增加。

① 多马：《经济增长理论》，商务印书馆，1983年版，第100页。

② 同上。

③ 费利克斯：《利润膨胀和工业增长》，载《经济学季刊》，1956年8月。

但也有一些西方经济学家提出相反的论点。据J. 罗宾逊夫人在《资本积累论》（1958年出版）一书第26章《长期中的消费和积累》所归纳的，如果工资的增长长期落后于利润的增长，其结果决不会有利于经济的增长，而只能是经济的停滞。罗宾逊夫人认为有两类消费不足论。一是社会主义者的消费不足论，即"工资在产值中分取的份额会随着产量的增加而降低，因而停滞开始"。[①] 另一类则可以称作"自由主义者的消费不足论"，它的论证是：只要工资在总产值中的比重不断下降，利润在总产值中的比重不断上升，那就意味着社会中食利者阶层的财富在增加。但在食利者阶层的财富增加的同时，他们的消费倾向不会不变，否则他们的支出水平就会不断提高。如果储蓄在收入中所占的比重日益增加，消费对投资的比率日益降低，经济停滞就会发生，失业人数就会增加。罗宾逊夫人认为，这就是J. 凯恩斯在《就业、利息和货币通论》中早已阐明的思想。[②]

二、经济增长过程中的通货膨胀对就业的影响

西方经济学界的上述论述，是以物价不变为前提的。但他们又认为，经济增长过程中，物价不可能不变，并且从长期的趋势

① 琼·罗宾逊：《资本积累论》，商务印书馆，1963年版，第244页。

② 同上，第245页。

来看，物价的总的倾向是上升的，因此要研究总产量增长对就业的影响，必须着重分析经济增长过程中的通货膨胀对就业的影响。

假定不考虑经济增长问题，那么有关通货膨胀与失业之间的关系的讨论就是有关菲利普斯曲线关系的讨论。但菲利普斯曲线所分析的，主要是未考虑经济增长的条件下的通货膨胀同失业之间的关系。经济增长过程中的通货膨胀对就业的影响，要比菲利普斯曲线所分析的复杂一些。

E.夏皮罗在《宏观经济分析》（1978年第4版）中指出，一些西方经济学家认为，从对18世纪和19世纪的历史考察可知，通货膨胀和经济增长之间存在着正比关系。这是因为，如果利润率持久性地较高，经济增长就会有动力，而要达到持久性的较高的利润率，那么必须使工资的增长大大落后于物价的增长，也就是说，通货膨胀造成实际工资下降，实际工资下降给经济增长带来动力。另一方面，也正如夏皮罗所指出的，有些西方经济学家认为，经济增长过程中，投资需求会增大，而只要存在着过度需求，就会造成需求与供给的缺口，结果将引起通货膨胀。无论是哪一种观点，都表明在经济学界存在着这样一种看法，即经济增长与通货膨胀可能是相伴而行的。

问题在于：假定社会上原来的失业人数是既定的，那么，经济增长中的通货膨胀会不会使失业人数增多？经济增长中的通货膨胀会不会使某些失业者重新就业？

根据夏皮罗的论述，这些都是尚未解决的经济学难题。他写道："如果说我们知道通货膨胀引起经济的产量和就业水平的短期变动，以及经济增长率的长期变动，这也许是不正确的，但也很难相信通货膨胀不使这些受影响。但通货膨胀是否提高短期内的产量和就业，而不接着发生相等或大于这些增长的衰落，这个问题在经济学家之间意见不一致。可能没有普遍性的答案；答案将会根据不同的通货膨胀而有所不同。”夏皮罗本人的意见是：“未被预计到的、从而无机会进行调整的迅速的通货膨胀率，无疑是有破坏性的。如果通货膨胀是按每年百分之几的温和速度进行，那么对于所提出的问题并无现成的答案。这样一种通货膨胀可能利大于弊，或弊大于利，或者在一种场合下是利，在另一种场合下是弊。”[①]这种观点是比较有说服力的。

至于经济增长过程中的通货膨胀会不会使某些失业者重新就业，这并不取决于通货膨胀本身，而是取决于经济增长中是否增加了就业的职位。通货膨胀本身是创造不了就业机会的。假定失业者在经济增长过程中的通货膨胀条件之下就业了，表面上看，似乎他们受益于通货膨胀，实际上则是受益于经济增长。但必须注意到，经济增长中如果发生了通货膨胀，那么，通货膨胀有阻止资源最优配置的趋势。有些部门在通货膨胀期间扩大产量（指价格上升大于成本增长的行业），也有些部门在通货膨胀期间会收缩产量（指价格的上升受到限制的行业）。通货膨胀期间各部门价格上升程度的不一致和产量的增减，将引起资源配置的失调。这也会对就业发生影响。可见，经济增长过程中所引起的总

① 夏皮罗：《宏观经济分析》，中国社会科学出版社，1985年版，第638页。

就业量的增减要根据不同部门具体增减的就业人数而定。

问题不限于此。要知道，只要存在着通货膨胀，实际收入总是下降的，除非货币工资率能够及时调整。通货膨胀后货币工资率的调整落后于价格上升的时间间隔究竟有多大，这不仅关系到就业人员和失业人员的福利状况，而且关系到未来的经济变动和就业率的变动。货币工资率滞后时间短，调整比较及时，对就业率的影响比较轻微。货币工资率滞后时间较长，物价上升较为持久，企业将看到实际工资下降和利润增加的前景，从而会增加存货，增购设备，消费者也会增加购买量，积存易于保管的消费品。这些过度的购买可以促使失业减少，产量增加，直到购买的调整成为不可避免的事情时为止。这样，经济增长中通货膨胀对就业的影响问题就同经济的周期波动问题结合在一起了。经济中的周期波动必然使得失业率时高时低。而失业率究竟会维持在何种水平上，则又与政府对经济的干预措施的强度及其有效程度有关。

第二节　技术进步对就业的长期影响

一、关于技术进步对就业的影响的分析方法

关于技术进步对就业的影响问题，西方经济学界长期以来从不同的角度进行了研究。从研究分析的方法来看，大体上可以分

为两类。一是从生产函数的角度来进行分析，即通过对不同的生产要素之间的比例关系的研究，判断技术进步之后对就业状况会发生何种作用。二是从产业结构的角度来进行分析，即通过对不同的产业部门之间的比例关系的研究来说明技术进步的就业效应。

新古典增长理论是通过生产函数关系来研究技术进步对就业的影响的一种有代表性的理论。它把技术进步看成是独立于劳动和资本要素之外的一个要素。如果在一段时间技术有了进步，那么在劳动和资本的数量不变条件下，同技术不变时相比，由于技术进步而引起的总产量的增长就可以归功于技术进步。新古典增长理论的这一表述的一个含义是：只要有技术进步，那么劳动与资本的数量不变，也就是劳动与资本之间的比例关系不变，可以促使经济的增长。这也表明：如果经济增长了，技术进步不一定带来就业人数的减少，就业人数可以随着资本存量的增长而相应地增长。

结构的经济增长理论则不限于从生产函数关系来研究技术进步对就业的影响，它认为对于就业有更大影响的是产业结构的调整。根据S.库兹涅茨的论述，技术进步从两个方面影响产业之间的比例。一是技术进步导致对物品需求的变化，即某些产品的需求增加了，某些产品的需求受到了限制，从而对产业结构发生影响。二是技术进步不仅提高了旧产品的生产能力，而且还创造出新的产品，使新的部门得以发展，这样，产业结构也将发生变化。由于以上两方面的原因而引起的产业结构变化不仅会影响就业结构，而且也会通过不同产业的劳动与资本之间比例的差异而影响就业总量。库兹涅茨在对各国经济增长进行比较后得出这样的结论：各国A部门（主要是农业，还包括林业、渔业、狩猎业）的劳动力在劳动力总数中的比重是下降的，而I部门（包括采矿、制造、电力、煤气、水利、建筑、运输、电讯等行业）和S部门（包括商业、金融、保险、服务等部门）的劳动力在劳动力总数中的比重是上升的。正如库兹涅茨所述："在所有发达国家以及劳动力的A部门份额显著降低的那些欠发达国家中，劳动力在I部门和S部门份额都上升了。劳动力在I部门份额的升高是持续的，而且无论从绝对数字或相对数字来看，数量都颇为可观。"[①] "劳动力在S部门份额上升的情况十分普遍……甚至在某些欠发达国家，如哥伦比亚、埃及、菲律宾和斯里兰卡，S部门份额的上升幅度也大于I部门。很明显，有一些重要因素在促使许多发达国家和欠发达国家中的劳动力大量移向S部门。就发达国家来说，可能是因为在S部门用资本来代替劳动力比较不易；而在欠发达国家，则S部门正好解决了劳动力就业不足的出路问题。"[②]

这两种分析方法都可以得出这样的结论：从长期趋势来看，技术进步对就业的影响不一定是消极的。

① 库兹涅茨：《各国的经济增长》，商务印书馆，1985年版，第272页。

② 同上，第273页。

二、技术进步在增加就业方面的作用

美国经济学家、哈佛大学教授H. 布鲁克斯在《技术、竞争和就业》一文中，曾对技术进步的长期效果和即时效果进行了分析。他认为，在考察技术进步的效果时，不能只看到它的即时效果（这往往被夸大），而忽视它的长期效果（这往往被缩小）。在他看来，关于技术进步与长期就业之间的关系的悲观论调，是没有根据的。①

持有这种观点并在这个领域内进行了较详细论述的，绝不止是布鲁克斯一人。早在1965年第6期的《苏格兰政治经济学杂志》上，就刊载过D. 罗伯逊的《技术变革的经济影响》一文。文内是这样分析的：

采用新技术，只要它意味着能够节约生产成本，就会被认为是正当的。而在节约生产成本方面，通常只指节约劳动成本而言，而对于资本的节约，却被忽视。假定单就劳动成本来说，技术的进步似乎会引起失业，而且这是从企业的角度来考察的。从节约资本来说，技术的进步就不一定会减少对劳动力的需求，而很可能会增加社会的就业机会。在这个问题，可以做如下的考察：

第一，技术进步需要采用机器，也就是要生产机器，操作机器，维修机器，这都会增加对劳动力的需求；

---

① 哈维·布鲁克斯：《技术、竞争和就业》，载《经济学译丛》，1985年第6期。

第二，技术进步中，所减少的主要是非熟练工人和半熟练工人，但熟练工人和职员的人数则是增加的；

第三，如果技术进步引起的社会总产量的增长大于社会人口的增长，那么实际收入将增加，同时工时也将缩短，从而导致服务业就业人数的增加。

当然，从采用新技术到增加社会的就业可能有一个时间间隔（包括工人的工种转移）。在这个过程中，原来受雇于一定的企业的工人可能是牺牲者，但技术进步毕竟为社会上更多的，特别是较年轻的人提供了就业机会。

应当承认，上述分析是有道理的。它反映了对技术进步的就业效应分析不能只就个别企业而言，而应当就全社会而言。其道理实际上与工资率变动对于就业的影响的分析相类似。比如说，工资率的降低，可能使个别企业增加所雇用的工人人数，以此代替资本设备的采用，但就全社会而言，却不一定能使就业人数增加；工资率的提高，可能使个别企业减少所雇用的工人人数，以便降低劳动成本，转而采用新的技术，促使劳动生产率的提高，但对全社会而言，就业人数却不一定减少。这一切都要依社会的产业结构、技术结构以及工人的技术适应状况而言。

布鲁克斯在论述技术进步有利于增加就业时，曾就技术进步可以给社会带来更大的资源节约问题进行分析。他认为：“如果劳动成本的节约会在产品的消费者价格中反映出来，此种节约就会导致购买力的解放，这反过来将对需求，对就业，以致对经济发生作用。与就业有关的问题不在于提高了生产率的公司或产业会失去多少工作岗位，而在于由此解放出来的购买力所提供的工作岗位比失去的工作岗位是更多还是更少，在于新创造的工作岗位比失去的工作岗位是更好还是更坏。”这里所说的“购买力的解放”，是很有意义的。这表明，布鲁克斯是通过这样的论述方式来分析技术进步在增加就业中的作用的，即：

技术进步——投入物中劳动成本的节约——产品的消费者价格的下降——购买力的解放——需求的增加——就业的增加。

布鲁克斯还指出，由于在经济中采用了先进的技术，不仅节约了劳动，而且也节约了能源，节约了原材料。与劳动力价格相比，能源和原材料的价格要更高，因此节约能源和节约原材料，从长期来看，对经济的好处更大些。所节约下来的能源和原材料如果用到其他方面，能给社会带来更多的产值。而在增加社会总产值的过程中，就业量并不一定比过去少，而很可能比过去多。

第三节　人口增长、技术进步与就业三者之间的关系

一、关于人口增长、技术进步与就业之间关系的传统观点

按照西方经济学界的传统看法，人口增长与就业之间存在着这样一种关系，即人口增长将增加劳动力供给。具体地说，人口的增长虽然总的说来有逐渐放慢的趋势，但随着科学技术的进步

和医药卫生事业的发展，今后死亡率的下降将更为明显，这将是人口增长的主要原因，比如说，假定自然增长率为0.1%，即使出生率保持不变，只要死亡率下降2%，就可以使自然增长率从0.1%上升到2.1%，从而增加了未来就业的困难。不仅如此，人口增长还会引起储蓄和资本积累率的下降，这也会给生产的发展带来不利的影响，影响就业问题的解决。

如果说人口的增长增加了劳动力的供给，那么技术的进步则会减少对劳动力的需求，因此，在某些国家，如果人口以较快的速度增长，而技术也以较快的速度变革，失业问题就会变得越来越严重。

二、对人口增长、技术进步与就业之间关系的另一种解释

正如在技术进步与就业之间关系的问题上，西方经济学家的传统观点是悲观的一样，在人口增长与就业之间关系的问题上，西方经济学家的传统的观点也是悲观的。但仍有一些西方经济学家持有不同的看法。如库兹涅茨认为人口增长对于经济增长有重要意义。他指出：死亡率降低既可以减少由于抚养大批在未对社会生产和人类福利做出贡献以前就死亡的婴孩所造成的巨大浪费，又意味着可以减少使人们暂时或永久失去劳动力的疾病，有助于生产力的提高。因此，人口增加不仅没有带来平均每人产值的减少，而且会由于总产值的增加，促进市场的扩大，给企业家提供有利的条件，刺激经济的发展，提供更多的就业机会。此

外，人口增长意味着智力资源存量的增加，即“知识存量”的增加，这也是经济增长一个积极因素。

当前，在乐观的人口增长论方面最有影响的代表人物之一是美国伊利诺伊大学教授J. 西蒙。他在所著《人口增长经济学》（1977年出版）、《最终的资源》（1981年出版）以及其他著作中，就人口增长、技术进步、就业三者之间的关系做了较详细的分析。他认为，由于人口的绝对规模与技术变化率之间有一种正相关关系，所以，人口增长有助于提高经济增长率。从长期来看，人口增长的影响是积极的，这是因为，“人口增长与技术进步的关系不是两种独立力量之间的竞争，而是一个系统，在此系统中，技术进步在很大程度上是人口增长的一种函数”。[①]西蒙解释道：从农业技术进步与人口之间的关系来看，有两种截然不同的假设。一是“发明拉力”假设，[②]二是“人口推力”假设。[③]

“发明拉力”假设的论证过程，可以用下述图式表示：

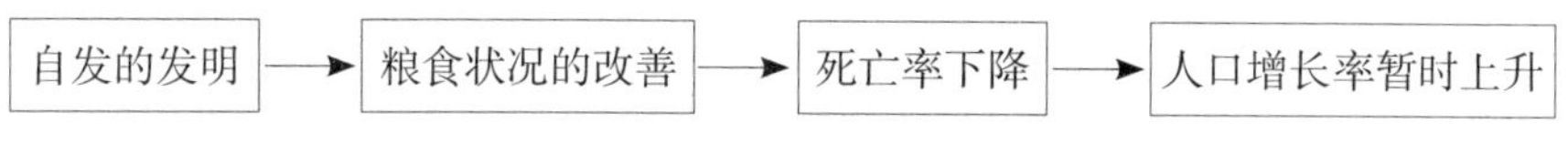

“人口推力”假设错误的论证过程，可以用下述图式表示：

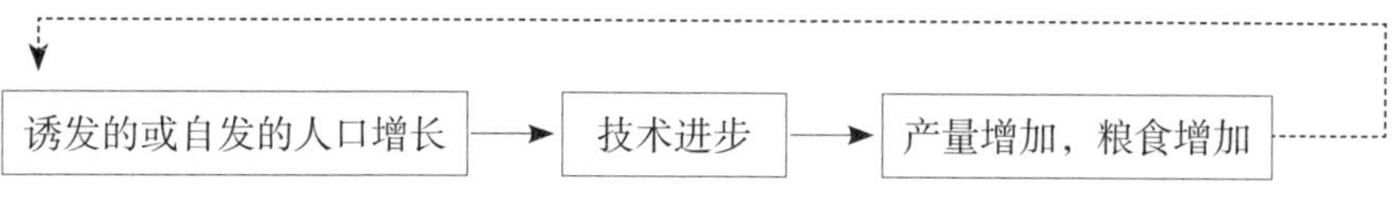

① 朱利安·西蒙：《人口增长经济学》，北京大学出版社，1984年版，第21页。

② 同上，第199—203页。

③ 同上，第203—207页。

在这里，有两种导致技术进步的人口推力。第一，由于人口增长，家庭数量增多，平均每个家庭可利用的土地减少，迫使农业改进技术，以期求得较多的产量。第二，由于人口增长，家庭规模扩大（子女增多），平均每个家庭成员可以利用的土地减少，这也迫使农业改进技术，以期获得较多的产量。

再就一般技术进步而言，西蒙指出："工业革命以来发达国家的历史并不支持T.马尔萨斯的简单模式。人口增长和经济增长之间的负关系在奇闻轶事历史上，在过去几百年的时间序列上，或在当代多国横截面研究中，都是找不到的。"[①]"科学地说，最普通、最有吸引力的解释，是规模经济，新增人口对新的额外知识的创造和采用，以及新知识创造新资源这三者的关系。"[②]这里所提出的规模经济的作用，是指人口多与人口少相比，在市场规模和企业规模上较容易达到比较合理的程度。同时，就社会基础设施的建设来说，人口的增长能够使这些设施得到更为合理的利用，比如说，"密集的人口使运输系统既更有必要，又更加经济。一个小村的人口增加一倍，就意味着多一倍人去使用大车道；还意味着一倍人去修筑道路，无论是义务劳动还是集中组织雇佣劳动甚至强迫劳动，都是这样"。[③]这些都是有利于生产率提高、产量和收入增长的规模经济。

西蒙除了论述了人口增长同技术进步之间存在着正相关关系

① 朱利安·西蒙：《人口增长经济学》，北京大学出版社，1984年版，第99页。

② 同上。

③ 同上，第332页。

而外，还认为人口增长和技术进步一样，都会引起收入的增加，而收入的增加又会导致就业的增加。他特别指出，人口增长和技术进步所引起的生产率提高的结果，一方面会使教育事业和为儿童服务的事业得到发展，这些领域内会增加就业者；另一方面，由于收入提高和闲暇时间的增加，社会的福利事业将发展，这也对就业的增加有积极作用。

应当指出，对于西蒙这些乐观的解释，至今在西方经济学界仍是有很大争议的。英国经济学家J. 福利斯在1983年2月的《苏格兰政治经济学杂志》上所发表的《西方最近对人口经济学的研究》一文中，认为西蒙的许多观点不仅是一种经不起检验的臆测，而且持有这种“乐观的”态度会给经济和社会带来不利的后果。

第四节　机器人的使用与就业的趋势

一、与使用机器人有关的悲观论调

以上虽然已经提到了西方经济学界有关技术进步与就业之间的关系的一些有代表性的观点，但并没有专门涉及他们有关机器人的使用及其对就业的后果等问题的论述。在一些西方经济学家看来，从对就业的影响而言，机器人的使用与一般意义上的技术进步还是有所不同的。机器人的使用固然也是技术进步的成果或技术进步的反映，但它与一般技术进步不同之处在于：机器人直接代替工人从事某些工作。因此，如果说一般的技术进步还有可能增加某些就业机会的话，那么机器人的使用却是直接裁减工人的。

换言之，在有关机器人的使用对就业的影响问题上，存在着一种悲观的论调，即“把机器人摆在与工人相对立的位置上”，[①]认为“机器人的高效率是对工人们人的积极性的挑战”，[②]“工人们要想防止大部分工作被机器人夺走，就只能是接受较低的工资，或者是提高自己的生产量，二者必居其一”。[③]

根据这种悲观的论调，在美国，有些人提出“美国政府应该制定有秩序地增加机器人并减轻其影响的政策”，并“主张强制希望使用机器人的公司提出‘经济影响报告书’（类似‘环境影响报告书’），经政府机构对报告书进行审查后方可安装机器人。同时，通过立法要求公司对于那些能证明其失业与使用机器人有关的人，付给一大笔解雇费”。[④]

① 理查德·维德：《机器人的使用与经济》，载《经济学译丛》，1984年9月，第59页。

② 同上。

③ 同上。

④ 同上。

二、使用机器人对于就业的积极影响

R. 维德在《机器人的使用与经济》一文中不同意上述悲观论调。他主要从三方面来说明使用机器人不仅不会减少社会的就业，甚至还有可能增加社会的就业。

首先，要注意到机器人所代替的工人和工作。“通常是那些从事单调劳动的工人，他们的工作对体力的要求多于对智力的要求。机器人有时所做的还是对人们有危险的工作。在这种情况下，被替换下来的工人最后会把机器人作为一种解放自己而去作高报酬工作的手段予以欢迎的。”[①]这样，从就业的角度来看，机器人的使用实际上是对人力资源使用方向的一种调整。即使在使用机器人之后，有的工人离开了某些工种的工作，但这意味着他们有机会去从事另一些工种的工作，比如说，使工作比较安全，对工人的健康比较有利，使工人的智力和才能能得到比较充分发挥的工作。这应当被看成是人力资源的较合理的配置。

其次，在当前国际商业竞争日益激烈的情况下，对美国来说，要维持现有的就业水平和扩大就业人数，必须以优质的产品取胜，必须不断增加美国产业在国外的销路。采用机器人，能够使产品的质量提高，使产品更符合标准。也就是说，“机

① 理查德·维德：《机器人的使用与经济》，载《经济学译丛》，1984年9月，第61页。

器人能提高商品与劳务的数量和质量，因此，扩大使用机器人将使美国能够保住和扩大重要的出口市场，否则将会丢失这些市场”。[①]

再次，机器人的使用和一般技术进步一样，它对就业的积极的影响主要不是表现于初次就业效应，而是表现于二次就业效应。从初次就业效应来看，机器人的使用会使某些企业减少所雇用的工人人数，而从二次就业效应来看，由此所引起的工资、利润的变化，以及消费结构、就业结构的变化，会促使社会的就业水平的提高。维德曾举了这样一个假设的例子。他指出：假定一个工厂增加1个工人，每天可以增加2个单位产品。如果每个产品售价30美元，那么生产线上增加的这个工人就能给工厂每天增加收入60美元。假定增加一个机器人，每天可以增加5个单位产品。每个产品售价30美元，那么增加一个机器人，工厂每天可以增加收入150美元。现在，工厂使用了机器人。由于使用了机器人，工厂相应地增加了机器人修理工。所增加的工人（机器人修理工）的产值必然大大高于原来的工人的产值，于是，他所得到的报酬也必然会高于原来的工人的报酬。并且，即使如此，工厂仍会盈利。机器人使用的二次就业效应正是由此而产生的。

维德还指出，由于机器人的使用是逐步推广的，机器人替

---

① 理查德·维德：《机器人的使用与经济》，载《经济学译丛》，1984年9月，第60页。

换下来的工人有的是退休工人，有的是离职工人，而且所替换下来的人还可以接受培训。因此，只要能够对工人继续培训，机器人的使用不会给社会的就业带来黯淡的前景。他用这样一些历史资料来证实自己的论点。例如，在20世纪初的美国汽车工业中，机器使1920年工人平均生产一辆汽车所用的时间比1910年缩短了56%，而且劳动生产率每年提高8. 5%。这种生产情况允许工业部门降低汽车平均售价的62%，结果使销售量增加10倍以上，使技术工人与工人的就业人数仅仅在10年内就从3.7万人增加到20.6万人。[①]在美国，高技术的工业公司在增加就业方面超过了其他企业。1955—1976年，5种高级技术部门的就业增长了20. 7%，而其他行业仅增长7. 1%。与此同时，每个工人的实际产量也是高级技术部门比一般制造业提高得快。因此，"历史证据与机器人所创造的工作将多于减少的工作的观点是一致的"。[②]

（引自厉以宁、吴世泰合著的《西方就业理论的演变》，华夏出版社，1988年版。）

① 理查德·维德：《机器人的使用与经济》，载《经济学译丛》，1984年9月，第63页。

② 同上。

从传统西方福利经济学到新福利经济学

当代西方经济学家把经济学区分为实证经济学和规范经济学。实证经济学根据有关经济行为的假定，分析经济活动的过程和预测经济活动的后果。它力求说明“是什么”的问题。规范经济学以一定的价值判断准则为基础，提出行为标准，探讨和制定满足这些行为标准的行动步骤和政策建议。它力求说明“应当是什么”的问题。福利经济学属于规范经济学之内，它是当代西方经济学的一个分支。

福利经济学研究的是社会经济福利问题。它在探讨社会经济福利问题时始终把价值判断问题作为基础。这里所说的价值判断，主要是指对人类经济行为的“是非善恶”做出伦理学方面的评价。

第一节　西方福利经济学的产生和发展

一、庇古的福利经济学

西方福利经济学产生于20世纪初。英国经济学家A. 庇古（1877—1959）于1912年出版《财富和福利》一书（1920年扩展为《福利经济学》），开创了西方福利经济学的完整体系，从此福利经济学一词大为流行，庇古也就被西方经济学界推崇为“福利经济学之父”。[①]

庇古的福利经济学建立在边际效用学说之上。他以18世纪末和19世纪初英国哲学家J. 边沁的功利主义理论为基础。他依据边沁提出的“最大多数人的最大福利”这一功利原则，把福利规定为个人获得的效用或满足，把一个人的福利规定为这个人所获得的满足的总和，把社会的福利规定为个人福利的总和，并认为要使社会的福利增加，应当使社会上较多的人得到较大程度的满足，而社会福利的最大化也就是社会上最大多数人的最大满足。

庇古把福利分为两类，一是广义的福利，即社会福利，另一

① 在庇古的《福利经济学》（1920年版）一书出版前，英国经济学家威廉·斯丹来·杰文斯（1835—1882）在其1871年出版的《政治经济学理论》一书中就已提出，政治经济学应当接受边沁的功利主义学说，用它作为判断是非的标准。后来，马歇尔在《经济学原理》（1890年版）中，又在均衡价格论基础上，“论证”资本和劳动利益在劳动生产率增长条件下的协调，并提出国家需要照顾低收入阶层的主张。他们因此被当作福利经济学的先驱。

是狭义的福利，即经济福利，经济福利对于社会福利具有决定性的影响，福利经济学主要研究经济福利。庇古认为，广义的福利是难以计量的，从而也是难以研究的，而狭义的福利可以用货币来计量。

在庇古看来，狭义的福利，即经济福利，是由效用构成的，效用意味着满足，人们追求的是最大限度的满足，亦即最大限度的效用，而效用则可以用货币来计量，这样，经济福利就可以通过对效用的计量而被计算出来。

庇古的福利经济学在理论上主要归结为以下两个基本的论点：

第一，一国的经济福利可以用国民收入的多少来表示。换句话说，国民收入是一国的经济福利的同义语。一国的国民收入量越大，则其经济福利越大。经济福利的增加表现为国民收入量的增加。[①]

在这里，庇古接受了A.马歇尔关于国民收入的基本论点。马歇尔认为："一国的劳动和资本作用于它的自然资源时，每年生产一定的纯商品总量，其中有的是物质的，有的是非物质的，各种服务也包括在内。而'纯'这个限制词，是指补偿原料和半制成品的消耗以及机器设备在生产中的耗损和折旧。必须从总产品中减去所有这种种消耗，我们才能求得真正收入或纯收入。国外投资所提供的纯收入也必须包括在内。这就是一国的真正年纯

① 庇古：《福利经济学》，1920年版，伦敦，第30页。

收入，或国民收益。当然，我们可以按一年或按某一时期计算这种收益。国民收入和国民收益这两个名词是可以互用的。”[①]马歇尔还写道：“凡普通不算作个人收入的一部分者，也不能算作国民收入或收益的部分。”[②]马歇尔关于国民收入的这些表述对于庇古的经济福利而言，是很重要的，因为国民收入被看成是个人的有代价的收入的总和，被看成是“可供分配的各种享受之新来源的总和”，[③]这样，就必然导出国民收入增长意味着经济福利增长的论断。

第二，一国的经济福利是国民中每个人的经济福利的总和，而每个人的经济福利由他所得到的物品的效用构成。根据边际效用递减学说，货币对于不同收入的人有不同的效用，货币收入越多则货币的边际效用越少。例如，穷人手头的一英镑的效用比富人手头一英镑的效用大。这样，如果把富人的一部分货币收入转移给穷人，将会增加效用，从而增加一国的经济福利。[④]

应当指出，在国民收入分配问题上，庇古也发展了马歇尔的观点。马歇尔虽然也谈到过国民收入分配不均等是资本主义社会的一个缺陷，但当他在把福利的大小同国民收入大小联系在一起时，主要是从增加国民收入，增加国民产品的数量方面来考虑。不仅如此，马歇尔甚至认为，要达到增加福利这一目标，增加国

① 马歇尔：《经济学原理》，下册，商务印书馆，1981年版，第196—197页。

② 同上，第197页。

③ 同上。

④ 庇古：《福利经济学》，1920年版，伦敦，第107页。

民收入与改善国民收入分配二者之间的矛盾是十分突出的。马歇尔写道："从国民收入的增长取决于发明的不断进步和费用浩大的生产设备的不断积累这一事实出发，我们不得不想到，使我们驾驭自然的无数发明差不多都是由独立的工作者所创造的……我们不得不想到，国民收入的分配虽有缺点，但不像一般所说的那样多。实际上英国有许多技工的家庭，美国这种家庭甚至更多（尽管在那里曾发现了巨大的宝藏），它们会因国民收入的平均分配而受到损失。"[①]因此马歇尔的结论是："财富的不均，虽没有往往被指责得那样厉害，却是我们经济组织的一个严重缺点。通过不会伤害人们的主动性，从而不会大大限制国民收入的增长的那种方法而能减少这种不均，显然是对社会有利的。"[②]

庇古在发展马歇尔的福利观点时所提出的上述基本论点，有它自己的政策含义，即要求政府采取一定的干预措施，这正是庇古与马歇尔在福利政策方面的不同之处。庇古的论点成为西方国家的政府此后制定资源最优配置政策和收入再分配政策的理论依据之一。按照庇古的论点，要使一国经济福利有所增加，必须增加国民收入量，如果各种生产资源在部门间的配置能够达到最适宜的程度，国民收入量也就能够得到最大限度的增长，所以资源最优配置政策是一项增进经济福利的重要政策。同时，按照庇古的论点，把高收入者的一部分货币收入转移给低收入者，将增加效

① 马歇尔：《经济学原理》，下册，商务印书馆，1981年版，第363—364页。

② 同上，第364—365页。

用，从而增加经济福利，所以一国政府如果采取收入再分配政策，例如实行征收累进所得税和遗产税，扩大失业补助和社会救济支出等措施，促进“收入均等化”，也将有助于经济福利的增大。

庇古创立福利经济学，提出社会福利和经济福利概念，研究经济福利的衡量标准和增进经济福利的途径，进而增加福利的对策，这在理论上和实践上都无疑地具有进步意义。但是，庇古的福利经济学也带有难以克服的矛盾。

首先，庇古的福利经济学坚持了基数效用论，而效用实际上是带有一定的主观随意性的，至少到现在为止还没法计量，充其量只有序数意义。因此，可以说庇古的福利经济学的理论基础是有问题的。

其次，庇古根据自己的福利经济学理论而提出的资源最优配置和收入再分配的主张，撇开了资本主义社会中的阶级矛盾，忽略了理论与实践的距离，既没有充分考虑资本主义社会中资源统配机制的缺陷，也没有适当研究收入均等化的社会经济代价。

庇古的福利政策把理论和现实世界同时理想化了。在庇古看来，要使生产资源实现最优配置，保持各部门发展的协调，就要通过国家的调节（征税或补贴）措施，使“边际私人纯产品”（指生产者每增加一个单位的生产要素所增加的纯产品）等于“边际社会纯产品”（指社会每增加一个单位的生产要素所增加的纯产品），让“边际私人纯产品小于边际社会纯产品”的部门承担较多的税收，这就可以了。但在实质上，个人与社会的边际纯产品只是一种理论假设，都只具有抽象的理论意义，根本不可计量，更没法作为实际政策工具的基础。退而言之，即使边际纯产品假设具有政策意义，资本主义国家的政府也不可能通过财政（税收和补贴）手段实现资源最优配置，因为政府政策的制定和实施，都是由一批具有自己的利益考虑、不具有完全信息、没拥有充分手段和完善机制、很少赋有先圣般智慧和才干的人，在错综复杂、千变万化的各种利益、矛盾冲突与大众的“反政策”中进行的。

再就通过收入均等化来说，抛开收入均等化在私有制市场经济中能否可能实现不说，收入均等化还必然要求在社会经济方面做出巨大牺牲，包括由于丧失经济动力使人们失去经济活动的积极性和创造性，由于缺乏效率而造成资源浪费，以及稀缺资源的跨国转移、政府的官僚化和腐败、整个社会的消沉和涣散，等等，这样，收入均等化最终往往并不是增进国民的福利，而是减少国民福利。当然，我们也绝非认为收入差距越大越好，我们只是说适度的收入差距是社会经济稳定发展所必要的，向大众提供均等的机会比实行收入均等化更可行、更有意义，也更能增加国民福利。

庇古以后，福利经济学在西方有较大的发展。西方经济学界把庇古以后的福利经济学称作新福利经济学，而把庇古的福利经济学称作旧福利经济学。

二、福利经济学的发展——新福利经济学

（一）序数效用论

新福利经济学是20世纪30年代以后发展起来的，其主要代表人物有P. 萨缪尔森、J. 希克斯、R. 艾伦、N. 卡尔多、A. 伯格森、T. 西托夫斯基、I. 李特尔等人。新福利经济学无论在方法论上，还是在基本论点和政策主张上，都与旧福利经济学有所区别。因此，它是旧福利经济学的补充、修正和发展。

从方法论上看，尽管新福利经济学仍以边际效用价值理论为基础，但它摒弃了旧福利经济学的基数效用论，而采取序数效用论。基数效用论假定效用可以计量，并用基数一、二、三……来表示效用的大小。序数效用论则假定效用不能用基数表示绝对值的大小，只能用序数第一、第二、第三……来表示效用的相对程度。

序数效用论最早是由意大利经济学家V. 帕累托（1848—1923）提出的，所以新福利经济学家们往往把自己的理论追溯到帕累托的学说，把他看成是新福利经济学的先驱。

新福利经济学从序数效用论出发，认为个人福利取决于个人的偏好，而个人偏好可以用消费者的无差异曲线来表示。无差异曲线是指消费者在一定的嗜好、技术和资源条件下，按照一定的价格和收入，对商品的不同组合进行选择，消费者选择任何一组商品都能带来相同程度的满足，把这些组合在坐标平面上的点联

结成的曲线，称作无差异曲线。同一坐标平面上的不同曲线代表不同的满足水平，亦即意味着福利的不同。

例如，现有面包和布两种商品。如果这两种商品按下述*A*、*B*、*C*、*D*四种方式组合，每种方式都可给消费者带来同等程度的满足。

*A*组——4单位面包和1.5单位布

*B*组——3单位面包和2单位布

*C*组——2单位面包和3单位布

*D*组——1单位面包和6单位布

根据以上四种组合方式，可以在坐标图中用曲线表示偏好。以纵坐标*Y*代表面包的数量，横坐标*X*代表布的数量，图上的*A*、*B*、*C*、*D*点表示面包和布的组合情况。连接*A*、*B*、*C*、*D*点的曲线IC_2就是表示上述满足程度的无差异曲线。与IC_2相比，无差异

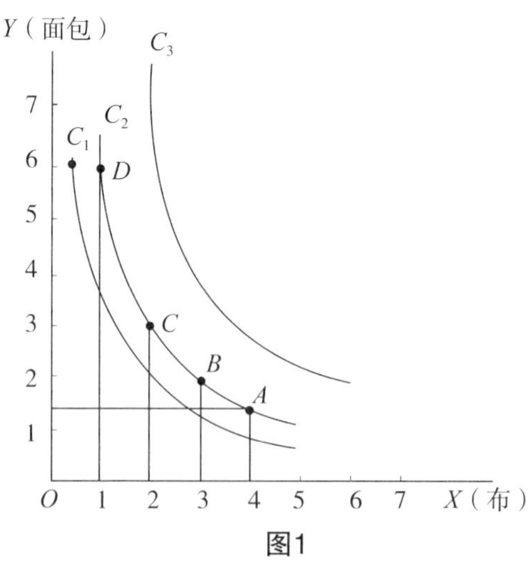

图1

曲线IC_3高于IC_2，它意味着消费者得到了较高水平的满足；IC_1低于IC_2，它意味着消费者只能得到较低水平的满足，因此，无差异曲线图又被称为偏好图或福利图。

无差异曲线所表明的并非效用的总和，而是效用序数上的偏好，即消费者为了获得更大的满足而在商品组合之间进行的选择。至于消费者的偏好究竟如何确定，或无差异曲线究竟处于何种水平，则取决于消费者的收入和商品的价格。在一定的收入和价格水平的条件下，消费者可能达到的最大满足程度具体反映于他对商品组合的选择上。

新福利经济学以效用序数论取代基数效用论，应该说是经济理论的一大进步，因为序数论在能取得与基数论一样好的理论结果的同时，把具有一定主观随意性的效用定值，由一个点发展为一个有限制的区域，从而使效用定值与实际情形具有了更强的对应性。这虽然没有从根本上解决效用的计量问题，但使有关理论分析有了比较充实的基础。

新福利经济学在序数效用论基础上确立的无差异分析，是现代经济学中重要的理论分析工具。从现实经济生活中我们是不难看到这种无差异的替代的（虽然可能是无意识的，而且无法定量的）。不过，我们应当注意到，无差异分析涉及的是一般意义的消费者及其偏好和欲望，而现实生活中的人则是分属于不同社会阶层、社会集团从而有不同偏好序列的具体的人。同时，个人的无差异替代仅代表一定约束下的偏好选择，并不意味着个人福利的充分实现。

（二）最优条件论

新福利经济学在关于怎样实现最大限度社会福利的问题上，提出了最优条件论。

前面所提到的序数效用论，主要是用来说明福利概念应建立在什么基础之上（是建立在效用基数之上，还是建立在效用序数之上）。根据序数效用论提出的无差异曲线的论点，主要旨在说明消费者的福利程度（即满足程度）可以通过对商品组合的自由选择来实现和表示。而最优条件论所要说明的，则是在一定的收入和价格水平条件下，为达到最大限度的社会福利所需要的生产和交换条件。在这方面，新福利经济学家们也是从帕累托的论点出发。

最优条件论最初是帕累托提出的。按照帕累托的观点，在一定的收入分配标准前提下，生产和交换情况的改变如果能使每个人的福利都增加，则社会福利一定会增大，如果使得有些人的福利增加，而其他人的福利并未减少，那么社会福利也增大了。因此，生产和交换的最优条件，就是符合上述社会福利增加的定义的，使社会福利达到最大限度的条件。新福利经济学家们补充和发展了帕累托的最优条件论，并用数学公式来论证交换的最优条件、生产的最优条件，以及生产和交换的最优条件的结合。

新福利经济学认为，交换的最优条件是指在完全竞争的市场经济中，交易双方通过交换而使彼此得到最大限度的满足的条件。新福利经济学在这里运用了“产品边际替代率”的概念。

"产品边际替代率"指的是消费者或使用者在使自己的满足程度不变的条件下，当一种商品减少，需要相应增加一定数量的另一种商品作为替代时，两种商品之间的这种替代关系。因此，所谓交换的最优条件，就是说，在一定的收入、价格和嗜好的基础上，任何两种商品之间的边际替代率，对于使用这两种商品的每个人来说，应当是相等的，否则就不可能使每个人所得到的效用或满足程度不变，而可能使双方或其中一方在交换后减少了所得到的效用或满足程度。

新福利经济学认为，生产的最优条件是指在完全竞争的市场经济中，生产要素最有效地进行配置，从而使产品被最有效地生产出来所需要的条件。新福利经济学在这里运用了"边际生产成本"和"边际产品转换率"的概念。"边际生产成本"是指生产最后一个单位所需要的成本。"边际产品转换率"是指两种产品的"边际生产成本"之间的比率。所谓生产的最优条件，如果仅指一种产品的生产而言，那就要求其"边际生产成本"和产品的价格相等，因为如果它高于价格，就会使生产者缩小生产，以防止亏损；如果它低于价格，生产者就会为追求利润而不断扩大生产，生产无从保持均衡状态。所谓生产的最优条件，如果指两种产品的生产而言，那就要求两种产品的"边际产品转换率"相等，否则生产要素的分配就有可能变得只有利于生产其中某一种产品，而不利于生产另一种产品，从而一种产品会在促使另一种产品减少的情况下增加生产。

新福利经济学认为，生产和交换的最优条件的结合是指同时满足交换最优条件和生产最优条件所要求的前提。新福利经济学在这里运用了“边际社会替代率”和“边际社会转换率”的概念。“边际社会替代率”是指为了使社会上每一个人所得到的产品效用或满足程度不变，要减少某一种商品的数量将要求相应地增加另一种商品数量的比率。“边际社会转换率”是“边际产品转换率”的引申。在两种产品生产的条件下，要使生产和交换的最优条件相结合，必须使两种产品的“边际替代率”和“边际产品转换率”相等，亦即使“边际社会替代率”和“边际社会转换率”相等。如果用坐标图来表示，“边际社会替代率”体现于“社会无差异曲线”上（“社会无差异曲线”是指在一定的嗜好、技术和资源条件下，按照一定的价格和收入，表示商品的各种组合对于全社会各个消费者都给予同等程度满足的一条曲线），“边际社会转换率”体现于“社会转换曲线”上（“社会转换曲线”是指在一定的嗜好、技术和资源条件下，按照一定的“边际生产成本”，表示生产要素的各种组合对于全社会各个生产者都是同样适宜的一条曲线），那么“社会无差异曲线”与“社会转换曲线”相切之点，就是所谓生产和交换的最优条件的结合处。新福利经济学认为，只有在这一点上，对于消费者、生产者和社会全体成员而言，都是最优的。这样就达到了社会福利的最大限度。

新福利经济学关于交换最优条件、生产最优条件，以及生产和交换最优条件的上述论述，是根据一系列假设的前提推论出来的。它意在说明经济体系的最优组织是能使社会全体成员获得最大福利，或者使一部分成员增加福利而又不使其余成员的福利有所减少的组织。但要知道社会并不是个人的简单加总，人与人之间常常存在着有时甚至非常尖锐的利益冲突，能够达到最优条件的情形是极其罕见的，因此，新福利经济学的最优条件论，虽然作为一种假说有其重要的理论和方法论意义，并且因而能指导人们为最优化而努力，但如果有人要把它同现实混同起来，那就只能使这种最优条件论沦为乌托邦式的信念。

新福利经济学在论证最优条件时，提出了反对垄断，实行完全竞争的目标。应当说，这种目标本身是好的，它的基本精神是要通过一切资源的自由流动，实现资源最优配置，达到社会福利最大化。但在现代资本主义社会中，一方面由于垄断势力的强大，反垄断是很困难的，因而完全竞争早已只是一种理想或愿望；另一方面，即使能够完全竞争，但由于竞争的初始条件不同而形成的分配格局，也未必就能实现社会福利的最大化。所以，新福利最优化政策目标的实践意义是有限的。

此外，新福利经济学所分析的生产和交换的最优条件也并不符合资本主义经济的实际情况。在资本主义社会中，尽管单个企业的经营活动是有组织的，但整个社会的生产和流通却处于高度带有严重缺陷的市场机制控制之下，部门间的失衡，对抗性的分配关系形成的消费与积累矛盾等，都使生产和交换的最优条件及其结合成为一种偶发事件。当然，这不仅仅是市场经济是这样，事实上，世界上的所有经济都是这样。最优化实际上只能趋近而不可能实现。因此，当代西方福利经济学中，产生了次优理论及第三优理论，它们研究当最优化的一个或数个非必要条件不能满足时的优化问题。

（三）补偿原则论

新福利经济学通过对效用序数和最优条件的论述，实际上保存了庇古的福利经济学中的资源有效配置的论点和政策建议，并对之做了较大的补充和修正，而摒弃了庇古关于“收入均等化”的论点和政策建议。在新福利经济学家看来，如果把富人手头的一部分货币收入转移到穷人手中，并不能增加福利。理由是：一方面，效用不可计量，不同的人的效用不可比较；另一方面，根据新福利经济学的观点，如果在社会上某些人的福利增加的同时，减少了其他人的福利，那就不能认为这是福利的增加。所以，新福利经济学家认为庇古的“收入均等化”论点是不可取的。

但收入再分配问题的提出与资本主义条件下阶级矛盾的尖锐化分不开，新福利经济学家们不可能回避这个问题。在有关最大福利和收入再分配的关系方面，新福利经济学家在20世纪30年代末期曾经提出过补偿原则论和社会福利函数论两种主要的论点。

H.霍泰林是补偿原则论的最早提出者。[①]稍后，卡尔多和希

① 霍泰林：《普遍福利同赋税和铁路运费率、公用事业费用率的关系》，载《经济计量学》杂志，1938年7月。

克斯二人对补偿原则论的分别论述，是这一理论的主要代表作。[①]根据他们的论述，补偿原则论的基本论点如下：

政府实行的任何经济政策都会引起市场上价格体系的变化，使一方得利，另一方受损失，这样就不符合帕累托的最优条件的福利原则。为此，就应当通过赋税政策或价格政策进行调整，即从受益者那里取走一部分收入，作为对受损失者的补偿；如果补偿后还有剩余，则意味着增加了社会福利，这样的国家调节就被认为是合理的。这种补偿可以是实际的补偿，也可以是一种虚拟的补偿，即把社会的受益者增加的收益与受害者所蒙受的损失相比较，如果前者增加的收益大于后者蒙受的损失，那么对全社会而言，仍然是福利的增大。不仅如此，补偿原则论者还认为，如果从较长期进行考察，那么经济政策对收入分配的影响是深远的和多方面的，例如，在一系列政策中，有些对这一部分人有利，另一些对另一部分人有利，很可能经过一段长时间后，人人都可能因政策的结果而受益，这样，受损失者也就自然得到了补偿。

补偿原则论为西方国家实行经济干预措施提供了一种理论依据。但是，这个理论包含着一些明显的问题。所谓以全社会福利的增长作为对受害者损失的补偿的说法，回避了问题的实质，因为受害者的损失是具体的，全社会福利的增长则是抽象的。在资本主义社会中，全社会福利事实上并不存在。而长时间内“相互

① 卡尔多：《经济学的福利命题和个人间的效用比较》，载《经济学杂志》，1939年9月；希克斯：《福利经济学的基础》，载《经济学杂志》，1939年12月。

抵销”式的补偿，并没有根据，这是因为，受害者的损失是现实的，未来可能得到的、足以抵销损失的补偿则是臆测的。而且，“长时间”这种说法很难成立。这时间究竟有多长？是一代人的时间，还是几代人的时间？这与某种宗教的论调并无多少差别，因为宗教总是要人们忍受目前的苦难，而用死后的或来世的幸福来安慰目前的受难者。

（四）社会福利函数论

社会福利函数论也出现于20世纪30年代末期，主要代表人物有伯格森、萨缪尔森等人。[①]这种理论的要点是：社会福利是社会每个成员所购买的商品和所提供的要素以及其他有关变量的函数，帕累托提出的生产和交换的最优条件被认为只是达到最大福利的必要条件，而不是充分条件，因为在不同的收入分配情况下，都可以使生产和交换的最优条件得到满足，从而可能存在许多种最大的福利，而不是仅有一个“最大福利”。因此，要达到“最大福利”，必须满足充分条件，这就是要做到收入分配的合理化。

社会福利函数论者曾用这样的公式表示社会福利函数：

以W代表社会福利，F表示函数，Z_1，Z_2…表示所有可能影响

---

① 伯格森：《福利经济学某些方面的重新表述》，载《经济学季刊》，1938年2月；萨缪尔森：《经济分析的基础》，1948年版，第219—228页。

福利的变量，则：

$W=F（Z_1，Z_2\cdots）$

在这里，各种影响福利的变量有各种不同配合的可能性。收入分配不同，个人消费的商品种类和数量不同，个人对效用的选择及先后次序的排列也就不同。这样，在一定的收入条件下，根据社会福利函数理论，福利的最大化在于各种影响福利的变量的排列组合，在于个人对这种排列组合的选择，而个人的选择则取决于个人的偏好，归根到底，这是一个道德领域内的问题，即个人将按照自己的主观评价，择取自己认为最理想的一种。

社会福利函数理论的政策含义在于：由于个人的自由选择是决定个人福利最大化的重要条件，而社会福利又总是随着个人福利的增减而增减，所以要促使社会福利的最大化，政府应当保证个人自由选择的可能性，而不应限制这种自由选择。同时，要促使社会福利最大化，还应当以“合理的”收入分配作为前提，这种“合理的”收入分配并不是指收入分配的均等化，因为据说平均的收入对于有不同偏好的个人来说，并不能保证他们的福利都能增进。那么，什么是社会福利函数论者所要求的“合理的”收入分配呢？这个问题再次被纳入道德领域内。社会福利函数论者认为，“合理的”收入分配要由某种道德信念或“超人”来确定，这种“超人”可以被解释为资本主义国家的舆论，或者国会，或者政府，等等。由此可见，社会福利函数理论所主张的收入分配政策，并不是某种具体的收入再分配的政策或收入均等化的政策，而是可以随意解释的一种收入再分配政策，只要认为这符合于某种道德信念或“超人”的意志就行了。

社会福利函数理论突出了自由主义的经济思想倾向，它比补偿原则论更强调福利的主观性。它认为最大福利来自个人的自由选择，个人是自己的福利的最好判断者，这是不无道理的。这里应该注意的是，福利的主观性仅仅是指在一定的收入分配（物质拥有量）基础上，根据个人偏好选择变量组合的自由，绝非表示个人可以随意评估福利大小。

从上面所提到的社会福利函数理论的两点政策含义可以看到，这一理论对西方国家的政策制定提供了便利。一方面，既然最大福利来自个人的自由选择，那么政府就不应当对个人的自由选择有所妨碍，一切限制垄断的政策建议都可以被指责为不利于实现最大福利的措施。另一方面，既然“合理的”收入分配取决于道德信念和“超人”意志，而道德信念之类的东西又是主观评价所决定的，那么政府的决策就不必拘泥于旧福利经济学所倡导的“收入均等化”措施了。现存资本主义条件下的收入分配结构也可以被解释为“合理的”、符合某种道德信念或“超人”意志的了。

（五）“社会主义”学说

在西方经济学文献中，流行着各种不同的“社会主义”学说。新福利经济学家在旧福利经济学基础上提出的“社会主义”学说，就是其中的一种。这一学说出现于20世纪30年代末期和40

年代。H. 迪金森、A. 勒纳等人是主要代表者。[1]他们的学说的特点是：

第一，他们认为，“社会主义”的本质不在于生产资料的公有制或哪一个阶级占有生产资料，而在于一种社会生产组织形式能否增加社会福利。在他们看来，“社会主义”乃是一种增进社会福利的理想的社会生产组织，而福利经济学则提供了福利判断的理论依据，所以“社会主义”学说与福利经济学理论是密切联系的。

第二，他们认为，生产和交换的最优条件以及生产和交换最优条件的结合是实现最大福利的条件，因而，“社会主义”经济的特征在于通过“中央的管理”或“计划化”来满足生产和交换最优条件的要求。在这里，“社会主义”的“计划化”的出发点通常被认为是“消费者主权”，即认为消费者的偏好是给予生产者的指示，这种指示是通过市场机制传递给生产者的，生产者应当按照消费者的意愿来安排生产，提供产品。换言之，在这些宣传“社会主义”的福利经济学家看来，只有在“消费者主权”的前提下，才能确定资源的最优配置，以达到最大的社会福利。

第三，他们认为，在“社会主义”经济中，收入的“合理”分配仍然是一个道德判断方面的问题，分配的原则涉及社会成员对福利的理解，对最大福利的评价。他们一般并不把收入的均等化看成是“社会主义”的必不可少的措施，而是认为通过政府的

① 迪金森：《社会主义经济学》，1939版；勒纳：《统制经济学：福利经济学原理》，1964年版。

“福利措施”，使低收入阶层的福利有所增加，这就符合“社会主义”的要求了。

第四，在他们所设想的“社会主义”经济模式中，“计划化”（或“中央计划原则”）与“自由企业经营”（即私人资本主义生产资料所有制基础上的生产组织）不是抵触的。他们认为，从“消费者主权”这个出发点提出的“社会主义”的“计划化”，并不是硬性规定生产资源的配置，而只是起着指导和调整生产资源配置的作用。在“自由企业经营”基础之上，市场竞争可充分发挥作用，以维持供给和需求之间的均衡，并让企业的生产安排适应消费者的意图。例如，按照福利经济学家勒纳的观点，“社会主义”就是一种“混合经济”模式，就是在市场机制中加上中央计划的指导和调整，也就是通过竞争和“中央计划原则”这两条渠道达到的资源有效配置。

福利经济学家所倡导的这种“社会主义”，充分反映了西方经济学中“社会主义”学说的特征，即他们并不认为生产资料社会主义公有制是社会主义经济的基础；在他们的“蓝图”中，社会主义是某种有助于促进“社会福利”的生产组织。其次，他们所一再强调的“社会主义”的“计划化”，也不是建立在生产资料社会主义公有制基础上的计划化，而是政府使生产资源实现有效配置的一种调节方式，被认为在私有制基础上同样可以实现。这反映了西方福利经济学家设想的“社会主义”经济模式只不过是一种政府调节经济的模式而已。

第二节　当前西方福利经济学中若干重要理论问题的讨论

上一节评论了西方福利经济学的产生及其在20世纪30—40年代内的基本发展状况。第二次世界大战结束后，西方福利经济学大体上仍循着30—40年代“新福利经济学”所探讨的课题方面发展。在60年代后期和70年代内，由于资本主义世界通货膨胀的加剧以及通货膨胀与失业并发症的爆发，再加上经济增长速度普遍减低、环境问题严重、社会动荡等原因，在西方福利经济学中出现了一些新的课题，它们成为持有不同观点的西方经济学家们争论的问题。了解这些争论，既有助于认识当前西方福利经济学的发展动向，也有助于弄清楚西方经济学当前所处的理论危机状态，因为福利经济学作为西方经济学的一个组成部分，它的动向与后者的理论危机是不可分的。

一、相对福利学说

相对福利学说是在新福利经济学的基础上发展起来的。它除了接受新福利经济学关于个人所得到的效用不可以比较，福利取决于每个人对福利的主观评价，以及最大社会福利并不一定需要实现收入均等分配等基本命题而外，更加突出了福利的主观性质和相对性质，并且强调最大社会福利是一个既无实际意义，又无实现可能性的幻觉。相对福利学说的这一特色，反映了20世纪60年代后期以来西方经济学界一部分人在资本主义社会经济新形势下，对西方传统福利经济学说无法解释现实问题而表露出来的一种不满。

相对福利学说的主要代表人物是R. 伊斯特林、E. 米香。[①]20世纪40年代后期西方经济学中相对收入学说的产生，50年代和60年代的西方经济学家、社会学家和心理学家关于福利含义的讨论，对相对福利学说的发展都有重要的影响。

相对收入学说是J. 杜生贝在其1949年出版的《收入、储蓄和消费者行为理论》一书中提出的。其要点是：每个人的消费支出不仅受到自身收入的影响，而且受到周围的人的消费行为及其收入和消费相互关系的影响，比如说，某人的邻居购买了某种商品，将使此人受到影响，促使他模仿或与之竞赛。因此在消费者行为中存在一种“示范”作用，每个人总是想追赶别人，不甘落后。根据这种相对收入学说，A. 罗斯在其主编的《人类行为和社会的作用》（1962）一书中，用“关系集团”这一概念来解释人们的消费行为，所谓“关系集团”，是指个人在心理上把自己

① 伊斯特林：《经济增长改善人类的命运吗？》，载保罗·戴维，黑尔文·雷德尔编：《经济增长中的国家和家庭》，1974年版，纽约。米香：《福利经济学》，载《国际社会科学百科全书》，第16卷，1968年版；《经济增长需要怀疑》，载《劳埃德银行评论》，1972年10月；《增长和反增长：问题何在？》，载威廉·米契尔编：《宏观经济学文选：当前政策问题》，1974年版，纽约。

与之联系起来的那一批人，他在实现消费行为时受到这个集团的“评价和规范”的影响。一个人属于什么样的“关系集团”，他的意愿和行为就与这个集团的其他人相似，彼此有着相近的偏好、习惯和生活方式。相对收入学说和“关系集团”概念对福利经济学的一个重要影响在于：一个人对自身的福利程度的看法，看来不取决于个人的绝对收入水平，而取决于相对收入水平，即与别人相比较的收入状况，而且在与别人相比较时，不是同全国收入平均水平相比较，而是同自己心理上与之联系的那一批人（“关系集团”）的收入水平相比较。相对福利学说正是从这一点出发进行分析的。

40年代以来关于福利含义的讨论是较多的，多数看法把“福利”与“快乐”看成一回事。例如1957年，李特尔在所著《福利经济学评述》第一章一开头就认为：“福利”指的是“幸福”的原因或影响“幸福”变化的因素，而“幸福”主要取决于“快乐”。这样，“福利”和“快乐”实际上是密切联系在一起的。1968年，米香在他为《国际社会科学百科全书》写的《福利经济学》条目中，把“福利”说成是“快乐”的同义语。[①]1972年，R.艾考斯在《基础经济学》中替“福利”做的解释是“福利”与“快乐”是一回事，经济的任务是致力于“福利”，亦即致力于“人类的快乐”。[②]但对“快乐”又应当如何理解呢？坎屈里尔

① 米香：《福利经济学》，载《国际社会科学百科全书》，第16卷，1968年版。

② 艾考斯：《基础经济学》，1972年版，波士顿，第7页。

在其1965年出版的《人类关心的型式》中提出，财富或收入的多少不是“快乐”的标志，如果说有人因为有钱而“快乐”，那么同时却有一些人虽然钱较少，但“快乐”并不稍减。他举美国人和印度人对“快乐”的理解为例。他说，据他的调查，1965年，一个印度农民最希望的是有一个儿子、一块土地、一头母牛、在乡下有一座房子，如果满足了这些，就感到“快乐”了；一个印度工人最希望的是能买到一辆自行车或一个收音机，子女能受到教育，本人不生病，如果满足了这些，就感到“快乐”了。然而一个美国工人的想法则是：能买一辆新汽车，有一座好房子和较好的家具，有更多的假日，能去打猎和游玩，这样才感到“快乐”。可见“快乐”因人而异，没有统一的标准，也不能用收入水平的高低来衡量。[①]这些有关福利含义的讨论，也对相对福利学说的产生发展有着重要的影响。

简单地说，相对福利学说就是在新福利经济学的基础上，吸收了相对收入学说和有关“福利”或“快乐”的社会学、心理学的解释而发展起来的一种学说。根据伊斯特林和米香等人的论述，相对福利学说的要点可以归纳如下：

第一，“福利”和“快乐”应当被看成是同一回事，“快乐”的客观标准是不存在的，它并不取决于个人的收入多少，它是个人的心理感受，是主观的东西，没有尺度可以衡量。只有个

① 坎屈里尔：《人类关心的型式》，路特格斯大学出版社，1965年版，第184，205—206，222页。

人才能感受到自己是否快乐。由此可以说，“福利”和“快乐”一样，都是相对的，它只存在于与别人相比的自我感觉中。比如，一个人只有自己才能回答“我感到我比较幸福”或“我感到我不如别人幸福”，等等。

第二，既然福利是相对的，因此随着个人的收入增长，自己并不一定会感到比过去快乐：他可能感到快乐些，也可能感到更不快乐，关键在于别人（或周围的人）的收入是否也有所增长。如果大家的收入水平都提高了，那么个人并不感到自己的幸福增大了。米香曾这样写道：“一个人宁肯自己收入减少5%，而别人减少10%，却不愿大家的收入都提高25%。”①

第三，既然福利是相对的，福利与个人收入水平之间并无直接的关系，那么由此而得出的政策含义之一是，旨在普遍提高国民收入水平的政策措施并不能增加国民的福利；由此得出的政策含义之二是：旨在缩小国民之间收入差距的政策措施也不能增加国民的福利，因为除非全体居民的生活水平完全一样（这当然是不可能的），否则总有人感到不满足，特别是由于收入差距缩小了，对差距的“敏感性”反而增大了。人们对差距越是“敏感”，就越是感到不快乐。伊斯特林写道：“如果相对地位不变，收入差异减少一半，那么快乐程度会大一些吗？至少表面上讲得过去的是，对收入差异的敏感性可能提高了，因此，收入较

① 米香：《增长和反增长：问题何在？》，载威廉·米契尔编：《宏观经济学文选：当前政策问题》，1974年版，纽约，第496页。

低的人在收入相距为50%的新环境中可能同他们在过去收入相距为100%的环境中一样地感到苦恼。如果是这样的话，那么主观的福利可能无变化。”①

第四，即使个人收入增长，个人的欲望也会随之增大。一个欲望刚被满足，另一个新的欲望又出现了，任何已被满足的欲望都创造着新的、未被满足的欲望。后者将带来新的烦恼。所以个人收入增长也不会给自己带来快乐。由此得出的另一个政策含义是：欲望无止境，福利满足不了，不必为未来的福利政策目标和规划去操心，下一代人有他们自己的评价标准，谁知道他们那时会有什么想法，何必去为他们设计“富裕社会”的蓝图呢？

以上就是西方经济学中相对福利学说的基本内容。这种学说具有片面强调福利的主观随意性的倾向，实际上否认力图增进社会福利的任何措施，带有极端自由主义，甚至虚无主义色彩。

在具体论证过程中，相对福利学说实际上假定人人都是有极大嫉妒心的利己分子，“宁肯自己收入减少5%，而别人减少10%，却不愿大家的收入都提高25%”。其实，这种情形即使存在，也只是个别的。相对福利学说把这种个别场合的事例当成一种规律性现象，显然是不科学的。

但相对收入学说也在一定意义上反映了消费领域内某些实际情况，例如人们的消费行为可能受到周围生活环境的影响，受

① 伊斯特林：《经济增长改善人类的命运吗？》，载《经济增长中的国家和家庭》，第119页。

到街坊邻居、亲戚朋友和同事的影响。生活方式的模仿和消费支出的“竞赛”的确是存在的。可是，不能任意夸大这一点。模仿和“竞赛”不是凭空出现的，它们都以一定的绝对收入水平为基础。同时，它们还需要受到多方面的因素的制约（社会地位、制度、文化传统、购买方式等）。如果不考虑这些，单纯从心理因素去着手分析，就是片面的。相对福利学说在以相对收入作为判断“福利”（或“快乐”）的依据时，正是抓住了人们的某些心理活动的特征和表现，夸大它们，以至于得出上述结论。这种情况正如近年来梅尔顿、古尔等人把相对收入学说用于政治学领域，得出所谓“相对不满情绪导致革命”的结论一样（这就是说：人们为什么起来革命？原因在于一些人虽然生活已比过去改善，但他们感到自己仍然落后于另一些人，或认为别人改善得更多、更快。这种不满情绪使他们倾向于革命）。[①]总之，相对收入学说夸大相对收入水平的作用，并用它来解释社会、政治、经济问题（如“福利”“革命”等），这种论证方式是不科学的。

二、国民经济福利的尺度

在西方经济学文献中，传统的看法是以一国国民生产总值

① 梅尔顿：《社会理论和社会结构》，1968年版，纽约。古尔：《人们为什么造反？》，普林斯顿大学出版社，1970年版。

（GNP）作为衡量福利的一个标志。但不少西方经济学家现在已经认识到国民生产总值这种尺度本身具有局限性和缺陷。例如，国民生产总值被认为不能全面地反映“福利”或生活水平；不能反映产品的类别；不能反映产品的质量和质量的改进；不能反映产品的占有和分配情况；不能反映收入的分配情况；等等。因此，在他们看来，如果不在国民经济度量体系上有所改进，政策上就可能走向谬误。①

萨缪尔森在20世纪70年代初曾提出一个用以替代国民生产总值的度量概念，它被称为NEW，即“纯经济福利”（Net Economic Welfare）。

由于GNP被认为未能准确地反映国民经济福利，所以在萨缪尔森看来，需要做到以下两点：

第一，从传统的核算中减掉那些妨碍国民福利使用或造成损失的费用（或折合的价值）。例如环境污染引起的损失，城市生活中的麻烦（如交通拥挤、噪声、来往奔波，等等）。②

第二，把传统的核算中被排除在外的一些项目加进去，例如家庭主妇的劳务、增加了的闲暇的价值，等等。

按这种方式计算的NEW显然与GNP是不同的，但萨缪尔森认为这将是走向衡量社会成员的生活质量的一个初步步骤。

萨缪尔森承认，NEW和GNP的增长之间存在着矛盾，这种矛

① 霍根多恩：《管理现代经济》，第三章，第十四章，1972年版。

② 萨缪尔森：《从GNP到NEW》，载《新闻周刊》，1973年4月9日。

盾实际上就是生活质量与经济增长之间的矛盾，如果要NEW增长快一些，那么GNP的增长就可能要放慢一些。

1976年，日本经济学家都留重人在《走向新政治经济学》一书第五章《代替GNP》中，对这一问题作了阐述。他指出，如果把“生产”看成是“社会财富”的追加，把“消费”看成是它的减少，由于“收入”基本上与“社会财富”存量成比例，所以“消费”对“收入”有负的作用，“生产”对“收入”有正的作用。都留重人认为，可以利用社会财富增减的概念来代替GNP。[①]

都留重人指出，以国民生产总值和国民收入作为衡量福利的尺度，与以“社会财富”作为衡量福利的尺度，所得出的结果是很不相同的。如果按国民生产总值和国民收入来衡量，由于它们增长较快，所以显得福利增加很多，但如果用“社会财富”来衡量，那么福利的增加远不是那么快。

有关国民福利衡量尺度的讨论至今尚未结束。看来，要想使讨论在短期内取得一致的意见，并找出切实可行的计算福利的方法是困难的。这场讨论不仅暴露了经济增长所产生的社会经济问题，以及社会各阶层由此产生的对单纯追求增长率的不满情绪，而且也反映了衡量福利的困难，反映了传统的西方国民核算理论和方法的缺陷与不足。

必须指出，由于福利在资本主义社会中不是全民性的，因此

① 都留重人：《走向新政治经济学》，1976年版，第89—90页。

西方经济学家关于代替GNP的设想以及他们提出的某些具体的估算方法，即使在统计方面切实可行，也仍然无法反映资本主义社会的国民经济福利的实际状况。

三、“平等”和“效率”的交替问题

从庇古开始，西方福利经济学一直把收入再分配和资源有效配置作为重要课题来研究。“收入均等化”是否是实现福利的必要条件，这一点在新旧福利经济学之间是有所争议的；资源有效配置（或保证生产和交换的最优条件）作为促进福利的手段，则是新旧福利经济学一致认为无须怀疑的。

“收入均等化”意味着“平等”，资源有效配置意味着“效率”。福利经济学既要探讨“平等”问题，又要解决“效率”问题。“平等”和“效率”二者同时成为福利经济学的政策目标。

但近年来，一些西方经济学家感到“平等”和“效率”这两个政策目标是互相抵触的，二者之间存在着此长彼消的交替关系。据说，如果要做到“平等”（即收入均等化），那就要牺牲“效率”（即资源有效配置）；反之，如果要提高“效率”，那就必然要扩大收入差距，难以实现“平等”。

“平等”和“效率”的交替被认为是很难解决的。这个问题之所以被认为难以解决，据说是因为在资本主义社会中，收入分配的基本依据是市场对个人贡献的评价和付酬制度。经济效率高，收入就多，经济效率低，收入就少，因此“效率”和“平等”不可能兼而有之，而只可能有所侧重，即为了强调“收入均等化”，就宁肯牺牲效率，或者为了强调效率，就宁肯让收入差距扩大。

“平等”和“效率”的先后次序问题涉及西方经济学说中更为深刻和重要的一个问题，即价值判断问题。新自由主义和货币主义经济学家在谈到“福利”时，认为“福利”首先与“自由”相联系，如果“平等”的获得以“自由”作为代价，那么这种“平等”是不可取的。他们还认为“平等”只能通过市场竞争机制来实现，而不能依靠政治组织的措施来实现。例如，F.哈耶克说道：“由特殊干预行动对自发过程中造成的分配状况的‘纠正’，就一个原则同等地适用于每一个人而言从来不可能是公正的。”[①]按照新自由主义和货币主义经济学家的意见，应当把市场竞争放在首位，侧重经济效率的提高，而不应当采取人为的“收入均等化”措施，强求“平等”，给社会带来更大的损失。制度主义经济学家的观点恰好相反。他们认为，如果听任市场竞争机制充分发挥作用而不采取人为的干预措施，那么不仅收入不可能公平地分配，甚至资源也不可能有效地配置。他们的主张是“使平等优先”。[②]他们强调把“收入均等化”放在首位，缩小市场的调节作用。

① 哈耶克：《法律、立法和自由》，第2卷，《社会正义的幻景》，1976年版，芝加哥，第142页。

② 约翰·劳尔斯：《正义论》，哈佛大学出版社，1971年版，第62页。

第三种意见即折中的意见是这样的：既不是“效率”优先，也不是“平等”优先，而是试图找到一条既能维护市场机制又能消除收入差别扩大的途径，即设法使“平等”和“效率”二者都增加的途径。A.奥肯就是持有这种观点的主要代表者。

奥肯在其1975年出版的《平等和效率：巨大的交替》一书中，这样分析道：

如果“平等”和“效率”都得到重视，那么在二者发生冲突的地方，应当达成妥协。在这种场合，某种“平等”将以牺牲“效率”作为代价，而某些“效率”将以牺牲“平等”作为代价。但其中任何一项的牺牲，必须被判断为可以得到更多的另一项的必要手段。[①]

这就是说，在奥肯看来，市场竞争机制在某些情况下需要加一些限制，但不能限制过分；“收入均等化”措施需要保留一些，但也不能过度。这是因为：为了实行“平等”需要政府进行干预，但政府的干预将侵犯个人自由，产生官僚主义，所以有必要同时发挥市场的调节作用，它能限制官僚制度的权力，有助于维护个人自由，并能刺激工作者去努力工作，提供更多的产品，鼓励创新。反之，如果不对市场机制的过度膨胀加以适当限制，货币将成为专横跋扈的力量，低收入者得不到保障。[②]

奥肯认为，一个社会如果不采取在“平等”和“效率”之

① 阿瑟·奥肯：《平等和效率：巨大的交替》，1975年版，华盛顿，第89页。

② 同上，第119页。

间妥协的做法，而是真正要实现收入的“平等”，那将是一种空想，这是因为收入“平等”概念本身是不明确的。他指出，由于各个家庭的需要不同，所以要达到同等程度的福利水平，需要的是不同的家庭收入水平；反之，如果真正实现了收入的“平等”，那么各个家庭所得到福利将会不一样。他举了一个简单的例子，这就是城市居民和乡村居民因需要的差别而在得到同等福利方面所要求的收入水平的差别，也就是说，不能简单地利用城乡居民在收入方面的“不平等”来说明他们在福利方面的“不平等”。除此以外，奥肯还认为人们的福利并不一定来自收入，而可能有收入以外的来源，这样，即使致力于实现收入方面的“平等”，也不可能使人们的福利相等。

在分析了以上这些问题之后，奥肯进一步指出，强调把“效率”放在优先地位的经济学家们所鼓吹的“机会平等”，它的含义比收入的“平等”更加难以捉摸，而且在这方面很难加以度量。比如说，各个人的天赋能力是不一样的，各个人的家庭背景也是不同的，只要承认人与人之间有这些差异，那就很难说机会是完全平等的。又比如说，一个穷人和一个富人都需要向别人借钱来买房产，富人很容易借到钱，穷人不容易借到钱，或者，穷人即使能借到钱，但要按较高的利息率付利息。既然实际生活中存在这种情况，那就很难说机会是平等的。

奥肯由此认为，社会只能在“平等”与“效率”之间采取某种妥协的做法，而不可能直接实现完全的“机会平等”。

奥肯还认为，社会主义制度并不是理想地使“平等”和“效率”协调的制度。他说道，集中计划的社会主义国家在“效率”上遇到两个障碍，一是生产无效率是不可避免的。工厂根据上级指示生产，实际总产值并不下降，但很可能品种不齐全。例如，一个铁钉厂，如果上级按钉子数目来衡量它的成果，它可能拼命生产小号钉子，如果上级按钉子总重量来衡量，它可能转而生产大号钉子。二是生产不是根据消费者的偏好，而是根据计划者的偏好安排的，因此产品不符合消费者的意愿。①

奥肯把上述这些缺乏“效率”的情况称为“官僚制度的代价”。他还认为，在这样的场合，不仅缺乏“效率”，而且也不可能实现“平等”，因为在他看来，收入的平等以职业的机会平等为条件。如果劳工市场缺乏平等的就业机会，存在着某种排他性，那么收入就不可能是平等的。奥肯把“不平等的机会”“不平等的收入”“无效率”三者联系在一起，他认为，如果机会平等原则被破坏，人们就得不到赚取同等收入的机会，个人的才能和积极性不能发挥，于是“无效率”也就以复利的形式成倍地增长。只有较大的机会平等才能产生较大的收入平等。②

因此，奥肯同其他一些主张兼顾“平等”和“效率”的西方经济学家一起赞成“混合经济”结构。所谓“混合经济”结构，是指既保存私人财产权和个人自由，使之不受国家权力的侵犯，又存在国家对收入再分配的调节（如累进所得税制和低收入补

① 阿瑟·奥肯：《平等和效率：巨大的交替》，1975年版，华盛顿，第56—57页。

② 同上，第89页。

助），以促进较大程度的“平等”。

在“平等”和“效率”交替问题上，有些西方经济学家还提出要改变以往的收入再分配的具体做法。他们认为，“工作积极性”和“闲暇”之间也存在着一种交替关系。如果累进的个人所得税率太重，人们宁肯闲着，也不愿增加工作量，从而减少“效率”；如果遗产税太重，人们不仅宁肯闲着，不愿多干活，从而减少“效率”，甚至宁愿大肆消费，不愿储蓄，从而不利于经济增长。因此，要使“平等”和“效率”协调，就需要运用专门的税收政策。例如，征收特种消费税主要会影响不同产品和劳务的替代，而不至于影响“效率”；而增加土地税，则可以提高建筑用地的利用率，促进建筑业发展（刺激人们折旧房，朝高层和地下发展），以及提高农业土地的利用率，促进农业发展（刺激人们提高单位面积产量）。[①]再以对穷人的补助来说，如果为了促进“平等”，由政府补助差额，把低收入者的收入一律提高到某种标准线，以维持一定的生活水平，那么这被认为是对“闲着少干活”“干和不干一个样”的一种鼓励，会引起“效率”损失；而由政府提高法定最低工资率的做法，则被看作是更大的效率损失，因为这样会促使企业大量解雇或拒绝使用最低工资工人。但据说，如果改变以往的补助办法，实行所谓“负所得税”（即政府定“收入保障数额”，然后根据个人实际收入给以适当的补助金。为了不把低收入者的收入一律拉平，补助金将根据个人实

① 海曼：《政府活动经济学》，1973年版，纽约，第270—271页。

际收入的多少按比例发给），或实行所谓的有限的“工资津贴”（即政府规定每小时的工资津贴额，然后根据每个获得最低工资的工人的实际工时发放，使多干活人多得到补助），那就可以既有利于缩小收入差距，又不影响工人的效率，也不会挫伤企业投资和扩大生产的积极性。例如奥肯建议，假定最低工资率是每小时2元，平均工资率是每小时4元，全国平均每户收入为14,000元，这样，政府发放的“工资津贴”可以定为最低工资与平均工资之差的50%，即每小时1元，而让成年工人得到每小时3元收入，全年收入接近6000元，略低于全国平均家庭收入的一半。[①]

经济收入的完全相等（平等）从来只是乌托邦主义者的梦想，在任何社会都不可能实现，在资本主义社会就更是天方夜谭。把乌托邦式的梦想作为社会目标本身就是不科学的，因此，西方经济学家除非放弃这一目标，否则，将永远无法走出“平等”与“效率”相交替的困境，最多只能作一些滑稽的折中和妥协，把对二者的选择完全归入规范（价值判断）问题而自慰。

事实上，对资本主义社会来说，首先需要的不是经济收入的均等，而是创造收入的机会的均等，即公平。任何社会所需要的都是在公平的基础上形成公众基本认可的比较合理的收入结构。公平与“平等”和“效率”都是一致的，抛开公平，就既谈不上“平等”也谈不上“效率”。在福利经济学中，公平应该说是真

① 阿瑟·奥肯：《平等和效率：巨大的交替》，1975年版，华盛顿，第113—114页。

正的难点，也是真正触及资本主义现实问题深处之点。西方经济学家在研究国民福利时虽然也谈到了公平问题，但从未明确地把它作为关键所在，重点研究。因而，他们的福利经济学难免有缘木求鱼之嫌。

西方经济学家在“平等”和“效率”问题上对社会主义经济的指责是没有根据的。在现实生活里，社会主义经济中确实存在一系列复杂的问题（如一方面是因体制不完善而导致机会不太均等，进而形成不合理的收入差距；另一方面局部收入分配的平均主义导致效率不高及宏观上的攀比等），但这些问题都不是社会主义制度的必然结果。通过政治经济体制的不断改革和完善，社会主义国家是完全有可能实现公平基础上的“效率”和“平等”的。

四、宏观福利经济学说

收入再分配和资源有效配置是西方福利经济学所要探讨的中心问题，因为在西方福利经济学看来，要实现福利的最大化，或者要使“收入均等化”，或者要做到资源的最优配置，或者使二者协调起来。在西方经济学中，收入再分配和资源有效配置都属于微观经济学领域内的课题。所以福利经济学说通常被认为是微观经济学的一个部分。

早在20世纪40年代，勒纳就提出了这样的建议，即为了符合社会的利益，政府应当承担起维持充分就业和防止通货膨胀的责任；政府拥有的六种主要手段是：征税、政府支出、政府借债、政府贷款、政府购买、政府销售；只要政府运用这些手段，那就可以达到维持充分就业和防止通货膨胀的目的了。勒纳作为一个福利经济学家，他的学说的特点在于他从福利经济学角度对政府调节作了分析。

勒纳指出，政府应当力求使政府支出和私人支出的边际社会利益相等。在这里，边际社会利益是指增加一定量的产品使社会所得到的利益，也就是使社会上一切成员所得到的净利益。在勒纳看来，政府进行调节时应当考虑全部支出（包括政府支出和私人支出）的结构，应当尽可能使得任何一美元支出都能给社会带来相等的利益，这样就可以使得资源得到充分的利用。但勒纳还指出，要把直接边际社会利益同间接边际社会利益区分开来，不仅仅考虑直接边际社会利益，也要考虑间接边际社会利益。比如说，为了减少失业人数，政府有必要增加一笔公共工程的支出，但这笔公共工程的支出的直接边际社会利益可能很低，甚至可能是一个负数，但如果这笔公共工程支出能够使其他地区和部门增加收入和就业，那么这就是它的间接边际社会利益。所以在计算支出的边际社会利益时，要计算总边际社会利益，即直接边际社会利益与间接边际社会利益之和。

根据勒纳的看法，不仅政府用于各种不同目的的支出的边际社会利益应当相等，而且各种不同的赋税的边际社会成本也应当相等。他所说的边际社会成本是指社会边际机会成本而言，而社会边际机会成本就是：社会把追加的生产要素用于生产某种产品而不能用于生产其他产品所受到的损失。政府使各种不同的赋税的边际社会成本相等，可以使纳税人受到的损失减少到最低限度。

这样，勒纳就得出了关于政府调节（包括政府支出和税收）的福利经济原则，这就是：如果总支出不足，那么一切形式的赋税都必须减少，一切形式的支出都必须增加，直到各种边际机会成本（在赋税的情形下是各种边际社会成本）已经减少并在充分就业下彼此相等为止。要是为了防止通货膨胀而必须限制需求的话，则一切支出都应当缩减，一切赋税都应当增加，直到各种边际社会利益和各种边际社会成本又在一个更高的水平上彼此相等为止。勒纳认为只有这样才能在政府调节中符合资源充分利用的目的，才能保证经济既达到充分就业又防止通货膨胀。

近年来，由于通货膨胀和失业的并发对资本主义的国民经济生活产生了全面的影响，有些西方经济学家感到，福利经济学问题不能仅仅从微观经济学角度来考察了，必须也从宏观经济学角度来分析。通货膨胀和就业水平，是宏观经济学领域内的课题。把福利的最大化与这些宏观经济学问题结合在一起考察，成为当前西方经济学界又一个新的福利研究课题。

这方面的最重要的研究项目之一就是通货膨胀和失业的“最优交替”下的福利最大化问题。

关于福利最大化的问题，西方经济学家认为不能仅仅考虑收入再分配和资源有效配置这两个政策目标，而要放在多种政策目标的格局中重新考虑。当前资本主义国家政策的制定离不开对通货膨胀和失业问题的处置。如果说通货膨胀无法根除，那就应当适应它；如果说失业现象始终会存在，那就应当调节它。于是就存在“可以被社会接受的通货膨胀率”或“可以被社会接受的失业率”问题。而在认为通货膨胀和失业之间存在着长期交替关系的一部分西方经济学家看来，既然存在长期交替关系，那就产生通货膨胀和失业的最优交替点的确定问题。

什么是最优交替？对这个问题的论证涉及“收益”和“成本”的比较。“收益”是指降低通货膨胀率或失业率可能带来的好处；“成本”是指通货膨胀率或失业率上升可能造成的损失。因此，据说“最优交替”应当放在这样一种位置上，一离开它，“成本”的增加就会大于“收益”的增加。基于这种考虑，政策的制定就应当放在使通货膨胀和失业二者都保持在“可以被社会接受的”准则上。

对于这一问题，西方宏观福利学说的代表者之一J.托宾在所著《通货膨胀与失业》中这样写道：“无论是宏观经济政策的制定者还是当选的官员和他们对之负责的选民，都不能回避衡量失业的代价与通货膨胀的代价的轻重。正如费尔伯斯指出的，这一社会选择有一个一定的时间性的含义。非自愿失业的代价是最明显和直接的。通货膨胀的社会代价来得较晚。”[①]托宾显然持有把失业“成本”看成比通货膨胀“成本”更高的观点。

从这一立场出发，托宾认为，不能渲染通货膨胀对收入再分

---

① 托宾：《通货膨胀与失业》，载《美国经济评论》，1972年3月。

配的不利影响，比如把通货膨胀说成是“最无情的税”，或把通货膨胀说成是将导致资源配置不当，等等。他认为，即使不是通货膨胀，而是通货收缩，那么只要这种通货收缩是未被人们预计到的，也会产生类似的对收入分配和资源配置的不利后果。[①]

从福利经济学的角度来看，失业当然会使一部分人的福利状况较显著地恶化，使这些人与社会其他成员的收入差距扩大了，而通货膨胀则对较多数的社会成员的实际收入发生影响，其中大多数人的实际收入会下降，但收入差距并不会显著地扩大。从这个意义上说，社会还是可以同通货膨胀共处的；而要社会同失业共处，则比较困难。于是在最优交替的选择中，在考虑“成本”时，失业的“成本”（即失业可能带来的损失）应当放在更重要的位置上。但这仅仅就“温和的通货膨胀”而言。[②]如果“温和的通货膨胀”一变而为急剧的、恶性的通货膨胀，那么它对社会全体成员将带来可怕的后果，不仅是社会福利状况会大大恶化，而且由于它将使整个经济瘫痪（如20世纪20年代德国那样），使失业猛增，它将变得比部分人的失业更加难以忍受，这样，在考虑“成本”时，通货膨胀的“成本”（即它可能带来的损失）就必须放在更突出的位置上了。

联系到通货膨胀与失业的最优交替问题，在何种情况下可以使通货膨胀和失业对收入分配和资源配置的不利后果减少到最低

① 托宾：《通货膨胀与失业》，载《美国经济评论》，1972年3月。

② 夏皮罗：《宏观经济分析》，1974年版，纽约，第434页。

限度，或使社会福利达到最大化，这是当前西方经济学界尚无定论，但引起经济学家和政府经济政策制定者们广泛注意的问题。托宾曾经断言，在J. 凯恩斯出版《就业、利息和货币通论》之后35年的70年代，宏观福利经济学仍然是一个中肯的和富有挑战性的课题，并肯定它有很大发展前途。[①]在70年代其他若干重要的西方经济学著作中，在涉及通货膨胀和失业问题时，也都把通货膨胀和失业交替的收入分配效应和资源配置效应视为一个突出的研究方面。我们应当注意西方经济学界的这一动向。

必须指出，所谓通货膨胀与失业最优交替条件下的福利最大化，在理论上是错误的。通货膨胀与失业是资本主义制度的产物，资本主义基本矛盾是通货膨胀和失业的根源。通货膨胀和失业二者之间并不存在此长彼消的因果关系。而且，无论是通货膨胀还是失业，都只可能既造成国内资源配置的失调和资源的浪费，又使得低收入者、失业者、靠固定福利补助费为生者的实际收入下降，使贫富差距扩大。即使“可以被接受的”失业率和通货膨胀率，也避免不了这种结果。

70年代，某些西方经济学家根据政府政策着重点的变换，提出了“政治周期”的理论。这是当前西方宏观福利经济学说的又一新的动向。

“政治周期”的含义是：资本主义国家经济的波动和政府经济政策的重点，随几年一度的大选而变化。这就是说，在临近大

① 托宾：《通货膨胀与失业》，载《美国经济评论》，1972年3月。

选时，政府为了取得选民的支持和“信任”，往往采取措施扩大政府开支以减少失业和“救济”贫民，使经济中呈现繁荣景象，而一旦选举结束，新总统上台后，为了弥补财政中的窟窿，防止通货膨胀率过高从而影响社会经济，往往压缩福利支出，再等到下一届大选临近时，又重新增加福利。

根据“政治周期”的演变，通货膨胀和失业的交替或“收入均等化”和经济效率的交替都将依照下述情况进行：

在临近大选时，政府强调“收入均等化”，强调应付失业问题，强调实现福利目标；

在大选结束，新政府上台后，就强调经济效率，强调抑制通货膨胀，强调经济增长。

西方经济学家认为这是多年来资本主义国家经济变动所表明的实际情况。但有关“政治周期”的研究，尽管它反映了资本主义国家实际政治和经济生活中的某些现象，在理论上却是错误的，因为它掩盖了资本主义国家的政府的本质，而把资本主义国家用以维护统治的福利措施看成是政治家为了个人捞取选票的手段，至于政府本身却似乎是不偏不倚的。我们知道，政治家的个人行动和诺言固然有一定作用，但这必须放在资本主义社会阶级关系中去考虑，而不能予以夸大和绝对化。

第三节　西方经济学中的福利国家理论

“福利国家”理论与福利经济学之间有一定的联系，但二者并不是一回事。“福利国家”理论的出现要比福利经济学的出现早一些。它所涉及的范围也比福利经济学广泛一些。福利经济学中关于福利标准和福利政策的论述，为“福利国家”理论提供了一部分依据。

下面分三部分来对“福利国家”理论进行剖析。

一、“福利国家”理论的出现

早在19世纪末期，德国新历史学派就宣传过“福利国家”理论。其主要代表人物G.施穆勒认为国家是人们在道义上的结合，国家可以通过办理社会保险和铁路国有化等方式来协调劳资之间的矛盾；其另一主要代表人物L.布伦坦诺，主张主要通过劳资谈判来改善工人生活状况，增加福利。他们都把当时的德国视为“福利国家”。同一时期，英国的费边派也倡导“福利国家”理论。它主张用温和渐进的改良办法，通过选举和代议制，利用现存的资产阶级国家结构，调节经济，主持收入再分配，并逐步把土地和资本转归社会所有，以实现“社会主义”。20世纪初年，英国工党建立时就在理论上接受了费边派“福利国家”理论的许多观点，把实现“福利国家”作为自己的纲领。20世纪30年代，资本主义世界发生了空前严重的经济危机，失业人数剧增。为了缓和阶级斗争，西方经济学家纷纷提出由国家举办社会救济、社会保险和公共工程等方案。美国罗斯福“新政”时期采取的某些反危机措施（如国家举办公共工程，实行社会保险等），就是这种思想的体现。

凯恩斯在1936年出版的《就业、利息和货币通论》一书，本身虽然不是一部宣传“福利国家”理论的著作，但由于其中强调国家通过财政和货币政策来扩大需求，刺激投资，减少失业，并且提出了收入再分配和消灭食利者的“社会哲学”，因此凯恩斯经济学成了现代“福利国家”（以“充分就业”为标榜的资本主义国家）理论的重要依据。

第二次世界大战结束时，英、美等国都通过了维持就业的法案，规定政府有维持就业的责任，同时在西欧一些国家进行了国有化的措施，国家在经济中的作用大大加强了。于是“福利国家”理论比以往任何时候更为流行。“福利国家”的宣传者从不同的角度出发，不仅主张现代资本主义国家应当以“福利国家”作为目标，并声称世界上一切国家必将殊途同归，最终都要成为“福利国家”。

二、“福利国家”理论的中心思想

“福利国家”理论在其产生以来的八九十年内，虽然有过不同的表述方式，但中心思想基本上没有变化。归纳起来，有以下三点：①资本主义国家应当成为“福利国家”，②强大的国家财政手段（政府预算）是实现“福利国家”的保证，③“福利国家”能给全体国民带来福利。

“福利国家”理论在谈到资本主义国家应当以“福利国家”作为目标时，并不讳言资本主义社会中存在经济危机、失业、贫困等现象，但认为这些现象在现存政治结构之内是可以消除的，其方法就是实行“福利政策”或“社会政策”，包括充分就业、“收入均等化”和社会福利设施等。按照这种观点，一个国家只要致力于经济增长，使平均每人的国民收入数量达到一定水平，并使国民有社会保障和失业救济等福利待遇，就可以称作“福利国家”。

为什么它们能实现这一目标呢？“福利国家”理论认为，第二次世界大战结束后，发达的资本主义国家的政府预算在国民生产总值中所占的比重越来越大，国家拥有这一强大的财政手段就可以大办社会福利事业，给低收入阶层以补助，促使社会各阶层收入差距缩小。“福利国家”理论的宣传者往往同时也是“混合经济”的宣传者。在这里，“混合经济”中的“公有经济”并不一定指国有化而言。他们认为，“公有经济”主要指国家对经济的调节作用的加强，指政府预算在国民生产总值中所占比重的增大。

“福利国家”理论还认为，“福利国家”是为全民利益服务的国家，它能给全体国民带来福利，最终消灭贫困现象，这样，“普遍富裕”和“公平分配”这些“理想”就可以通过渐进的、改良的方式实现了。

三、关于“福利国家”成因与后果的观点

资产阶级统治者从长远利益出发在阶级冲突的推动下实行的福利措施，导致并促进了“福利国家”理论的形成和发展，而这种理论的发展又引发了“福利国家”的进一步发展。例如，到20世纪70年代后期，除英国以外的欧洲共同体国家，其社会支出超过了公共总支出的50%，即便许多国家政府想扭转形势，仍有增无减，荷兰、丹麦、瑞典和西德等国1981年的社会支出居然超过各自GDP的1/3。这就激发了越来越多的西方学者对“福利国家”，特别是其成因和后果的分析。

关于西方“福利国家”的成因，西方学者众说纷纭，归纳起来大致有三种，即集体选择理论、现代化理论和“马克思主义理论”。

集体选择理论的解释，以R.米沙拉1984年出版的《危机中的福利国家》一书为代表。米沙拉在书中认为，政治上争取选票的竞争，由税收特征微弱而引起的选民行为缺乏成本约束，院外利

益集团，特别是工会和专业团体的利益压力，以及政府中官员的预算最大化倾向，再加上凯恩斯主义经济理论的作用，对福利计划及其支出产生了向上的“棘轮”效应，这是福利支出异乎寻常地增长的原因。

与此相反，用现代化理论解释福利国家成因者则认为，福利国家是现代化的结构要求的反映。他们提出，现代经济的发展强化了劳动分工，削弱了以前由家庭和社团执行的“保障功能”，从而产生了新的社会问题和要求，扩大了国家的责任。其中，有的学者强调福利国家是使劳动力和其他社会制度适应现代化经济发展要求的结果，有的学者则认为福利国家主要是现代经济发展过程中社会整合新模式的反映。

福利国家成因的“马克思主义理论”则把福利国家与资本主义生产方式的结构和发展联系起来，认为它是各种资本主义利益冲突的结果，是国家力图通过修正市场过程而平抑劳工运动的一种形式。

可以看出，当代西方学者解释福利国家成因的三种理论都只是从一定角度做了部分解释，同时在具体解释中也是众说纷纭，所以，西方学者认为，这一问题还有待进一步研究。

关于福利国家的后果，亦即其对资本主义经济的影响，当代西方学者中大致有相容论与不相容论两种。

相容论包括凯恩斯主义者、现代化理论家和激进的功能主义者。他们强调福利国家的经济和整合作用，认为在战后几十年的经济增长和政治稳定中，福利国家与资本主义已结成了一种广泛而协调的同盟。但是，1973年的经济危机削弱了这种论断的基础。

不相容论则来自左右两个政治派别的学者。右派认为当代福利活动已给政府造成“缺陷”和“超负荷”，结果是通货膨胀、社会计划不能实现和个人责任心与独立性减退。福利国家的责任随公民的期望而扩张，会导致民主政治的不稳定。

左派认为，福利国家与资本主义的不相容性来自于资本主义福利国家的中心矛盾。因为，福利国家对于商品经济和非商品经济都是必要的，但商品经济要求保证市场机制的运行以实现经济增长，而非商品经济（集中调节）也要求解决它不能控制的经济制度所引起的问题。

20世纪70年代中期以来，不相容论已广泛流行，并在英语国家占据主导地位，成为撒切尔政府实行货币主义，里根政府遵从供应学派、实施降低政府福利开支和税收这种经济政策的基础。不过，这种理论同时还受到理论和经验上的批评。有经验调研表明，福利国家的消极作用虽已大大加强，但可以被它的积极效应抵销，同时，它也是政治稳定的积极源泉。在实践上，像挪威、瑞典等国的福利政策和充分就业政策也仍在强化。这表明，不相容论并不是普遍适用的理论，福利国家的后果需再作研究。

必须承认，最近二三十年来，发达的资本主义国家中，政府用于“社会福利”的支出确实有了较大的增长，失业津贴、困难户救济、养老金和社会保障制度、医疗补助等事实上都是存在的。那么我们究竟应当怎样看待近二三十年来发展起来的这些福利设施呢?

第一，发达资本主义国家中政府的福利设施，首先应当被看成是这些国家的劳动人民斗争得到的成果。这与历史上工作日长度的缩短是一样的。

第二，资本主义国家内劳动人民争取实行社会福利设施，改善生活条件和劳动条件的斗争，是一种经济斗争。经济斗争具有局限性。以福利设施的实行来说，即使工人可以在失业时得到某些津贴，在就业时可以得到某些社会保障，在年老退休后可以得到某些补助，但这些福利设施并未从根本上改变资本主义所有制的性质和劳资之间的关系。相反地，它们是在承认资本主义雇佣关系的前提下才存在的。

第三，近年来发达的资本主义国家内劳动人民争取改善生活条件和劳动条件的斗争取得了一定的结果，但同时必须了解到，社会福利设施的费用，归根到底仍是由劳动人民自己负担的。我们不能仅仅看到劳动人民作为某些福利设施的受惠者所得到的收入（如失业津贴、低收入补助等），而忽视他们作为福利设施费用的负担者为此遭受的损失。比如说，他们除了要为社会福利设施直接缴纳一部分费用（如社会保险税）外，更大的损失来自通货膨胀。资本主义国家的福利支出的激增，不可避免地使国家财政支出扩大。那么，政府怎样筹措经费呢?如果有了庞大的财政赤字，政府怎么弥补呢?一个最常见的办法就是政府举债。发达的资本主义国家为了弥补财政赤字而发行的公债，加剧了通货膨胀。这是因为，它们当前主要采取下述方式发行公债：

一种方式是：政府把公债券出售给中央银行或以公债券向中央银行贴现，抵押借款。中央银行自有资金是有限的。它往往把公债价款作为财政部存款收下，而给财政部开一支票户头。财政部可以利用这个户头动用“存款”。财政部开出的支票进入市场，市面上的货币流通量就增大了。

另一种方式是：在私营商业银行拥有“过度储蓄”（即超过法定储蓄金限额以上的多余资金）时，政府以公债券吸取这笔“过度储蓄”。在“过度储蓄”转化为公债之前，这只不过是停留于商业银行库房里的呆滞的货币。但它一旦转化为公债之后，这笔钱落入财政部手中，财政部把它用于购买商品、劳务或支付其他费用，它就进入市场，市面上货币流通量也就增大；而商业银行还可以用公债进行抵押，使之转为活期存款，并开支票动用它，这样又可能增加市面上的货币流通量。

通货膨胀不利于工资收入者，尤其不利于养老金和各种社会津贴的收入者。所以在考虑这一问题时，不能只看到劳动人民作为某些社会福利设施受惠者的一面，而忽视他们作为通货膨胀受害者的一面。

第四，资本主义国家财政收入建立在税收的基础上。即使公债券的发行可以筹集收入，但公债券的还本付息归根到底仍要以税收为基础。因此，在分析资本主义国家的福利支出问题时，还必须对它的税收制度加以考察，了解究竟谁是税金的主要负担者。

资本主义国家主要征收以下五种税，即个人所得税、公司所得税、社会保险税、消费税、财产税。在这五种税中，消费税（指对国内消费的商品和劳务征收的税）是由企业主缴纳的，但企业主并不实际负担这笔税，而是把它附加到商品或劳务价格上，由消费者负担。财产税（指对各种形式的财产征收的税）由财产（房屋、土地）所有者缴纳。除了自有房屋的人自己负担税金以外，如果土地被用作生产农矿产品，则税金可附加到产品价格上；如果房屋是企业建筑或供出租的，税金也可附加到产品价格或房租上。在后面这几种场合，消费者（包括住宅租户）实际负担财产税。

个人所得税（指对每个达到起征点的人的收入征收的税）由个人负担，其中大部分是向工资收入者征收的。而个人所得税是这五种税中最重要的一项。

公司所得税（指对公司企业的利润收入征收的税）究竟由谁负担，是由公司所有者负担，还是可以转嫁给消费者，西方经济学界尚无定论。[①]假定在某个工业部门中存在着少数可以控制产品销售和价格的最大的垄断组织，它们是能把预先估计到的公司

① 克尔齐扎尼亚克和麦斯格雷夫在合著的《公司所得税的转嫁》（1936年版）一书中，认为公司所得税转嫁给消费者了。克拉格、哈伯格、密兹科夫斯基在合写的《关于公司所得税归宿的经验证据》一文（载《政治经济学杂志》，1967年12月）中，认为公司所得税由资本所有者负担。海曼在《政府活动经济学》（1973年版，第228—229页）一书中，认为这个问题目前尚无定论。

所得税额预先附加到商品价格之上，由消费者负担的。

社会保险税（指国家用作社会保险基金的收入）由雇主和雇工分担。雇主承担的这笔税金，被列入成本，附加到产品价格上，由消费者负担。雇工承担的部分，在工资中扣除。

综上所述，工资收入者和消费者是资本主义国家的税金的主要负担者。

第五，战后发达的资本主义国家实行社会福利设施的过程，反映了这样一个带有规律性的现象：先是人民进行改善生活条件和劳动条件的斗争，斗争取得一定的成果，实行了某种社会福利设施或增加了某些福利支出。但随着福利支出的扩大和财政赤字的增加（当然，财政赤字的主要原因并非由于政府增加了福利支出，而是与刺激需求的措施有关），通货膨胀加剧了，经济恶化了，这样又使得人民群众再次为增加福利支出而斗争。这个过程持续未已。在这个过程中，靠政府福利支出生活的穷人（养老金、救济金领取者等）是“福利国家”实行中不可避免的通货膨胀的直接受害者。

总之，我们既要承认社会福利设施的实行和福利支出的增加是近年来发达的资本主义国家中实际存在的现象，承认这些福利设施使低收入阶层和失业者得到某些好处，同时又要指出福利支出的主要负担者仍是作为主要纳税者和消费者的劳动人民。不仅这样，我们既要看到劳动者作为福利设施的受惠者这一面，又要看到他们作为通货膨胀的受害者的另一面。前一个方面是有形的，因为“受惠”很容易被看到；后一个方面是无形的，因为物价上涨，人们的收入又不知不觉地减少了。只看到这一面而忽略另一面，是不对的。

（引自《当代西方经济学说》，北京大学出版社，1989年版。该书由罗志如、范家骧、厉以宁、胡代光四人完成，并由罗志如统稿。有关福利经济学一章，由厉以宁执笔写作。）

熊彼特的创新理论及其演变

西方经济学中的创新理论是由约瑟夫·熊彼特（Joseph. A. Schumpeter，1883—1950）最早提出的。熊彼特原籍奥地利，后移居美国，入美国籍，担任美国哈佛大学教授。他的主要著作有《经济发展理论》（1912）、《经济周期》（1939）、《资本主义、社会主义和民主》（1942）、《经济分析史》（1954）等。熊彼特在西方经济学界享有很高的声誉，他被认为在经济发展和经济周期理论领域内开辟了一个新的研究途径，创立了经济理论、经济史、经济统计三者相结合的研究方法。

熊彼特以他的创新理论作为经济学说的核心。他的经济学说在当代西方经济学中是自成体系的。熊彼特的创新理论不仅对于经济增长理论和经济发展理论，对于W.罗斯托的经济成长阶段论和J.加尔布雷思的新工业国理论有着重要的影响，而且他的追随者已把熊彼特的创新理论发展成为当代西方经济学的另外两个分支——以技术变革和技术推广为对象的技术创新经济学，以制度变革和制度形成为对象的制度创新经济学。其中，像E.曼斯菲尔德、M.卡曼、N.施瓦兹这样一些熊彼特的追随者，如今被一些西方经济学家称为新熊彼特学派，他们的创新模式被称为第二代创新模式，以区别于熊彼特本人的创新模式。

第一节　创新理论的要点

可以把熊彼特的创新理论的要点归纳为以下几点：

第一，什么是创新？按照熊彼特的定义，创新是指企业家对生产要素的新的结合，它包括以下五种情况：①引入一种新的产品或提供一种产品的新质量；②采用一种新的生产方法；③开辟一个新的市场；④获得一种原料或半成品的新的供给来源；⑤实行一种新的企业组织形式，例如建立一种垄断地位或打破一种垄断地位。[①]因此，在熊彼特的理论体系中，创新是一个经济概念，是指经济上引入某种“新”东西。它与技术上的新发明不是一回事。一种新发明，只有当它被应用于经济活动时，才成为创新。发明家也不一定是创新者；只有敢于冒风险，把新发明引入经济的企业家，才是创新者。

第二，在熊彼特看来，企业家之所以进行创新活动，是因

① 熊彼特：《经济发展理论》，哈佛大学出版社，1934年版，第66页。

为他看到了创新给他带来了盈利的机会。但创新者同时却为其他企业开辟了道路。一旦其他企业纷纷起来模仿，形成创新浪潮之后，这种盈利机会也就趋于消失。创新浪潮的出现，造成了对银行信用和对生产资料的扩大需求，引起经济高涨。而当创新已经扩展到较多企业，盈利机会趋于消失之后，对银行信用和对生产资料的需求便减少，于是经济就收缩。如果排除了其他各个影响经济活动的因素，那么资本主义经济活动实质上就是由“繁荣”和“衰退”两个阶段构成的周而复始的重复活动。创新使这两个阶段定期地调换位置。这就是熊彼特的所谓“纯模式”。

第三，“纯模式”只包括由于创新所引起的两阶段重复出现的周期。但熊彼特认为，资本主义经济周期实际上包括四个阶段：繁荣、衰退、萧条、复苏。四个阶段的周期是如何形成的呢？如何用创新理论加以解释呢？按照熊彼特的说法，这一切与所谓“第二次浪潮”直接有关。

熊彼特认为，在“第一次浪潮”中，创新引起了对生产资料的扩大需求；同时，由于银行要为创新提供资金，所以创新引起了信用扩张。但这种对生产资料的扩大需求促成了新工厂的建立和新设备的增产，从而也就增加了对消费品的需求。在物价普遍上涨的情况下，社会上出现了许多投资机会，出现了投机。这就是“第二次浪潮”。它是“第一次浪潮”的反应。然而，“第二次浪潮”与“第一次浪潮”的重要区别在于“第二次浪潮”中的许多投资机会与本部门的创新无关，这时信用的扩张也同创新无关，而只是为一般企业和投机提供资金。这样，“第二次浪潮”

不仅包含了“纯模式”中不存在的失误和过度投资行为，而且它不可能具有自行调整走向新的均衡的能力。这就是说，在“纯模式”中，创新引起经济自动地从衰退走向繁荣，又从繁荣走向衰退，而由于“第二次浪潮”的作用，经济中紧接着衰退而出现的却是一个病态的失衡的阶段。在这个阶段中，不仅投机活动趋于消失，而且还使经济处于萧条之中。萧条发生后，“第二次浪潮”的反应逐渐消除，经济转向复苏，所以复苏阶段是作为从病态中恢复过来的必要阶段而存在的。要使复苏进入繁荣，则必须再次出现创新浪潮。这就是熊彼特用创新理论对资本主义经济周期四个阶段循环的说明。

第四，按照熊彼特的说法，无论是两阶段的周期（“纯模式”）还是四阶段的周期（“第二次浪潮”的作用），关键都在于创新活动。但经济领域是广泛的，生产部门是有差别的，因此并不会存在单一的创新，事实上存在着多种创新。熊彼特认为：有的创新影响大，有的影响小；有的需要相当长的时间才能实现，有的只需要较短的时间就能引进经济之中。这样就势必会出现多种周期，各个周期的时间长度也不一样。由于周期种类繁多，不可能十分精确地予以分类，而只能大致上分为长周期（其平均长度大约是55年）、中周期（其平均长度是9—10年）、短周期（其平均长度少于50个月）。每一种周期都可以与特定的创新活动联系起来，例如影响深远和实现期限较长的创新是长周期的根源，影响较小和实现期限较短的创新则是短周期的根源。

以上是熊彼特创新理论的四个要点。简单地说，这就是：

创新的定义、“纯模式”、四个阶段循环的形成、多种周期的由来。

第二节　熊彼特的社会过渡理论

熊彼特从创新理论出发，论述了资本主义社会的前景问题。这就是他的社会过渡理论。他认为，资本主义的发展前景是“社会主义”，但他对社会主义有自己的解释。他指出，“社会主义”是这样一种“制度形式，在那里，对生产资料和对生产本身的管理是授予中央当局的，或者可以这么说，在那里，社会的经济事务原则上属于公共领域，而并非属于私人领域”。[①] 按照熊彼特的说法，社会主义并不一定意味着生产资料所有制的改变，判断一种制度形式是不是社会主义的，关键在于对生产资料和对生产本身的管理是不是交给了中央计划当局。熊彼特接着说，这里所说的把生产资料和生产的管理权交给中央计划当局，并不是指中央计划当局可以独断专行。一方面，中央计划当局的计划要由议会审定；另一方面，中央计划当局必须进行成本核算，合理生产，满足市场的需要。

熊彼特所设想的未来的社会主义经济将是这样的：中央计划

① 熊彼特：《资本主义、社会主义和民主》，1942年版，纽约，第167页。

当局确定生产要素的价格，各个生产部门按照既定的生产要素价格安排生产；它们在安排生产时，应当按照资本主义制度下厂商使用的方法来组织产品的供销，使自己从消费者那里得到的货币大于付给中央计划当局的货币，以实现自己的“利润”。熊彼特认为，在社会主义经济中，效率的提高是必然的，而且也是必要的，为此，需要利用原来的资产阶级分子，使这些人担任新社会中的经理。这些经理是管理人员，是专家，但并不是生产资料的所有者。

在谈到资本主义为什么要向“社会主义”过渡时，熊彼特认为，这主要是生产技术发展的必然性，而并非由于资本主义制度本身已经成为腐朽的制度了。他认为资本主义并不像马克思主义所描绘的那样必然会导致战争和贫困。他写道：“现代和平主义和现代国际道德是……资本主义的产物。……事实上，一个国家的结构和态度越加完全是资本主义的，我们看到它就越加是和平主义者，它就越加倾向于计算战争的成本。”[①]至于资本主义社会中存在的贫困现象，熊彼特承认这是事实，但认为这并不是不可克服的，因为在他看来，资本主义经济本身有一种自行调整的力量，只不过调整需要一段时间，从失衡到均衡的重建会有一段过程。20世纪30年代之所以发生那样严重的经济危机，熊彼特把它看成是偶然的。他把这次大危机的原因说成是长周期、中周期、短周期三种周期的最低点凑巧碰到了一起，再加上政治历史

① 熊彼特：《资本主义、社会主义和民主》，1942年版，纽约，第128页。

等原因，等等。因此，熊彼特反对马克思主义的无产阶级革命理论。他认为资本主义制度不会像马克思主义所预言的那样出现总崩溃。

熊彼特也完全反对列宁关于帝国主义是资本主义最高阶段的理论。熊彼特认为，帝国主义并不是资本主义发展的一个阶段，而主要是一种政策，即在国内政治压力下实行的对外扩张政策，帝国主义的由来是很久的，古罗马就是帝国主义的典型之一，法国路易十四王朝也是帝国主义的一例。不仅如此，熊彼特还认为，资本主义从本质上说是与帝国主义不相容的，因为帝国主义只使少数资本家获利，而大多数资本家是反对帝国主义的。所以，从这个意义上说，帝国主义是前资本主义社会的残余的产物，而不是资本主义发展的最高阶段。

那么资本主义的前景究竟是什么呢？熊彼特的总的看法是：资本主义的发展有其内在的逻辑，等到资本主义完成了它的历史使命后，它就走到了头，那时候，“社会主义”将是不可避免的。

熊彼特是这样进行论证的：他说资本主义本质上是一种经济变革的形式或方法，它不仅从来不是静止不变的，而且也从来不可能静止不变。[①]资本主义经济通过不断的创新活动，使经济不断增长，这样就替它自身造成了两个局限性。

第一，经济的增长使经济生活中出现越来越多的新问题和新

---

① 熊彼特：《资本主义、社会主义和民主》，1942年版，纽约，第82页。

要求，企业家的历史使命将会结束，因为经济进一步增长的结果使得企业家的私人组织无法应付新问题和新要求，由中央机构组织管理生产资料和生产本身的必要性出现了。熊彼特在这里，突出了生产技术发展的作用，因为按照他的看法，正是由于生产技术的发展，企业生产规模越来越大，社会各生产部门和单位之间的联系越来越广泛，越来越复杂，所以必须出现一个代替私人资本家行使职能的中央机构，这就是熊彼特所理解的“社会主义”经济的领导机构——中央计划部门。

第二，资本主义的发展将产生一个日益巨大的知识分子队伍，他们对资本主义并无好感，在这样一个日益对立的知识界的环境中，企业家将感到越来越难以履行他们的基本职能。值得注意的是，熊彼特是把资本主义制度同所谓“老式的”私人企业家联系在一起的，这些“老式的”私人企业家尽管在资本主义发展史上起过作用，但他们由于缺乏应付新环境、新问题的能力，他们胜任不了日益复杂的生产，而知识分子则随着生产技术的发展而日益众多，于是“老式的”私人企业家就得让位。熊彼特根据这个理由，认为生产技术的发展将使资本主义的厄运来临。

熊彼特由此预见到社会将从资本主义过渡到他所理解的那种“社会主义”去。在他理解的“社会主义”中，中央计划当局代替私人企业家起组织生产的作用，而中央计划当局所属各个生产部门、生产单位的领导人（经理们）则是专家，是知识分子，其中包括有能力的“资产阶级分子”，后者将被任命来管理企业。但在熊彼特理论体系中，这一切不是通过无产阶级革命实现的，而是通过民主的方式实现的。熊彼特认为，如果通过渐进的、和平的方式来实现从资本主义向“社会主义”的过渡，那么资本主义制度中的民主政治就可以继续在“社会主义”社会中存在，而如果采取暴力的方式来推翻资本主义社会，民主政治也就不存在了。

E.熊彼特（熊彼特之妻）在熊彼特死后出版的《从马克思到凯恩斯十大经济学家》一书的前言中曾这样写道：熊彼特和马克思都研究了经济发展理论，都认为经济发展过程本身的内在逻辑将会导致社会体制的变革“这种看法是他们共有的，但却引向极不相同的结果：它使马克思谴责资本主义，而使熊彼特成为资本主义的热心辩护人”。[1] E.熊彼特的这段话，十分清楚地说明了熊彼特分析的基本结论。

熊彼特的创新理论是一个极为复杂的体系，这个理论不仅是经济理论，而且是历史的社会发展理论。作为经济理论，熊彼特用以解释了经济周期现象；作为历史的社会发展理论，熊彼特得出了资本主义到“社会主义”的社会发展和过渡理论。

熊彼特的创新理论孕育了它的主要发展。他的创新的五个方面可归纳为三种形式的创新：其一是技术创新（如新产品制造、新生产方法的采用、新原料的利用）；其二是市场创新；其三是组织创新，表现为组织形式的变化。他的创新理论还仍然局限在

① 伊丽莎白·熊彼特：《从马克思到凯恩斯十大经济学家·前言》，1952年版，伦敦。

生产方面，即生产力和生产关系方面。然而，他的理论在他之后在两个方面得到了发展：第一方面：技术创新与扩散、技术创新与市场结构得到了深入的研究；第二方面：制度创新理论得以发展，这种制度创新不仅仅局限于生产关系方面的变革，而且扩展到上层建筑的革新。

生产的两个方面的创新分为两个独立的部分，这既是理论的一种精细化，又是理论的一种危险。这两者在熊彼特那里以一种原始形式结合在一起，而且，利用这种结合解释了社会发展和过渡理论。由此，我们应该承认熊彼特深受马克思物质决定论的影响。然而，在其他的一系列方面又与马克思分道扬镳。这清楚地表现在社会发展的动力、经济危机的起因上。

马克思认为社会发展的根本动力在于生产力和生产关系的矛盾，而经济危机是这一矛盾在资本主义条件下具体化的结果。实际上，生产力的飞速发展表现为技术创新的结果，而这种结果又以一定的制度创新作为前提条件。换言之，只有在一定的制度保障之下，技术创新才是可能的。熊彼特视创新为资本主义发展的动力，他注重的常常是创新的结果，而不是创新的过程，因而，他将不同层次的创新视为并行的平等的创新过程。在这一点上，马克思要深刻、明确得多。

如果说马克思和熊彼特在生产力的创新内涵上具有相互包容的性质，那么他们在主体选择上却大相径庭。熊彼特将创新视为资本主义生产的动力，那么创新主体——企业家则成为社会发展的中坚力量，而企业家进行创新又依赖于他们的预期收入与成本的比较。但是，预期收入的计算必须具有制度化的前提。因此，我们得出以下结论：熊彼特的社会理论只能是一个社会过渡理论，其中，社会运行的制度化前提并未改变。换言之，熊彼特的社会理论囿于制度之中。而马克思理论的生产力的主体是劳动者，按马克思的观点，生产力和生产关系的矛盾表现为无产阶级和资产阶级矛盾。因而，马克思的社会理论是生产资料所有制的变革理论，从而表现为社会革命理论。

然而，在经济危机的论点上，熊彼特却囿于社会经济现象之中，并未考察这种现象之后深刻的矛盾冲突。这也是西方经济学的一贯传统。

历史表明，资本主义社会在进入大机器工业时期以后，从19世纪20年代起，每隔一段时间就经历一次经济危机，这是资本主义经济发展的必然产物，根源在于资本主义的基本矛盾。资本主义经济危机的直接原因，是资本主义生产无限扩大的趋势和广大群众有支付能力的需求相对狭小的矛盾。这个矛盾是资本主义基本矛盾的具体表现。然而熊彼特认为“衰退”（实际上就是危机）的原因是“创新”浪潮的消逝。这样，他就否定了资本主义经济危机的性质，即否认它是由资本主义基本矛盾引起的生产相对过剩的危机，而仅仅把它说成是对新生产能力的投资停滞。熊彼特的两个阶段（繁荣与衰退）构成的“纯模式”，也就成了对新生产能力的充分投资和对新生产能力的投资停滞的交替（前一种情况意味着“创新”浪潮的来临，它引起繁荣；后一种情况意味着“创新”浪潮的消逝，它引起衰退）。事实上，无论是对新生产能力的充分投资或对新生产能力的投资停滞，都只是经济危机前或经济危机过程中表现出来的一种现象，不是经济危机爆发的原因。

熊彼特关于四个阶段循环的解释与他的“纯模式”一样，是不确切的。他认为由于“第二次浪潮”伴随着投机和由投机引起的信用扩张等现象，从而在“衰退”之后不可避免地出现一个病态的失衡阶段——萧条。这是不符合实际情况的。资本主义经济之所以在危机持续一段时间以后转入萧条，与危机对生产能力的破坏和存货的逐渐减少有关。决不能像熊彼特那样，对危机（即他所说的“衰退”）是一种解释（“纯模式”中的解释），对萧条则是另一种解释（四个阶段循环中的解释）。

再次，熊彼特对多种周期的解释也是站不住脚的。长周期、中周期和短周期的说法，本是其他一些经济学家提出来的。熊彼特用创新理论把这些彼此抵触的周期理论协调起来，即用创新类型的不同来解释周期长短的不一和多种周期的并存。我们知道，资本主义经济危机的周期性的原因和周期性的物质基础不是一回事。周期性的原因在于资本主义的固有矛盾，危机不过是资本主义再生产过程中各种矛盾的暂时和强制性的解决，而不是这些矛盾的消失。危机过后，资本主义经济的恢复和发展，还会使资本主义固有矛盾激化，这样，资本主义生产产生了新的“恶性循环”。[①]至于周期性的物质基础，则在于每隔一定时期就发生的

① 恩格斯：《反杜林论》，人民出版社，1971年版，第272页。

固定资本的大规模更新。固定资本的大规模更新，一方面扩大了市场的容量，带动了各个经济部门的高涨，成为资本主义经济走向恢复和发展的转折点，同时又促使社会生产的扩大重新超过有支付能力的需求，为更加深刻的危机的到来提供了物质前提。但周期性的物质基础并不是周期性的原因，熊彼特在这里恰恰把周期性的物质基础和周期性的原因混为一谈，把前者说成是后者，从而掩盖了周期性的真正原因。此外，还有必要补充一句，正如前面已经指出的，熊彼特的创新并不等于固定资本的大规模更新。如果说新生产技术的采用和新产品的出现这两项多多少少还与固定资本更新有点联系的话，那么包括在创新概念中的市场的开拓和新生产组织形式的建立则与固定资本更新没有关系。

第三节　当代西方经济学家关于技术创新的主要论点

一、曼斯菲尔德的“技术推广模式”

爱德温·曼斯菲尔德（Edwin Mansfield，1930—1997）是美国卡内基理工学院和耶鲁大学教授，主要著作有《技术变革的采纳：企业的反应速度》（1959）、《工业研究和技术创新》（1968）、《垄断力量和经济行为：工业集中问题》（1974）等。西方经济学界认为，曼斯菲尔德对创新理论的一个重要发展是对“模仿”和“守成”的研究。“模仿”是指某个企业首先采用一种新技术之后，其他企业以它为榜样，也相继采用这种新技术。“守成”是指某个企业首先采用一种新技术之后，其他企业并不模仿它，依然使用原来的技术。“模仿率”是指以首先采用新技术的企业为榜样的其他企业采用新技术的速度。“模仿比率”是指采用某种新技术的企业占该部门企业总数之比。

曼斯菲尔德认为，对“模仿率”的研究很重要，这是了解一种技术上的“创新”如何在本部门逐步推广，如何被其他企业相继采用的关键。曼斯菲尔德提出了他的所谓技术推广的“模式”。

曼斯菲尔德为了研究同一部门内技术推广的速度和影响技术推广的各个经济因素的作用，做了如下假定：

①假定处于完全竞争的市场条件下，即假定新技术不是被垄断的，可以按照模仿者的意愿自由选择和采用。

②假定专利权的影响很小，小到不足以阻止模仿的进程。

③假定在新技术推广过程中，新技术本身不变化，从而不至于因新技术本身的变化而影响模仿率。

④假定企业规模大小的差别不至于影响采用新技术。这就是说，那些低于一定资本和产量水平的小企业，以及那些没有经济力量采用需要大量投资的新技术的小企业，不在讨论之内。

由此，他提出了影响模仿率的基本因素，即认为一定时期内，一定部门中“守成”的企业减少的程度（亦即转而采用某项新技术的企业增加的程度）由下列三个基本因素决定：

①模仿比例。任何一项新技术刚开始被采用时，由于情报和经验的不足，采用新技术的企业往往要承担风险，因为采用新技术的利润率是事后计算出来的，而不是事先已知的。这时，由于许多企业处于观望状态，所以守成比例很高。采用新技术的企业的数目增多，意味着有关采用新技术的情报和经验不断增加，模仿者冒风险的可能性越来越小。于是模仿比例的增大将对守成的企业发生作用，促使后者及早做出是否模仿的决定。

②采用新技术的企业的相对盈利率。这是指相对于其他可供选择的投资机会的盈利率，而不是指绝对盈利率，在经济周期的不同阶段，相对盈利率的变动可能小于绝对盈利率的变动，所以它对采用新技术的影响是重要的。相对盈利率越高，模仿的可能性就越大。

③采用新技术所要求的投资额。在相对盈利率相同的条件下，采用新技术所要求的投资额越大，则资本供给来源越困难，从而模仿的可能性就越小。在所要求的投资额相等的条件下，资本供给的难易影响着模仿率。此外，还必须考虑所要求的投资额占企业总资产的比例，这一比例越高，模仿的可能性也就越小。

除了上述三个基本因素之外，曼斯菲尔德还提出以下四个补充因素。他认为，补充因素虽然可能对模仿率有一定的影响，但从统计学来说，并不重要，从而不会使基本因素的作用发生重大的变化。这四个补充因素是：

①旧设备被置换之前已被使用的年数。从理论上说，如果新

技术所要代替的旧设备是耐用的，即旧设备还可以使用相当久，那么模仿的可能性就要减少。即使置换是有利可图的，企业仍可能不让旧设备报废，而愿意继续使用它。

但在实际工作中，假定存在以下三种情况，则旧设备的耐用程度不影响新技术的采用：

a.新技术主要是旧设备的一种补充或附件；

b.新技术与旧设备的用途不一样（比如在食品工业中，一是罐头设备，另一是瓶装设备）；

c.新技术只是替代劳动力，而不是替代旧设备。

②一定时间内该工业部门销售量的年增长率。如果某一部门产品的销路扩大很快，那么为了适应市场的扩大，将会建立新企业，而新企业将会采用已经出现的新技术。如果市场扩大缓慢或没有扩大，则新技术的采用将同旧设备的置换结合起来被考虑。此外，如果在市场扩大的同时，原有企业的生产能力有较大的过剩，那么即使市场扩大了，也不一定会建立新企业和采用新技术。

如果建立采用新技术的新企业的盈利率低于在原有企业中更换旧设备的盈利率，那么市场的扩大也不会促使建立新企业和采用新技术。

③该工业部门某项新技术初次被某个企业采用的年份。新技术初次被某一个企业采用与新技术后来被其他企业采用之间有一段时间间隔。在这段时间之内，可能发生下列变化：

a.通信手段改善和通信渠道发展，情报交流加强了；

b.对设备更新的估算技术改进，估算得更精确了；

c.人们对某项技术进步的态度发生了变化；

d.模仿的企业越来越多。

因此，一个企业在采用某项新技术时，要注意该项新技术被初次采用的年份。时间间隔的大小对模仿率是有影响的。

④该项新技术初次被采用的时间在经济周期中所处的阶段。如果新技术初次被采用的时间是在高涨阶段，那么采用新技术的企业可能考虑到某些与经济高涨有关的特定条件。如果它初次被采用是在经济萧条阶段，那么采用新技术的企业也可能考虑到某些与萧条有关的特定条件。这种情况将被模仿者注意到，从而会影响模仿率。

根据上述假定和因素分析，曼斯菲尔德的结论是：

第一，“模仿比例”与“模仿率”成正比。这就是说，如果采用某种新技术的企业占该部门企业总数之比增大，那么对“守成”的企业技术变革的影响也就增大（因为这意味着“模仿”的风险减少了）。

第二，“模仿”与“守成”相比的相对盈利率与“模仿率”成正比。

第三，采用新技术所要求的投资额越大，资本供给来源越困难，所要求的投资额占企业资产总额之比，与“模仿率”成反比。

曼斯菲尔德的“技术推广模式”主要想说明这样一个问题：一种新技术首次被某个企业采用之后，究竟要隔多久才被该部门的多数企业所采用？据说情况是不同的：例如在美国，有的新技术在短短几年之内就推广于该部门（如连续采煤机），有的则拖延了半个世纪左右（如摘棉机）。“模仿率”差别之所以如此之大，据说可以从上述“技术推广模式”中对有关因素的分析和估算而找到答案。这就是曼斯菲尔德“技术推广模式”对创新理论的新贡献。

曼斯菲尔德在分析新技术采用速度时所列举的因素可以在一定程度上说明问题，从而可以作为我们研究个别技术推广项目、个别部门或企业的技术变革的参考。但这一理论中存在着一些不科学的成分。

曼斯菲尔德对于新技术推广问题的研究，建立在纯理论分析的基础上。它所讨论的技术进步和推广脱离了资本主义现实，似乎它们与现代资本主义经济中的垄断无关。我们知道，国民经济中技术装备的改进、工艺流程的变革以及新技术的推广速度，取决于占统治地位的社会生产关系。在资本主义社会中，技术的发展和新技术的推广服从于资本家追逐最大利润的规律的作用。一种新技术本身既是提高劳动生产率的有力手段，同时也是排挤雇佣劳动者，扩大失业工人队伍的有力手段。资本家之间的激烈竞争迫使他们去改进技术和采用新技术，而失业队伍的扩大、工资水平的下降，又使资本家有可能不必更换设备和不必采用新技术也能获取同样多的利润。这样，资本主义制度下的技术进步和技术推广始终是在上述矛盾之中进行。在垄断条件下，由于垄断组织可以通过规定垄断价格保证获得高额垄断利润，所以它们为了维护自己的垄断地位，不但往往采用各种办法来阻碍技术的改进和推广，甚至还收买别人的技术发明成果，束之高阁，以防止竞争对手采用。而曼斯菲尔德研究的技术推广只是一种舍去了社会特征的、抽象的“技术推广”。

第一，曼斯菲尔德假设的“完全竞争”的技术推广环境并无现实意义。他说，在这种环境中，新技术不被任何人垄断，专利权不存在，由于政治原因造成的新技术保密和封锁也不存在，任何模仿者都可以自由选择和采用新技术。他的“技术推广模式”就是在这一前提下制定的。这不符合现代资本主义社会中的实际情况。

第二，曼斯菲尔德假设市场上不存在大小企业的差别，假设小企业不存在，假设一切企业不仅可以自由选择新技术，而且有能力采取新技术。这同样是不现实的，因为在任何国家，纯垄断是不可能的，纯粹的大企业统治也是不可能的。

第三，曼斯菲尔德假设新技术在推广过程中不会继续发生变革，这与实际情况不符。初次采用的新技术在被其他企业模仿时，不是简单地被抄袭，而是被不断地改进、提高、发展。这样，采用新技术所要求的投资额就不一样，利润率也不一样。

二、特列比尔科克关于部门间技术扩散的论点

新技术的推广主要包括两方面的内容，一是新技术在本部

门的推广，二是新技术对其他部门生产技术的影响以及由此引起的其他部门的技术变革。上一节提到的曼斯菲尔德“技术推广模式”，涉及的是新技术在同一个部门的推广问题，即“模仿”与“守成”的问题。这一节所涉及的是新技术对其他部门的技术变革的影响问题。

克莱夫·特列比尔科克是英国经济学家，主要研究“技术扩散”问题，即一个部门出现的新技术如何“扩散”于其他部门，从而引起其他部门的技术变革。他的主要著作有《英国经济史上的“技术扩散”》（1969年，《经济史评论》）、《“技术扩散”与军火工业》（1971年，《经济史评论》）、《英国的军火工业和欧洲工业化》（1973年，《经济史评论》）等。

特列比尔科克的主要论点如下：

第一，他认为，一个时代的先进技术集中反映于武器生产技术上。一种先进武器的生产（例如军舰），集中了当时本国各种最先进的生产技术和科学成就。一座新建的兵工厂（例如制造军舰的工厂），就是当时本国已达到的最先进生产技术和科学水平的综合反映。民用工业的生产技术水平总是相对落后于军事工业。因此，要研究部门间的技术扩散，应当研究军事工业中最先采用的先进技术和最集中反映的生产技术水平传播到民用工业各部门的过程。

第二，他认为一国军事工业中的先进技术对民用工业各部门的技术变革的影响主要通过两种方式进行。一是军事工业中首先采用的许多生产技术适用于一般机械制造、造船、冶金工业的生产，军事工业生产中对产品质量要求的精密性、严格性和标准化也适用于许多民用工业，因此，一国如果先建立了先进的军事工业，它的许多民用工业部门也就能相继采用类似的新技术。二是军事工业中使用过先进生产技术的熟练工人有可能转入民用工业部门工作，这样也就把新技术传播开来。

第三，新技术在部门之间的推广不仅与生产技术本身的适用性有关，也不仅需要以熟练工人的存在作为必要条件，而且还需要具备相应的原料、燃料和生产管理经验等必要条件。但这些问题在特列比尔科克看来，随着先进的军事工业的建立，可以较快地得到解决。他认为，军事工业使用的新生产技术刺激了它所需要的某些类型和质量的原料和燃料的生产，民用工业在采用新技术之后也能得到同类型和同质量的原料、燃料供应。军事工业在采用新技术之后所积累的生产管理经验，对那些采用了新技术的民用工业部门也是有价值的。

第四，他由此断言：先进的军事工业的建立对一国来说，不仅具有国防上、政治上的重要意义，也不仅具有一般的维持就业和稳定经济的重要意义，而且在部门间新技术推广方面，在带动国内民用工业技术变革方面具有重要意义。特列比尔科克举了英国和俄国等国部门间技术推广过程为例。他说：在19世纪末和20世纪初的英国，主力舰是当时最先进的武器，它集中反映了当时英国各种最先进的科学技术成果（如冶金、机械、通信、火炮、航海等技术成果）。为了制造主力舰，出现了许多重要的技术创新（包括高压合金、金属切削工艺、新式车床等）。这些新技术虽然首先应用于军事工业，但接着就发生了新技术从军事工业向民用工业推广的过程，使这些技术创新获得了普遍的意义。在俄国，20世纪初年的技术水平是落后的。日俄战争中，沙俄舰队遭到毁灭性的打击，于是出现重建沙俄海军的问题。俄国从英国和法国引进新的军事工业技术（特别是制造军舰和新式火炮、鱼雷的新技术），这些新技术不仅对俄国的军事工业有重要意义，而且对俄国的冶金、机械、商船制造、燃料等民用工业部门的技术改造也起了重要作用。在俄国也发生了新技术从军事工业向民用工业推广的过程。特列比尔科克指出，英国和俄国不是绝无仅有的例子，日本、意大利、西班牙、土耳其等国历史上都存在着相似的技术扩散过程。他由此得出结论，从历史上考察，即使从新技术推广和促进国内普遍技术进步的角度来看，优先发展具有先进技术水平的军事工业也是值得的，不能把这一点看成是对资源的浪费。

特列比尔科克的某些论点是可供参考的。例如他说，一个时代的先进技术集中反映于武器生产技术上，一座新建的兵工厂是当时本国已达到的最先进生产技术和科学水平的综合反映，某些新技术往往是开始采用于军事工业，然后才被民用工业部门所采用，等等。这些看法在一定程度上符合资本主义工业发展历史。但应当指出，新技术首先出现和被应用于军事工业部门，然后再由军事工业推广到民用工业的说法，只是资本主义社会中部门间技术扩散的方式之一。它既不是唯一的技术扩散方式，也不成为一个规律。特列比尔科克把这一现象夸大了。以英国来说，产业革命时期的技术推广，首先是从棉纺织工业向其他轻工业部门传播新技术的过程。19世纪中期航海业中蒸汽机的使用，也是首先开始于民航，很长一段时间内是蒸汽机推动的客货海轮与使用风帆的军舰并存的局面，隔了很久靠蒸汽机推动的军舰才普遍代替了使用风帆的军舰。[①]可见，对具体问题必须做具体分析，这样才能科学地说明新技术推广的实际过程。

三、卡曼和施瓦茨关于“技术创新与市场结构的关系”的论点

莫尔顿·卡曼（Morton Kamien）和南赛·施瓦茨（Nancy Schwartz）研究了技术创新与市场结构的关系。他们的主要著作有：《竞争条件下创新的时间性》（《经济计量学》杂志，1972年）、《最大创新活动的竞争程度》（《经济学和管理科学数理研究中心的报告》，1974年）、《市场结构和创新》（《经济学文献杂志》，1975年）等。

卡曼和施瓦茨的研究之所以被认为是熊彼特创新理论的重要

---

① 这主要因为一开始使用的船用蒸汽机是明轮装置，攻击目标明显，不利于海战。而且军舰上一侧有了明轮装置，就不得不减少这一侧的火炮，削弱了战斗力。加之，当时船的吨位有限，使用蒸汽机必须经常中途加煤加水。军舰和民用轮船不同，不能随便在中途加煤加水。所以作战时，还是使用风帆更方便些。直到后来，造船技术和蒸汽机有了改进，用风帆的军舰才被淘汰。

发展，主要由于他们提出了以下三个新看法：

第一，他们认为，有三个变量是决定技术创新的重要因素。这三个变量是：竞争程度、企业规模和垄断力量。竞争引起技术创新的必要性，因为技术创新能使创新者在与对手们的竞争中获得较多的利润。企业规模影响一种技术上的创新所开辟的市场前景的大小，即一个企业规模越大，那么它在技术上的创新所开辟的市场就越大。垄断力量影响技术创新的持久性，即企业的垄断程度越高，对市场的控制越强，那么它所进行的创新越能耐久，越不容易在短期内被模仿者所仿制。

第二，他们认为，对于技术创新来说，最有利的市场结构是介于垄断和完全竞争之间的市场结构。据说，在垄断统治条件下，虽然可能出现一些较小的技术创新，但却不容易引起重大的技术创新，因为这时缺少竞争对手的威胁。而在完全竞争条件下，一方面由于企业规模一般较小，另一方面由于缺少足以保障技术创新的持久收益的垄断力量，因此也不利于引起大的技术创新。所谓介于垄断和完全竞争之间的市场结构，是指存在着“中等程度的竞争”的市场结构。或者说，市场的竞争最好保持在一定程度上，这样，技术创新速度将是最快的，技术创新的内容也将是比较有价值的。

第三，他们认为，与上述竞争程度、企业规模、垄断力量三者是决定技术创新的重要因素，以及对技术创新的最有利市场结构是介于垄断和完全竞争之间的市场结构的观点相一致的是，技术创新可以分为两类，一类是垄断前景推动的技术创新，一类是竞争前景推动的技术创新。所谓垄断前景推动的技术创新，是指一个企业由于预计自己所进行的创新能够获得垄断利润的前景而采取的创新。所谓竞争前景推动的技术创新，是指一个企业由于担心自己目前的产品可能在竞争对手模仿或创新之下丧失利润，从而采取的创新。如果只有前一种创新而没有后一种创新，创新活动到一定阶段就会停止。如果只有后一种创新而没有前一种创新，那么创新活动就很难出现，因为人人都想做花费较小成本的模仿者，而不想做花费较大成本的创新者。企业家将会考虑到，既然创新的结果没有垄断利润可得，即没有预期的最大利润的前景，那又何必过早地投入较多的研究和发展费用呢?

以上就是卡曼和施瓦茨关于技术创新和市场结构之间关系的主要观点。由于熊彼特关于创新的分析主要是以完全竞争的存在为出发点的，所以卡曼和施瓦茨的分析被认为填补了资产阶级垄断竞争理论和熊彼特创新理论之间的空白。

卡曼和施瓦茨上述观点的错误明显地表现于对垄断和竞争的解释是以西方经济学的垄断竞争理论为依据的，从而曲解了垄断和竞争的性质。

首先，西方垄断竞争理论关于垄断和竞争的解释是超历史的，它否认在资本主义发展过程中，从自由竞争到垄断的这一演变是生产关系的演变，而不是产品本身差别的增大所造成的变化。西方垄断竞争理论混淆了垄断组织和非垄断组织的界限，而以产品本身差别的大小和增减来划分垄断和非垄断。卡曼和施瓦茨在论述技术创新与市场结构的关系时，仍然遵循西方垄断竞争理论的这一论述方式，似乎只要能通过技术变革而向市场提供与其他厂商的产品有差别的产品，就能成为垄断；如果所提供的产品与其他厂商的产品没有明显差别，那么垄断就不存在了。正因为卡曼和施瓦茨循着这种论述方式来分析技术变革，所以他们所谓技术创新的最有利市场结构介于垄断和完全竞争之间，以及把技术创新区分为垄断前景推动的技术创新和竞争前景推动的技术创新等说法，都是不科学的。

其次，卡曼和施瓦茨在分析现代资本主义社会中技术创新与垄断、竞争之间关系时，否定了下述事实，即在垄断组织操纵着一个或几个部门绝大部分生产和销售，可以规定垄断价格的条件下，不必改进技术，它们也能获得高额垄断利润。不仅如此，垄断组织为了获得巨额垄断利润，还往往人为地阻碍技术进步。这种情况，今天在资本主义社会中仍然明显地存在着。例如，原子能这一科学成果虽然在军事上已被应用了三十多年，但在美国国内，原子能利用于民用工业还是进展缓慢，这不是技术上不能解决，而是由于垄断组织为了自己的利益，阻挠原子能在民用工业中的应用。

当然，由于垄断不排除竞争，而且加剧了竞争，特别是由于国际市场上竞争的尖锐化，在战后一段时间内生产和技术出现了跳跃式的发展，这也是毫不奇怪的。这正是资本主义经济政治发展不平衡规律作用的结果。某些资本主义国家的生产和技术在一段时间内的较快发展，仍然落后于当时已达到的科学技术水平所提供的巨大可能性，这一事实也不容忽视。

四、曼斯菲尔德、维尔金斯关于国际间技术转移的研究

在国际间技术转移问题的研究中，曼斯菲尔德、M.维尔金斯等人的下列看法有较多的可供参考之处。这是西方经济学关于技术创新的研究中比较有实际意义的部分。

根据曼斯菲尔德研究，国际间技术转移可以分为垂直转移和水平转移两类。垂直转移指把甲国关于基础科学研究成果转用于乙国的应用科学中，或把甲国关于应用科学的研究成果应用于乙国的生产领域。水平转移指把甲国某些已被应用于生产的新技术转用于乙国的生产领域。在前一种场合主要涉及科学技术情报的转移；在后一种场合还包括物质转移（甲国向乙国出口产品）、设计转移（甲国向乙国转移设计、图纸等）、能力转移（由甲国输入的新技术结合乙国的条件，在乙国形成生产能力）。

曼斯菲尔德认为，在国际间技术转移中，能力转移的重要性值得注意，因为只有在被输入国形成生产能力，才能称为技术真正转移过来。而在实现能力的转移，技术人才不可缺少，技巧与人是不可分开的。

根据维尔金斯的研究，国际间技术转移可以分为简单技术转移和技术吸收两类。简单技术转移指某种先进技术转移到国外，而不问在国外采用这种先进技术的单位能否复制出来。技术吸收指先进技术转移到国外，并被国外采用该种先进技术的单位复制出来。

简单技术转移是技术吸收的前提。但它有局限性，因为一旦引进的设备损坏，本地无法仿制，就不得不再进口一次。因此技术吸收更为重要。这样，出现了两种“时间间隔”（“时延”）。一是简单技术转移时延，即一国首次出现某种新产品的时间与另一国首次出现该种新产品的时间之间的差距。二是技术吸收时延，即一国首次出现某种外国新产品的时间与该国能够有效地自己制造出该种新产品的时间之间的差距。缩短技术吸收时延比缩短简单技术转移时延更有意义。

维尔金斯还分析了国际间技术转移的障碍。国际间技术转移存在来自技术输出国方面的障碍和来自技术输入国方面的障碍。来自技术输出国方面的障碍包括技术保密、专利权、政策考虑等。来自技术输入国方面的障碍，据维尔金斯分析，主要包括以下九种：

①需求障碍——利用国外新技术制成的新产品在本国无销路。

②资本障碍——本国缺少资本，从而无法吸收国外新技术。

③自然资源障碍——本国缺少为使用和发展该种新技术所需要的自然资源，从而无法吸收国外新技术。

④劳动成本障碍——本国劳动力供给充裕，工资水平较低，从而不愿意采用国外某种新技术。

⑤技术障碍——本国缺少为使用和发展该种新技术所需要的技术力量，从而无法吸收国外新技术。

⑥规模障碍——一定的新技术是同一定的企业规模相适应

的。由于本国企业规模的限制，如果企业采用某种国外新技术后，产品成本较国外同类企业的产品成本高些，因而企业不愿采用该种国外新技术。

⑦基础结构障碍——本国缺少为使用和发展该种新技术所必要的动力、运输、港口、库藏、技术服务、修理等条件，或缺少采用该种新技术的补充技术条件，从而无法吸收国外新技术。

⑧文化障碍——指意识形态方面的障碍。本国政府或国民出于意识形态方面的原因，对一般引进国外技术或对某种技术有不好的评价，从而阻碍吸收国外新技术。

⑨轻重缓急安排方面的障碍——本国政府或企业安排投资有轻重缓急、先后次序之分，因此可能拒绝或推迟某些新技术的引进。

可见，上述障碍中，除经济方面的以外，还有政治上的、意识形态方面的障碍。一国要吸收国外新技术，应当扫除这些障碍。

曼斯菲尔德也对国际间技术转移的成本问题做了研究。他认为，国际间技术转移的成本可以包括以下项目：

①专利和特许的使用费。这方面的成本不包括在资源成本之内，因为专利和特许的使用费不是用于资源的，而是一种对权利的支付。

②技术转移的资源成本。这是指在一定的技术转移过程中所消耗的资源的总和（包括用于物质资源的和人力资源的费用）。

③效率损失。这是指在使用新技术之初，由于工人不熟练或其他原因而造成的较低的劳动生产率和较差的产品质量，从而带来的损失。

④为使引进的技术适应于本国条件而支付的研究和发展费用。

最后，关于国际间技术转移的途径问题。据维尔金斯的研究，从理论上说，一个私营企业或一国政府能通过四个途径向国外输出新技术，也能通过四个途径从国外得到新技术。

一个私营企业或一国政府向国外输出新技术的途径是：

①向国外销售新产品。如果销售的是资本品，这就直接转移了新技术。如果销售的是消费品，而外国又能仿制，这也是转移新技术。

②在外国出售专利权或设计。

③同外国政府或企业发展技术援助关系，传授技术知识。

④在外国投资建厂，随着投资建厂，雇用当地职工，新技术也就传播出去。

一个私营企业或一国政府从国外得到新技术的途径是：

①从国外进口新产品、新机器设备，并仿制它们。

②向国外购买专利权或设计，在国内组织生产。

③接受外国政府或企业的技术援助，或派人去国外学习技术。

④从外资在国内建立的工厂中得到新的生产知识。其途径也可能是迂回的。例如，一旦外国公司在本国建厂后，不仅会带来

本行业的先进技术，而且会附带地带来生活服务、交通运输、通信联系、职工住宅建筑等方面的先进技术。

总之，我们可以看到，有关技术创新问题的研究在涉及具体的、技术性的问题的场合，是有较多的内容可供参考的。

第四节 当代西方经济学家关于制度创新的主要论点

当代西方经济学家认为，除了有技术的创新外，还有制度创新。制度创新论的主要代表人物是美国经济学家L.戴维斯和D.诺尔斯。1971年，他们合著《制度变革和美国经济增长》一书（剑桥大学出版社出版），对制度创新理论作了比较系统的论述，从而受到了西方经济学界的重视。

戴维斯和诺尔斯关于制度创新的基本观点如下：

1.制度创新是指能使创新者获得追加利益的现存制度的变革。它与技术创新有某种相似性，即技术创新往往是采用技术上一种新发明的结果，制度创新往往是采用组织形式或经营管理形式方面的一种新发明的结果。只有在预期纯收益超过预期成本时，技术创新才得以实现；同样的道理，只有在预期纯收益超过预期成本时，制度创新才能成为可能。技术创新与制度创新的区别在于：技术创新的时间依存于物质资本的寿命的长短，制度创新的时间则并不取决于物质资本的寿命的长短。

关于促成制度创新的因素，戴维斯和诺尔斯认为，市场规模、生产技术发展、一定社会集团对自己的收入预期的改变，将会促使成本和收益之比发生变化，从而促成制度创新。

①市场规模——随着市场规模的扩大，交易额增加，经营管理方面的某些成本的增长率是递减的，或者在成本方面做等量的投资可以引起收入有更大程度的增长，这就引起了改革现有制度的需要，即通过制度创新去获取潜在的利益。

②生产技术发展——一方面，技术进步使生产扩大能获得越来越多的收益，从而使较复杂的生产组织和经营管理形式变为有利可图。另一方面，生产技术进步引起生产的积聚，使人口集中于大城市和工业中心，从而提供了一系列新的盈利机会。这样就促成了制度创新，去取得潜在的利益。

③一定社会集团对自己的收入预期的改变——这将引起它们对现存制度条件下的成本和收益之比的看法做出修正。它们需要有制度创新来使自己适应预期收入改变后的地位，或阻止预期收入继续朝着不利于自己的方面变化。

戴维斯和诺尔斯举例说，19世纪的美国，由于国内市场的发展，历史上形成的地方性垄断被打破，但却使许多企业陷入彼此激烈竞争之中。企业打算防止这种激烈竞争的恶果，而传统的组织或经营管理方式失灵了，这时就“发明”了卡特尔形式。采用卡特尔形式的预期纯收益大于预期成本，于是卡特尔形式被广泛采用。市场卡特尔化就是一项重要的制度创新。

2. 制度创新过程可以概括为以下五个步骤：

第一步，形成“第一行动集团”（即预见到潜在利益，并认识到只要进行制度创新就可以得到这种潜在利益的决策者）。

第二步，“第一行动集团”提出制度创新的方案。如果还没有可行的现成方案，那就需要等待制度方面的新发明。

第三步，在有了若干可供选择的制度创新方案之后，“第一行动集团”按照最大利益原则进行比较和选择。

第四步，形成“第二行动集团”（即在制度创新过程中帮助“第一行动集团”获得利益的单位）。它能促使“第一行动集团”的制度创新方案得到实现。

第五步，“第一行动集团”和“第二行动集团”共同努力，实现制度创新。

戴维斯和诺尔斯举例如下：

第一例：工厂对周围环境有污染，附近居民受损失。他们认识到，如果进行制度创新（比如说建立环境保护制度）将会使自己免受损失（即增加收益）。于是他们形成“第一行动集团”。他们通过自己的代表在议会中进行斗争。议会通过了禁止工厂污染环境的立法，并成立防止和监督污染的管理机构（“第二行动集团”）。这个管理机构有权命令工厂赔偿损失，或命令工厂停工。于是环境保护这一新制度得以实现——即制度创新得以实现。

第二例：农产品滞销，农产品价格下降。农场主认识到，如果进行制度创新（比如说建立农产品价格维持制度，政府收购价格降到一定限度以下的农产品），将会使自己增加收入（即少受损失）。于是他们形成“第一行动集团”。他们争取到了政府的支持，政府这时是“第二行动集团”。为了帮助农场主，它会执行有利于稳定农产品价格的新制度、新政策。农场主通过这一制度创新而增加了收入。

此外，戴维斯和诺尔斯还举例说，当市场活动扩大，私人企业家感到组织大规模公司能节约成本、增加收益时，他们便组成争取公司制度变革的“第一行动集团”。当工人感到收入分配不利于自己，而要求获得较多收入时，他们便组成争取建立工会组织的“第一行动集团”。在这两种场合下，政府都是“第二行动集团”。政府采取立法、行政等手段来协助“第一行动集团”。正是在“第一行动集团”和“第二行动集团”的共同努力之下，实现了两项制度创新——即建立了现代公司组织和工会组织。

3. 制度创新时延的原因主要有三个：

①现存法律限定的活动范围。如果现存法律不容许制度上某种新的安排的出现，那么只有在修改法律之后才有制度创新的可能。

②制度方面的新的安排代替旧的安排所需要的时间。在这方面，旧制度通常是逐渐被认为过时，应当废弃，新制度通常是渐渐地替代它。

③制度上的新发明是一个困难的过程，需要一定的时间来等待这种新发明。

④制度创新实现之后，就出现制度均衡的局面。制度均衡是

指这样一种情况，即这时无论怎样改变现存制度，都不会给从事改革的人带来追加利益，于是就没有制度创新的可能。一直要等到外界条件发生变化（例如采用新生产技术，或有了组织形式和经营管理形式的新发明，或社会政治环境有了变化），同时出现了获取潜在利益的机会时，才产生制度创新的可能性。这样，制度发展的过程就是从制度均衡到制度创新，再到制度均衡，又再到制度创新的过程。

这一过程可以图解如下：

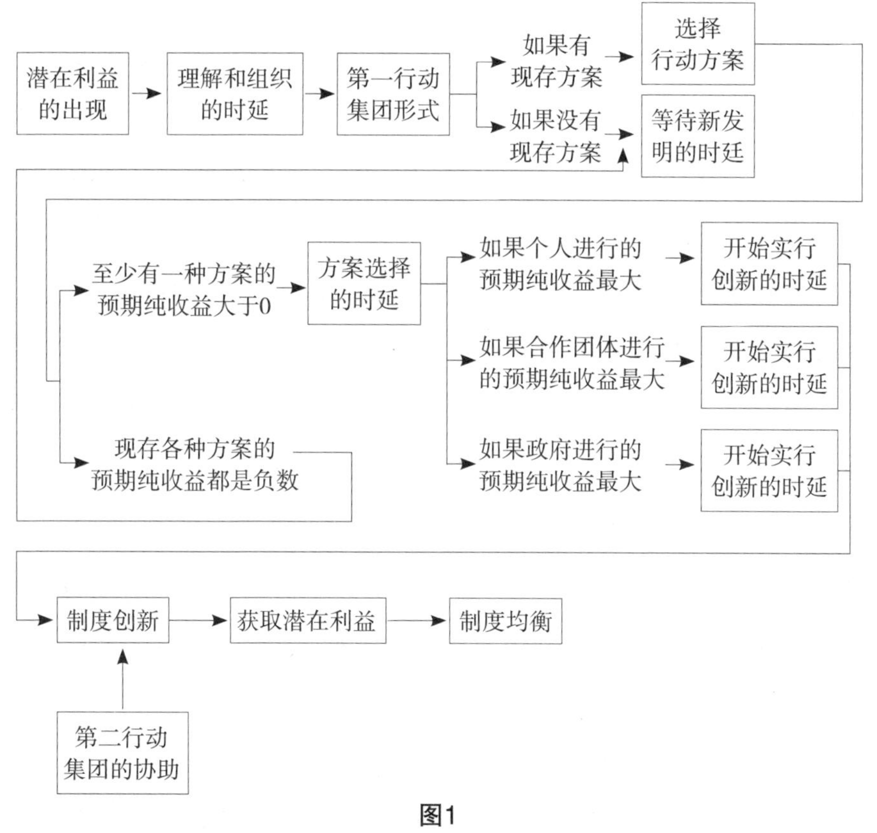

图1

⑤制度创新可以在三级水平上进行，即由个人进行，由合作团体进行，或由政府机构进行。制度创新也就相应地分为三种，即分别由个人、合作团体或政府机构担任“第一行动集团”的制度创新。在任何一种情况下，都包括以下变量，即“第一行动集团”从制度创新中得到的预期纯收益、进行制度创新的预期成本、为制度创新而付出的预期经营成本、付出成本时间和取得收益时间的一段间隔和利息率等。一项制度创新究竟在哪一级水平上进行（究竟由个人担任创新者，还是由合作团体或政府担任创新者），要根据预期纯收益的大小来决定。如果所有各种方案的计算结果都使预期纯收益为负数，那么这时谁也不会去进行制度创新。

⑥戴维斯和诺尔斯认为，在有上述水平可供选择时，由政府进行的制度创新的特点包括：

a. 在私人市场不曾得到充分发展的条件下，只有政府实行制度创新才能获取潜在利益。

b. 如果获取潜在利益受到私人财产权的阻碍时，只有依靠政府的强制力量。这时，只有让政府来担任“第一行动集团”。

c. 如果潜在利益将归全体社会成员，而不归个别成员所有，那么谁也不愿承担创新费用，这种制度创新只可能由政府实行。

d. 如果某种制度创新涉及强制性的收入再分配时，只有靠政府实行。

e. 在实行制度创新时，需要付出成本。个人往往承担不了一笔巨大的费用，而合作团体为了取得一致意见，需要进行协商，从而增大了成本。因此由政府进行制度创新是比较合算的。

f. 政府进行的制度创新，社会成员并不具有任意退出的权利，而且在实行之前并不要求社会成员一致同意，只要符合某种决策原则就行了。如果某个社会成员不同意政府实行的某种制度创新而要退出安排，付出的代价将是巨大的（如迁出国境），甚至是无穷大的（以个人死亡作为代价）。

以上就是戴维斯和诺尔斯的制度创新理论的要点。他们认为，这一理论不仅可以用来解释历史上制度创新的原因和过程，而且可以预测未来的制度创新的方向和趋势。

制度创新理论虽然提供了一种新的研究思路，但其中存在着若干错误的内容。可以从以下四个方面对它进行分析：

第一，制度创新理论中讨论的制度，在概念上是混乱的。制度有经济基础和上层建筑之分。社会经济制度是经济基础，它是社会生产关系的总和。经济制度是第一性的，经济制度的变化决定着作为上层建筑的各种制度的变化。但制度创新理论不区分经济基础和上层建筑，不分各种制度的主次关系，把所有制、分配制度、劳动组织、公司形式、市场管理方式、税收制度、信用机构等笼统地都列入所要考察的制度之内，而它所说的制度创新，就是指这些制度的变化和调整，并且把人们追求利润的动机作为每一种制度产生和消失的依据。这不仅否定了经济基础和上层建筑之间辩证关系的原理，否定了上层建筑变更过程中的复杂性，而且由于把人们追求利润的动机放在最重要的位置上，这就把心理活动当作推动制度变革的根本动力。

第二，制度创新理论采用“纯经济分析方法”，把“社会政治环境”当作“已知的”“既定的”因素，把制度创新置于“抽象的”“纯理论”的模式中去分析，从而抹杀了不同历史时期内制度变更的不同性质、不同内容和不同后果。

第三，作为制度创新理论核心的创新决策理论，也是错误的。它把决策单位分为个人、合作团体和政府机构三级，而不分析它们的阶段属性。作为决策单位的个人，既包括垄断资本家，也包括小生产者和工人。作为决策单位的合作团体，既包括垄断组织（如托拉斯、辛迪加、卡特尔），也包括工人的团体（如工会）。在制度创新理论看来，凡是旨在进行制度创新的决策单位，即“第一行动集团”，一律受最大利润原则支配，处处皆以预期最大纯收益为考虑的出发点。实际上，它把一切阶级全都“资产阶级化”了。

戴维斯和诺尔斯以《制度变革和美国经济增长》为题，分析了美国二百年来各种制度的兴起和衰落，以及整个这段时间内美国经济的变化，以此证实制度创新理论。他们的论述中虽然有不少新的见解，但应当指出，他们对美国经济史上某些事件的原因和过程的解释是不正确的。

以股份公司的发展史来说，早在美国独立以前，即在英属北美殖民地资本原始积累时期，股份公司就已经产生，但只是到19世纪30年代以后，它才有较大的发展，而它的迅速发展则是19世纪70年代以后的事情。一律用私人企业家预见到潜在利益的存在而组成“第一行动集团”来推动公司制度的创新的说法，不能说明这一过程。股份公司不仅是旨在获取企业利润的资本组织形式，而且是大资本控制和利用中小资本的形式，是大资本实现资本集中的手段。股份公司是随着大资本支配权的加强而发展起来的。这是资本主义竞争和资本集中的必然结果，是不以“第一行动集团”的主观意志为转移的。

（引自《当代西方经济学说》，北京大学出版社，1989年版。该书由罗志如、范家骧、厉以宁、胡代光四人完成，并由罗志如统稿。有关熊彼特一章，由厉以宁执笔写作。）

罗斯托的经济成长阶段论

美国经济学家华尔特·惠特曼·罗斯托（Walt Whitman Rostow，1916—2003），1940年在耶鲁大学获博士学位后，先后任哥伦比亚大学和麻省理工学院教授。1961至1969年间，曾任肯尼迪和约翰逊政府的国家安全事务副特别助理、国务院顾问兼政策计划委员会主席，成为政府“智囊团”的核心人物之一。1970年起，任美国得克萨斯大学教授。他的主要著作有《十九世纪的英国经济》（1948）、《经济成长的过程》（1950）、《经济成长的阶段》（1960）、《政治与成长阶段》（1971）、《这一切怎么开始：近代经济的起源》（1975）、《世界经济：历史与展望》（1978）、《由此及彼》（1978）、《穷国与富国》（1987）等。

罗斯托在他的一系列著作中，力图提出一个概括世界经济和历史的普遍的经济成长模式，以此与马克思主义政治经济学理论相对抗。他的经济学说是自成体系的。

罗斯托认为，人类社会发展共分为六个“经济成长阶段”：

①传统社会；②为起飞创造前提阶段；③起飞阶段；④成熟阶段；⑤高额群众消费阶段；⑥追求生活质量阶段。其中关键性的是“起飞”和“追求生活质量”两个阶段。据他说，“起飞”是相当于工业化开始的阶段，“追求生活质量”阶段则是“工业社会中人们生活的一个真正的突变”。[①]罗斯托主要就这个成长阶段的更替问题进行论述，特别是对“起飞”和“追求生活质量”这两个阶段进行论述。他认为这样就可以“阐明”世界经济发展的规律性。

第一节　罗斯托的起飞学说

一、起飞的定义和起飞的条件

什么叫“起飞”？按照罗斯托的解释，起飞就是突破经济的传统停滞状态，这好比飞机起飞一样，起飞之后，它就可以顺利地滑翔飞行了。

罗斯托认为，起飞的主要条件有以下三个：

第一，要有较高的积累比例，要使积累占国民收入的10%以上。

① 罗斯托：《政治和成长阶段》，剑桥大学出版社，1971年版，第253页。

第二，要建立起飞的主导部门。这个主导部门发展较快，它既能带动其他部门，本身又能赚取外汇，以便引进技术，购买外国产品和还外债、付利息。

第三，要有制度上的改革，即建立一种能保证起飞的制度。例如，建立使私有财产有保障的制度，这样，资本家才愿意投资。或者，建立能代替私人资本进行巨额投资的政府机构，这样，就能兴建因投资大收效慢而私人资本一开始不可能或不愿意经营的兵工厂，以及铁路、港口建设等。

怎样创造这三个条件呢？关于第一个条件，罗斯托认为，可以靠私人积累，也可以靠国家积累（发公债、征税、出卖公有土地等）。如果本国无法积累巨额资本，可以依靠外国资本输入（借款或外国直接投资）。关于第二个条件，罗斯托说，要按照各国具体条件来建立起飞主导部门，例如，英国在起飞中建立的主导部门是棉纺织工业，瑞典建立的是木材工业，日本建立的缫丝工业等。关于第三个条件，罗斯托认为也要根据各国具体情况而定。他举例说，在英国，起飞所需要的制度变革是容许私人投资经营工商业，国家则帮助私人企业去开辟国外市场和原料产地（占领殖民地）；在德国和日本，起飞所需要的制度变革是国家直接从事投资（建立国有企业），国家扶助私人投资（给私人企业以津贴、技术帮助和订货），同时也包括国家帮助私人企业去开辟海外市场和原料产地（占领殖民地）。

罗斯托认为，一国只要具备了上述三个条件，经济就可以实现起飞。一旦起飞，经济也就可以“自动持续成长”了。

为什么起飞之后经济能够“自动持续成长”？罗斯托举了以下四个理由：

第一，经济发展所需要的资本不会感到不足。因为积累比较大，可以避免在人口增长条件下把剩余“吃光”，同时由于产品有销路，投资者有利可图，就不愁没有“利润再投资”。

第二，经济发展所需要的技术不会感到不足。因为有“赚取外汇”的主导部门产品，可以依靠这些产品出口来引进技术；同时，由于进行了保障投资利益的制度变革，外国可以直接投资建厂，带来新技术。

第三，经济发展所需要的原料生产、交通运输、劳动力供给等问题也可以得到解决，因为一旦建立了主导部门，它就会对一国整个国民经济起“连锁反应”，它会带动其他部门的发展，会引起地方经济的变化，会增加劳动力的供给。

第四，起飞之后，经济发展中会遇到某些难以解决的问题，例如某种原料显著供不应求，或者动力不能满足需要，或者运输紧张。这样，就推动了这些方面的科学研究和技术革命，就会引起一系列新的“突破”。一旦完成了新的“突破”，经济就可以继续向前发展了。

以上就是罗斯托关于起飞阶段的基本论点。罗斯托认为，世界上每一个工业化国家都经历了起飞，每一个发展中国家正处在起飞之中或即将面临起飞。因此，起飞当前是一个对一切国家都有重要意义的理论问题：完成了起飞的国家有责任帮助尚未实现起飞的国家。罗斯托认为未实现起飞的国家最容易走革命的道路，只要一国完成了起飞，经济“自动持续成长”了，它就不会信奉马克思主义了，人民就不会起来革命了。

二、起飞与基本经济结构的剧变

罗斯托认为，在人类社会经济成长的六个阶段中，“起飞阶段”相当于一国工业化的初期，这是一个“具有决定性意义的转变时期”，它的时间较短（二十年到三十年），但基本经济结构和生产方式上的转变是剧烈的。①

这是罗斯托的一个十分重要的论点。这就是说：起飞并不仅仅意味着投资率的上升或经济增长率的上升，而主要意味着一国基本经济结构发生剧烈的变化，意味着技术的吸收并产生扩散性的结果。为此，罗斯托声称不要把他的起飞条件同“纯刘易斯行为”混为一谈。所谓“纯刘易斯行为”是指经济学家W.刘易斯在1954—1955年间发表的下述论点。刘易斯说道：“经济成长理论的中心问题，就是要了解社会从5%（占国民收入）的储蓄者转变为12%的储蓄者的过程。”②而这个问题之所以为中心问题，是因为“经济发展的主要事实是迅速的资本积累”，“如果不能说明储蓄相对于国民收入的增长的原因，也就不能说明任何‘工

① 罗斯托：《经济成长的阶段》，第2版，剑桥大学出版社，1971年版，第8，39，189页。

② 刘易斯：《经济成长理论》，1955年版，伦敦，第226页。

业’革命”。[①]罗斯托认为，刘易斯关于投资率上升的论点是重要的，但这个论点本身并不说明社会“转变”时间的长短：“转变”既可能是缓慢的，也可能是急剧的。罗斯托声称，他所指的起飞包括了三个条件，而投资率上升只是其中一个条件，它与另外两个条件不能割裂开来；那些认为工业化初期的“成长”是“渐进”过程的人们正是把他的论点同刘易斯的论点混淆在一起了。他们看到某些国家历史上投资率增长得比较缓慢（如英、法），从而断言这些国家不存在起飞阶段，这样实际上是把起飞的三个条件简单地理解为一种“纯刘易斯行为”。[②]

罗斯托解释道：在起飞时期，由于各国人口增长率不同，由于各国起飞前和起飞期间社会经营资本（主要是运输业）所需要的投资水平不同，由于各国资本和产量的比率不同，因此各国投资率的上升程度可能有所不同。即使如此，这一现象也不足以否定起飞的存在，因为起飞包括了三个条件，而不仅仅指一种“纯刘易斯行为”。罗斯托认为“纯刘易斯行为”（指投资率由占国民收入的5%上升一倍或一倍以上）是一个“重要的”、但不是“足够的”判断“起飞”的“标准”。[③]

罗斯托声称他所采用的是非总量分析（总量分解）的方法。

---

① 刘易斯：《劳动力无限供应条件下的经济发展》，载《曼彻斯特学报》，1954年5月。

② 罗斯托：《经济成长的阶段》，第2版，剑桥大学出版社，1971年版，第190，192，205页。

③ 同上，第192—193页。

总量分析是J.凯恩斯在其《就业、利息和货币通论》中所采用的研究方法，它着重分析的是国民生产总值、国民收入等总量的变动及其与就业量和物价水平的关系。以总量分析方法来研究经济增长问题时，主要是对投资率和资本——产量比率进行分析。罗斯托指出：哈罗德—多马模型就是依据凯恩斯理论而编制的一种高度总量分析的模型。罗斯托强调指出，他在研究起飞时所采用的主要不是总量分析，而是非总量的部门分析，是对总量的分解，这种分析方法既不同于凯恩斯的总量分析，也不同于凯恩斯以前的经济学家所采用的个量分析（即分析单个市场或单个企业的商品供给、需求和价格之间的均衡关系）。罗斯托的非总量的部门分析，是分析部门的总量；它们对个量而言，是“总量”，对整个国民经济而言，则是“非总量”。罗斯托说：“过去十年内我在成长论方面学习到的一切，使我深信，《经济成长的阶段》（第1版）内关于成长的非总量的、部门的基本论点是正确的。”①

为什么罗斯托认为不能采取总量分析方法呢？他认为总量分析有以下缺陷：“起飞的决定性因素是在一个发生扩散性效果的环境中引进新的技术”，②而按人口平均计算的国民生产总值是由许多“并不与经济中吸收技术的程度相联系的变量决定的”。罗斯托解释道：“技术被吸收于特定的工业和工业各个部门之

① 罗斯托：《经济成长的阶段》，第2版，剑桥大学出版社，1971年版，第XIV页。

② 同上，第223页。

中，”“而不是被吸收于国民生产总值之中，”[①]国民生产总值的变化既反映技术吸收的过程，也反映其他变量的作用。这样，按照罗斯托的看法，部门中由于引进新技术而产生的剧烈变化及其扩散性效果，并不一定立刻在按人口平均计算的国民生产总值的变化方面得到显著的反映（比如说，假定两个国家人口增长率不同，尽管它们在部门中实现了同样程度的技术改造，按人口平均的国民生产总值的上升就不一样），而按人口平均的国民生产总值的变化也很可能与部门的技术改造没有直接关系（比如由于游览业的发达而引起的国民生产总值或国民收入的变化）。所以罗斯托再次声明他的论点：总量分析方法“不能使我们对实际发生的情况以及在起飞阶段中起作用的因果过程有很多的了解”。[②]

罗斯托认为，只有由于工业部门采用新技术，降低成本而引起的工业生产量绝对水平的增长，才是真正的起飞的开始，因为起飞的实质在于部门的扩张及其扩散性效果。[③]所以只有采用了新技术并降低了成本，才能为部门的扩张奠定可靠的基础，才能使一个部门的影响扩展到其他部门，形成“工业扩张的浪潮”。“起飞发生时间的估计不可能是一种简单的统计演算，虽然它要求利用一切有用的统计资料。必须考察经济的全部活动情

---

① 罗斯托：《经济成长的阶段》，第2版，剑桥大学出版社，1971年版，第180页，197页。

② 同上，第191页。

③ 同上，第193页。

况，以判明对于由主导部门可能引起的扩散性效果，它是如何积极反应的。”[①]

罗斯托在分析了起飞与基本结构的剧变之间的关系后，进而分析了区域起飞与全国范围内的起飞之间的区别。他说，从美国经济史来看，新英格兰的区域起飞确实较早开始，棉纺织工业是这个区域起飞的主导部门，并对全区有广泛影响，但由于距离因素和地理因素是美国早期成长中的基本问题，只是随着铁路技术的采用，使美国成为一个有效的大陆市场后，才有全国范围的起飞，所以1820年新英格兰的区域起飞只不过是一种“早熟现象”，它并未引起美国基本经济结构的剧变，所以它还不是美国国民经济的起飞。

三、工业化进行到一定程度之后的“持续成长”

罗斯托认为起飞之后的持续成长是依靠新主导部门不断代替旧主导部门而实现的，他把这个过程叫作起飞的重复。从这个意义上说，罗斯托理论体系中的起飞一词有两种含义。第一，起飞是指人类社会六个经济成长阶段中的一个阶段，即“起飞阶段”。第二，起飞是指经济成长过程中不断打破停滞状态，使经济保持前进的冲力。所谓起飞的重复，就是指后一种含义而言。

① 罗斯托：《经济成长的阶段》，第2版，剑桥大学出版社，1971年版，第195页。

罗斯托认为，笼统地提起飞以后成长过程受限制的说法是不明确的。限制有两种，一种是来自传统社会的限制，另一种是经济成长本身所引起的限制，前一种限制在起飞阶段中已被打破了，后一种限制是在成长过程中不断出现的，主要表现为主导部门的减速趋势。那么，主导部门的减速趋势是怎样引起的呢？罗斯托认为减速可能是由以下各种原因引起的：人口增长率的下降；新兴国家的竞争；资本供给的不足；与主导部门相配合的补充工业部门的缓慢发展；企业家才能的逐渐减退；收益递减规律的作用；消费倾向的下降；等等。罗斯托认为这些因素虽然不可忽视，但不是主要的。造成主导部门减速的主要原因，在他看来，就是工业部门的技术改造（尤其是新技术在工业中被采用）的缓慢和停顿。罗斯托说：“什么是经济成长的基础？我相信我们大家都同意这样一点，即成长是不断地、有效地把新技术吸收到经济之中的结果，”[①]“现代成长的根源在于新技术在一个有效的基础上的不断扩散。”[②]他进一步解释道：在一定的成长阶段，经济的成长总是由于主导部门采用了先进技术，降低了成本，扩大了市场，增加了利润和积累，扩大了对其他一系列部门的产品的需求，从而带动着整个经济，但是，经过一代（或两代）之后，一旦当初的先进技术及其影响已经扩散到各个有关部门，这个革新的浪潮就过去了，原有的主导部门所担负的特殊使

① 罗斯托：《经济成长的阶段》，第2版，剑桥大学出版社，1971年版，第179页。

② 同上，第Ⅻ页。

命也就完成，部门技术改造的变慢势必导致经济增长率的下降。罗斯托认为，这种减速趋势是不可避免的，“从这一点看，如果一个社会需要保持高的平均增长率，它必须不停地同减速趋势进行斗争”。[①] 而要反减速，则必须不断掀起革新的浪潮，不断采用新技术，不断产生新主导部门。采用了新技术的新主导部门的出现，等于开始了另一次起飞，而通过新主导部门对其他有关部门的影响（回顾影响和旁侧影响），通过技术的扩散，再通过利润的再投资，成长就可以继续进行下去。在这里，回顾影响是指一个部门的经济成长对向它投入生产要素的部门的影响。例如：铁路部门的发展将带动向铁路部门提供铁轨、枕木、机车、煤炭等部门的发展。旁侧影响是指一个部门的经济成长对所在地区和邻近地区的影响。例如，修建铁路后，沿线的经济将发生相应的变化。

某些西方经济学家曾经怀疑：新主导部门刚出现时，它在整个经济中所占的比重，从统计资料来看，无疑是很小的，它能起到带动经济成长的作用吗？罗斯托的回答是：各个部门所占比重的统计数字不足为据，因为这个问题不是单纯统计演算的问题。罗斯托认为：在一定时期内，新主导部门的产值在国民生产总值中所占的比重可能很小，并且新主导部门增长率最大的时期同它产生影响的最大的时期可能不一致，但这些情况并不能抹杀它的回顾影响和旁侧影响的存在；新主导部门不是简单地靠它

① 罗斯托：《经济成长的阶段》，第2版，剑桥大学出版社，1971年版，第175页。

自身的产量来带动经济成长，而主要是靠它的回顾影响和旁侧影响来带动经济成长，回顾影响和旁侧影响很难用精确的统计数字来查明。罗斯托以美国铁路在经济成长中的作用为例，他写道："一个新主导部门的出现常常改造了它影响所及的整个区域，例如棉纺织业革命改造了曼彻斯特和波士顿，汽车工业改造了底特律。不管铁路通到哪里，铁路都引起旧城市中心的改造或新城市中心的兴起，这不仅是为了铁路的维修保养，而且也是为了从事因铁路使之存在和有利可图的市场经营和商业贩运。这些以起飞时期城市化加速为标志的旁侧影响，扩大了新式居民在总人口中的比例，加强了对生产过程的新态度，这些都远远超过了新活动本身的狭小影响，超过了它所直接影响的那些部门产量的狭小范围。"[①] 罗斯托接着说，由于旁侧影响极难在数量上加以确定，所以铁路在加速经济成长中的直接和间接作用也不可能用统计学方法来孤立地度量。

罗斯托认为，新主导部门的出现并不是任意的、偶然的现象，新主导部门和旧主导部门之间有密切的联系，旧主导部门的发展就已经预示着新主导部门的产生，具体地说，旧主导部门的前瞻影响是新主导部门产生的依据。他指出，从主导部门的影响来看，起飞应当划分为两个阶段，在第一个阶段，它产生回顾影响和旁侧影响；在第二个阶段，"经济还必须显示出发挥前瞻联系的能力，从而新主导部门在旧主导部门减速时得以

① 罗斯托：《经济成长的阶段》，第2版，剑桥大学出版社，1971年版，第226页。

出现”。[①]

按照罗斯托的看法，旧主导部门创造了一种可以“诱导”新的工业活动的背景，例如，它提供的产品和服务可能降低另一种工业的成本，从而刺激着后者产量的增长；又如它能够造成瓶颈，从而吸引企业家到某方面去寻找利润或刺激新技术的发展；再如，它可能使收入增加，从而引起社会上需求量的变化或刺激新的需要。这些就是旧主导部门在成本和供给方面的前瞻影响以及在需求方面的前瞻影响。前瞻影响和前瞻联系的存在使新主导部门的出现有所依据。罗斯托以英国经济史为例，说明旧主导部门（棉纺织工业）与新主导部门（铁路建造业）之间的关系。他说，19世纪中期以后，铁路的兴建是与棉纺织工业的前瞻影响分不开的，棉纺织工业的技术发展大大降低了这具有高的收入需求弹性的制成品（棉纺织品）的成本，使其产量剧增，同时原料（棉花）的消费量也大为增长，于是出现了运输问题，即如何以新的运输方式把工厂、港口和国内市场连接起来，第一条铁路——从曼彻斯特到利物浦之间的铁路就是在这种情况下出现的。

四、起飞——持续成长的一般公式

罗斯托说：“在一种意义上，每一个国家发展的历史都是

① 罗斯托：《经济成长的阶段》，第2版，剑桥大学出版社，1971年版，第194页。

独一无二的”，“没有两个相同的例证”，[1]但另一方面，“也有一些共同的力量和原则在起作用，它们产生足够的相似之处，从而有可能进行分类，系统分析，或至少做出某种程度的预测”。[2]他认为，有些人只看到了成长过程的独特性，而不了解成长过程的一般性。

什么是成长过程中的一般性？罗斯托认为，这种一般性就是：“在近代史的特定时期内，从本质上看，技术是同一的。”[3]罗斯托解释道：“尽管各国的文化、社会结构和政治状况不同，各国大小不同、资源不同、人口与资源之比不同，与国际间的经济联系不同，受其他国家军事威胁程度不同，从而用于军事目的的资源所占比重不同，但这些特点并不排斥下述的共同之点：各国国民生产总值的增长也必然反映着技术发展和应用的过程，这样，尽管各国是在不同时间进入现代化过程（即进入起飞），并且很可能各自吸收了当时较先进的技术，但完全可以根据技术被吸收的程度以及主导部门序列的变化来加以概括。而对吸收新技术的程度、主导部门、成长阶段三者之间的关系进行分析，就是说明不同国家的成长过程的普遍适用的一种方法。”

罗斯托进一步断言：某些经济学家之所以强调各国成长的独特性，也是由于他们对起飞以前的时期缺乏分析，他们所谓的历史遗产就是指各国在进入起飞以前的不同历史条件。罗斯托说：

① 罗斯托：《经济成长的阶段》，第2版，剑桥大学出版社，1971年版，第178页。

② 同上，第179页。

③ 同上，第180页。

尽管条件不同，任务却是一样的。这就是各国都要走向现代化，经济成长成为一种派生的需要。[①]而为了走向现代化，各国都需要为加速经济成长做准备，包括采取一切措施使人口增长的压力有所减轻，使投资率有可能上升，使一个或几个能赚取外汇的部门有可能发展起来，等等。这样，到了起飞之前的几十年内，各国的社会经济都发生了类似的变化。如农业制度和技术的改造，新式工人的培养，城市和国内外贸易的发展，工业产值的一定程度的增长，以及其他为起飞所必需的变化。因此，起飞——持续成长的一般公式与历史例证的特殊性并不矛盾。

罗斯托认为历史上有过一些所谓“流产的工业浪潮”的例证，如19世纪末20世纪初的印度，第一次世界大战期间的中国，等等。他说，这些国家在这段时间有过一阵工业增长，但并未导致自我持续成长，接着而来的则是停滞或倒退，所以这不是起飞。[②]他认为这一类例证既说明了不同国家的经济成长的特殊性，也说明了起飞理论对于各种历史例证的适用性：即在“起飞的前提条件还没有具备的地方”，如19世纪末20世纪初的印度和第一次世界大战期间的中国，即使棉纺织工业有较大增长（棉纺织工业是英国起飞的主导部门）、铁路建筑事业有较大规模（铁路建筑事业曾是美国起飞的主导部门），也“并不能产生一个起飞阶段”。[③]

① 罗斯托：《经济成长的阶段》，第2版，剑桥大学出版社，1971年版，第174页。

② 同上，第195页。

③ 同上。

罗斯托说：历史上的统计资料当然不够完备，但不能被这种情况吓倒，如果总是认为统计资料不全或水平不够高而不去做出智力上的判断的话，那么既写不出经济史，也制定不了经济政策。如果经济理论的经典著作——从《国富论》到《就业、利息和货币通论》——的作者们，一直要等到他们的数量概念能以统计形式严格地表述出来的话，那么就没有一本经典著作会发表。①

接着，罗斯托谈到如何利用历史统计资料的问题。他写道：现有的统计资料往往是官方机构为了制定政策的需要而收集的，对于研究经济成长过程并不合适，因此有必要加以重新收集和组织。比如说，要打破典型的制造业的九项分类法（指美国官方把制造业分为这样九大类：①食品、饮料、烟草；②纺织品；③皮革和橡胶；④林业产品；⑤纸张和印刷；⑥石、黏土和玻璃；⑦化学品和石油；⑧金属制品；⑨杂项），而要按主导部门本身（例如汽车）加上其他工业中与之有联系的部分（如钢材、橡胶轮胎、石油精炼等）来进行分类。罗斯托认为，只有这样才能把部门中对新技术的采用同部门的扩散性效果联系起来，说明经济成长的过程。

罗斯托认为，按照主导部门综合体系的分类方法，可以把世界上所有各国的起飞和起飞以后的持续成长纳入下述的一般公式，即每个国家的经济成长都将发生这样的过程：由起飞阶段的

① 罗斯托：《经济成长的阶段》，第2版，剑桥大学出版社，1971年版，第53，56页。

主导部门综合体系过渡到成熟阶段的主导部门综合体系，再过渡到高额群众消费阶段的主导部门综合体系，最后过渡到追求生活质量阶段的主导部门综合体系。

罗斯托声称，他的关于起飞的理论以及整个成长阶段的理论既适用于经济史考察，也适用于现状分析，既适用于发达国家，也适用于目前的发展中国家。他认为适用的依据在于：无论哪一个时期，无论哪一个国家，经济成长都是按部门进行的，如果要制定经济发展计划，也必然是按部门制定的，而起飞理论和整个成长阶段理论的方法论就是非总量的部门分析，所以在罗斯托看来，从分析主导部门及其扩散性效果着手，是考察任何经济成长（包括发展中国家的成长）的共同出发点。

罗斯托认为，一个不发达的国家或地区之所以会发生革命，是因为它想起飞，而未能起飞的结果。如果这个国家或地区经济很落后，而且处于封闭阶段，不接触外界，那么它是不会想使经济起飞的。只有在它想使经济起飞，但又由于种种条件的限制，而未能实现这一愿望时，它便求诸革命了。因此，在罗斯托看来，革命无非是换一种起飞的途径而已。比如说，私人没有力量实现工业化，便由革命后的政府来实现工业化。罗斯托认为俄国革命、中国革命都是这样发生的，所以他把“共产主义”称作过渡时期的一种病症。

罗斯托由此断言，一个国家或地区如果实现了起飞，那么它们就能进入起飞后的持续成长，它们也就不会被“共产主义”所夺去了。发达资本主义国家应当帮助不发达国家和地区实现起飞，以免这些国家和地区受到“共产主义”的影响，这就是罗斯托起飞理论的政治结论。

第二节　罗斯托对起飞以后各个成长阶段的论述

一、成熟阶段的终结

据罗斯托的论断，高额群众消费阶段是一个高度发达的工业社会，它在技术上的成熟使得社会的主要注意力从供给转移到需求，从生产转移到消费。这时，越来越多的资源被用于生产耐用消费品，这些耐用消费品逐步普及到一般居民家庭。这时的经济成长以耐用消费品的大量生产为基础，居民家庭对耐用消费品的购买保证了经济繁荣。

罗斯托认为，美国是世界上第一个由成熟阶段进入高额群众消费阶段的国家。20世纪20年代，在美国就已为居民提供了以私人小汽车为主要代表的耐用消费品。30年代，由于严重而持久的萧条，以耐用消费品为基础的经济成长遭到了打击。在罗斯福“新政”时期，较多的资源被用于公共福利支出。而从1946年以后，美国又重新开始了高额群众消费。而西欧大陆和日本，在50年代先后进入了高额群众消费阶段，这就是罗斯托所解释的高额群众消费阶段的历史。罗斯托认为，在这里需要说明的是：为什么这些国家在成熟阶段之后必定走向耐用消费品时代?

在罗斯托看来，高额群众消费阶段之所以代替成熟阶段，这是由于成熟阶段本身的局限性以及由它引起的一些新问题造成的。

什么叫作成熟阶段?罗斯托说成熟阶段是指起飞之后，经过较长时期的经济持续成长而达到的一个阶段，这时，经济中已经吸收了技术的先进成果，并有能力生产自己想要生产的产品。一般说来，铁路建筑、钢铁工业以及大量使用钢铁的通用机械、采矿设备、化工设备、电力工业和造船工业等部门的发展，是一国经济成熟的标志。在向成熟阶段推进的过程中，成长所依靠的是对供给方面的投资，也就是靠对工业设备部门的投资。由于工业中不断吸收新技术，不断降低成本，生产出来的工业设备不断被企业所需要，投资被认为是有利可图的，从而对工业设备的投资带动了经济成长。这一点，既是向成熟阶段推进过程中经济成长的冲力，同时也是成熟阶段本身的局限性的反映。

为什么说这一点反映了成熟阶段的局限性?因为按照罗斯托的解释，经济成长是不断地、有效地把新技术吸收到经济之中的结果，一旦经济中对新技术的吸收和推广的速度放慢了，经济成长就失去了冲力，所以经济中需要不断掀起革新的浪潮，同减速趋势进行斗争。成熟阶段的局限性表现于以对工业设备部门的投资为基础的、以工业设备部门吸收新技术为内容的这种经济成长，在先进的技术成果已被充分吸收并被应用于大多数生产部门之后，就不可避免地出现减速趋势，因为这时（姑且不谈来自其他工业国家的竞争）投资已不再像达到成熟之前那样有利可图，也不再吸引企业家的注意了。为了对付成熟阶段到达终点时所出现的减速趋势，一个国家基本上面临着两种可能性：一是对外侵略扩张，一是向更高级的、新的成长阶段过渡。如果对外侵略扩张受到阻碍或挫折，那么就只有一种可能性，即向新成长阶段过渡。

新成长阶段的出现不是偶然的。成熟阶段对新成长阶段的出现有下列“诱导”作用或“前瞻影响”：

第一，随着经济的成熟，一种新型产品——汽车——出现了。特别是1913年福特工厂采用自动装配线之后，这种新产品被大量廉价地生产出来。

第二，随着经济的成熟，劳动力结构起了变化。不仅城市居民人数不断增多，而且这些人的实际收入也增加了。

第三，随着收入的增加，人们的欲望起了变化。他们不再满足于对基本的衣、食、住的消费，而要求获得新的消费果实。

第四，在消费者主权起作用的条件下，社会必须设法满足消费者的需求，把越来越多的资源用来满足消费者对消费品的需要。

罗斯托断言：这样，在成熟阶段到达终点之时，尽管对原有的主导部门（铁路、钢铁以及工业设备部门）的投资收益不再像向成熟阶段推进时期那样吸引企业家，尽管原有的主导部门出现了减速趋势，但由于上述这些“前瞻影响”的作用，社会必然转向以汽车为主要代表的新产品的生产，从而开始了新的经济成长。汽车，不是作为一种生产设备而被大量生产出来，而是作为既被消费者所需要，又能被消费者所接受的一种耐用消费品大量生产出来。这个以汽车工业为新主导部门的新成长阶段，就是高额群众消费阶段。

二、由高额群众消费阶段向新阶段的过渡

所谓高额群众消费阶段的主导部门，据罗斯托的说法，就是汽车工业部门综合体系。这一综合体系不仅包括汽车工业本身，而且包括同汽车制造业的产品消耗有回顾联系的各部门，如钢铁工业、橡胶轮胎工业、石油精炼工业、玻璃工业，等等。汽车工业的发展带动了与汽车的使用有旁侧联系的各部门，如私人住宅建筑（特别是郊区住宅建筑）、高速公路建设、为汽车使用服务的部门（加油站、公路旁的零售店和餐馆、停车场，等等）。而私人住宅建筑的发展又引起了对其他各种家庭设备（耐用消费品）的需求，并影响到食物消费习惯的改变，引起对罐头食品、冷冻食品等的需要。大规模的公路建筑则又推动了筑路机械和建筑材料的生产……此外，汽车工业部门综合体系的建立和汽车的使用，在罗斯托看来，还改变了美国居民的生活方式，加速了美国社会的人口移动（表现于郊区人口激增），等等。

罗斯托认为，高额群众消费阶段的主导部门对经济成长的推动作用与前一个阶段，即成熟阶段的主导部门对经济成长的推动

作用是有区别的。在成熟阶段，经济成长以对工业设备部门的投资为基础。在这种情况下，即使消费者需求水平较低，但只要劳动力成本和原料成本都比较低，对工业设备部门的投资仍然被看成是有利的。但在高额群众消费阶段，主导部门是以汽车为主要代表的耐用消费品工业，经济成长以对耐用消费品生产部门的投资为基础。在这种情况下，必须保持高额的消费者需求水平，否则不仅耐用消费品生产部门会开工不足，而且向耐用消费品生产部门供给产品的各个部门也会开工不足，从而投资被认为无利可图。如果这些部门吸引不了投资，经济成长也就失去了基础。

但罗斯托认为高额群众消费阶段不能永远存在下去，它转入另一个新的成长阶段是不可避免的。成长阶段的更替的原因仍在于旧的成长阶段发展到一定程度之后其主导部门所产生的减速趋势。罗斯托说，在美国，从20世纪50年代中期起就出现了减速趋势，正是高额群众消费的减速趋势开辟了一个新的成长阶段——追求生活质量阶段。就这一点而言，由高额群众消费阶段转入追求生活质量阶段，是与由起飞阶段转入成熟阶段，或由成熟阶段转入高额群众消费阶段的道理是一样的，都归因于减速趋势。

罗斯托认为，减速是对相对的增长率而言。美国汽车工业部门出现了减速趋势，并不意味着汽车和其他耐用消费品绝对产量下降或在美国已经失去销路。耐用消费品是需要更新的，而且美国还有一些人没有获得它们，他们还将继续购买。同时，由于其他国家正在走向成熟阶段或高额群众消费阶段，耐用消费品可以出口。但无论如何，汽车工业部门在今天已不像它刚兴起时那样具有前进的冲力了。由于其他国家也相继建立了这一部门，而它们的工资率比美国低，所以美国汽车出口的前景也不可乐观。这就是影响着这一部门的远景的有利因素。它的命运正如产业革命时代英国的棉纺织工业的命运一样。当时英国的棉纺织工业，在越过了它的极盛阶段之后，它的增长速度就放慢了，它失去了带动经济成长的能力，它会被新的主导部门所代替。从这个意义上说，可以认为底特律很可能走英国兰开夏的老路。

三、布登布洛克式的动力的作用

罗斯托在解释成长阶段的依次更替时，提出了所谓布登布洛克式的动力（Buddenbrooks' dynamics）的作用。

布登布洛克式的动力一词来源于德国作家托马斯·曼的小说《布登布洛克家庭的衰落》（Buddenbrooks: Verfall einer Familie）。托马斯·曼，1875年生于德国，1929年获得诺贝尔文学奖，1933年后移居美国，1944年入美国籍，1955年去世。《布登布洛克家庭的衰落》是他的重要著作，出版于1901年。小说以19世纪中期德国卢卑克城一个资产阶级家庭的兴衰作为背景。老布登布洛克早年经营粮食生意，奔走各地，拼命积累财富，终于办起了一个大的粮食公司，成为地方上的富户。一直到晚年，他始终把这个家庭办的企业当作自己的全部世界，一心一意经营它，发展它。他死后，产业遗留给孙子托马斯·布登布洛克来经营。托马斯出生在已经有钱的家庭，他对继续追求金钱不再感兴趣，只把经营粮食生意看成是对家庭的一种责任。他追求社会地位，后来当了参议员。托马斯的儿子汉诺·布登布洛克出生在既有钱，又有社会地位的家庭中，他对金钱和社会活动都不感兴趣，他追求精神生活，爱好音乐。托马斯去世后，老布登布洛克一手创办的粮食公司关闭了，产业被卖掉，仆人被打发走，家庭里接连发生变故，汉诺不久也去世，布登布洛克家庭完全衰败，小说也就到此结束。托马斯·曼的本意是想说明“企业家精神”与“知识分子的精神生活”之间的冲突，指出二者不能并存，所以后者的出现是前者的衰落征兆。罗斯托则根据小说的情节，用布登布洛克式的动力一词来说明一家几代人因生活环境不同，从而追求的目标不同，满足各自欲望的方式也不一样。罗斯托认为，布登布洛克式的动力不仅可以说明一个家庭在几代之中变化的过程，也可以说明一个社会在几代时间内的变化。

罗斯托认为：人类社会的发展可以划分为若干个成长阶段，每一个成长阶段都有与之相适应的主导部门，而每一个主导部门的出现又同“新的人物”及其利益、兴趣和要求联系在一起。因此，成长阶段的置换、主导部门的变动、中心人物的更替，三者实际上是不能分开的。布登布洛克式的动力说明人们一代又一代总是在寻找新的满足欲望的方式。[①]在西方经济史上，为起飞创

① 罗斯托：《经济成长的阶段》，第2版，剑桥大学出版社，1971年版，第11页。

造前提阶段的新教徒，起飞阶段的企业家，向成熟阶段推进的“铁路大王”“钢铁大王”“石油大王”，直到成熟阶段完成之后管理着企业的专业经理人员，都是与他们本身所处的时代相适应的中心人物。他们依次更替，他们各自代表着他们那一代。他们对问题的看法以及他们所追求的目标是不一样的。这就是布登布洛克式的动力的作用。

因此，罗斯托认为，社会在进入高额群众消费阶段之前，人们没有小汽车时向往小汽车，这是可以理解的。在进入高额群众消费阶段之后，如果实际上所有的人都能够得到一辆廉价的汽车，他们还会要求什么呢？在布登布洛克式的动力不停地起着作用的条件下，美国当前这一代人——年轻的一代——将追求什么呢？在罗斯托看来，他们不会再追求汽车了，汽车对他们来说，效用是递减的。他们的收入将用到汽车以外的方面去，他们的精力和才能将不再放到追求耐用消费品方面。布登布洛克式的动力说明人们的欲望一代一代地变化着：没有钱的时候想赚钱；有了钱就想要社会地位，想要生活环境的舒适，想受更高的教育，想到外国去旅行，想要精神上的享受。这种心理的变化以及它所造成的影响，促使美国社会必然向着高额群众消费阶段之后的另一个阶段发展。

四、新的成长阶段——追求生活质量阶段

那么，美国社会将从高额群众消费阶段走向何处？罗斯托认为，下一个成长阶段不是任意地、凭空地产生的，而是与高额群众消费阶段内已经发生的某种转变和它存在的一些问题有关。他从以下三个方面来考察下一成长阶段的性质。

第一，以服务业的发展情况来考察。在美国，服务业具有重要的意义。服务业包括许多部门，尽管那些与耐用消费品有关的服务部门正在减速，而与医疗、教育、文娱、旅游有关的服务部门则在加速发展。同时，服务业目前的生产率增长速度虽然比较缓慢，但就业人数的增长是迅速的，在服务业就业所占的比重日益增大。这些情况表明在高额群众消费阶段之后，服务业将越来越重要。

第二，从汽车工业部门的发展和汽车的大量使用造成的问题来考察。罗斯托认为，在高额群众消费阶段内，由于汽车工业部门的发展和汽车的大量使用而引起了空气和水源污染以及大城市的衰败，因此下一个阶段必须认真处理环境污染、城市交通拥挤不堪和人口过密等问题。在罗斯托看来，这些问题如果得不到解决，那就谈不到所谓“生活的质量”，同时，要解决这些方面的问题，需要有政府的大量支出，而迄今为止，政府在这些方面的支出还很不够。公众在这些方面给予政府以巨大的压力，政府面临着挑战。这就是下一个阶段必须解决的课题。

第三，从“充分公民权利”的角度来考察。罗斯托认为，

在美国，这个问题就是种族问题，主要是黑人问题。罗斯托说，这个问题看起来似乎只是美国特有的问题，其实在加拿大、比利时、北爱尔兰也存在一部分受益较少的居民，他们也要求改变目前的政治、社会和经济地位，只不过其程度不如美国的黑人问题那样突出。

罗斯托说，从1940年到1960年之间，美国的黑人在地域分布上有两个大的变动：一是由乡村转入城市（1940年，黑人城市居民为620万人，乡村居民为660万人；1960年，黑人城市居民为1380万人，乡村居民为510万人），一是由南部移入北部（从1940年到1960年，南部的黑人总数基本上没有变动，北部的黑人总数由280万增加到720万）。黑人在地域上的分布使美国的黑人同白人的接触更多，从而提出了一些新问题。“从本质上说，黑人所想得到的就是美国白人从他的社会所得到的东西：高额群众消费阶段的乐趣，包括使自己的孩子受同等的教育、平等的选举权、平等的就业和居住权，结束一切形式的社会隔离。争取民权的运动是在高额群众消费阶段失去推动经济前进的力量时加强起来的；就那一点而言，争取民权的运动必定在60年代产生一种自相矛盾的因素：当美国的政治忙着要力求满足黑人的需要时，它也遇到了高额群众消费之后追求质量方面的公共问题。”①

因此，在罗斯托看来，美国必须在高额群众消费阶段之后的成长阶段内，继续解决黑人的“充分公民权利”问题，否则将

① 罗斯托：《政治和成长阶段》，剑桥大学出版社，1971年版，第226页。

造成政治上的严重不稳定局面，但他认为这个问题可以通过资源的重新配置一并解决。他说道："事实上，公共资源转到教育、福利和住宅方面，在很大程度上——不是全部，而是很大程度上——是美国种族问题的尖锐性的反映。与那种更明确地说要提高黑人社会生活的情形相比，在这样一些职能项目之下获得资金是更容易一些。"①

在分析了服务业的发展、汽车的大量使用造成的问题以及黑人问题之后，罗斯托指出了美国高额群众消费阶段之后的成长阶段的性质。他说：这是一个提高居民生活质量的阶段。

罗斯托写道："20世纪50年代中期美国高额群众消费的减速开辟了一个新阶段，即对质量的追求，这个阶段给政治的议事日程提出了一大套要求：要求增加教育和保健费用；要求大量投资以减轻——如果说不是消除的话——汽车时代的污染和城市的畸形化；要求做出计划来处理与穷人的收入和不平等的范围有关的问题，因为在平均收入水平增长的情况下，这种问题变得更加显著和更加不能令人满意；要求做出计划来对付这样一些人，即在观察周围生活状况和所面临的各种机会时打算进行抗议或以违反法律的方式挣脱这个社会的人。"②

① 罗斯托：《政治和成长阶段》，剑桥大学出版社，1971年版，第242页。

② 同上，第222页。

五、新的主导部门——生活质量部门

罗斯托认为高额群众消费阶段的主导部门是以汽车制造业为代表的耐用消费品工业部门，追求生活质量阶段的主导部门则是以公共服务业和私人服务业为代表的提高居民生活质量的有关部门，即“生活质量部门”。

生活质量部门包括公共投资的教育、卫生保健、住宅建筑、城市和郊区的现代化建设、社会福利等部门。

追求生活质量阶段内以服务业作为主导部门与以前各个成长阶段的主导部门有一个显著的区别：以前各个成长阶段的主导部门都是生产有形产品的，这些产品可以出口，而追求生活质量阶段的主导部门是服务业，提供的是劳务，是丰富居民生活的，是提高生活质量的，这样，当资源和人力大量转入服务领域之后，是不是会使美国本来已经严重的国际收支状况更加恶化呢？罗斯托认为这个问题迄今尚未被系统地研究，但如果弄清楚了下一个成长阶段的主导部门与技术发展之间的关系，对新主导部门给予国际收支的影响仍有可能做出一些判断。

在罗斯托看来，一个主导部门之所以能对一国的国际收支起积极的作用，关键不在于它生产什么样的产品，而在于它拥有什么样的技术水平，用什么样的技术进行生产。他说美国比其他国家早进入汽车工业部门综合体系，曾使得它在一系列拥有较新技术的工业部门中居于领先地位，从而有助于提高美国的生产率和加强美国的国际收支地位。西欧和日本在市场效率的条件下对这些技术的吸收，已经向美国的贸易剩余施加了沉重的压力。[①]可见，按照罗斯托的看法，如果美国不能在技术水平上领先，即使仍然以汽车工业为主导部门，仍不能减轻国际收支方面的窘境。

罗斯托接着说："把新技术引进服务业的可能性绝没有耗竭。而在像美国这样幅员广阔和资源丰富的国家的经济中，正如美国农业已经显示的那样，服务业中很可能有着提高生产率方面的未发掘的潜力，例如利用电视和其他群众性教育设施的潜力（这些设施只不过被浮光掠影地探讨过）；在医疗和医院设计中也许有着节约人力物力的很大可能性。并且，在人们几乎普遍有着到国外旅行的冲动（只要他们能够负担得起这笔费用）的情况下，新一代商用飞机横渡大西洋的竞赛可能决定国际收支差额究竟落到哪一边。"[②]

罗斯托得出了这样的看法：主导部门由汽车工业部门转向服务部门之后，仍有进一步创新的可能性，因为各个服务部门不仅需要采用新技术（如电子计算机技术）来促使本部门的业务革命化，而且从企业、部门直到工业结构都可能采取新的经营方式以适应市场的特点，亦即实行所谓"组织的创新"（innovations of organization）。罗斯托的结论是："因此，在高额群众消费阶段的技术被西欧和日本有效地吸收的时候，在西欧和日本把强有力的行政领导用充足的运营资本、现代的研究和发展，以及有效率

① 罗斯托：《政治和成长阶段》，剑桥大学出版社，1971年版，第233页。

② 同上，第233—234页。

的多种经营的生产单位结合在一起，而学习到经营管理方法的时候，如果美国要保持其领先地位，那么它必将是通过某些服务部门的创新（包括组织的创新），以及通过把现代科学技术的潜力推广到比以往广泛得多的范围之中而被保持住的。”[①]

六、追求生活质量阶段中的美国黑人问题和白人青年问题

罗斯托认为，任何一个新成长阶段的主导部门都是在前一个成长阶段的主导部门日益减速的条件下发展起来的，它起着带动经济成长的作用。追求生活质量阶段的主导部门——生活质量部门——也具有这样一种作用。但由于这一部门本身的性质，即由于它同资源的重新配置（指公共投资比重的扩大和向教育、卫生和住宅建设等方面投资的增加）联系在一起，它除了起着带动经济成长的作用之外，还有平衡社会和经济的作用。在解决美国黑人问题时可以看到这种作用。

罗斯托说道：至于黑人中的少数激进分子，因为他们对美国社会的看法不仅仅来源于社会经济方面，而且还来源于政治和意识形态方面，来源于美国南部奴隶制时代的一种精神遗产，甚至类似于结束殖民统治以后的国家中的激进民族主义。黑人激进分子的问题将在政治生活中得到解决。他们面临的选择与向成熟推

① 罗斯托：《政治和成长阶段》，剑桥大学出版社，1971年版，第233—234页。

进阶段时美国工人曾经面临的选择一样：是把精力投入激进的政治斗争之中，还是集中精力于改良？是力求改变政体，还是致力于在现存政体组织内增进福利？“其结果也正如美国工人的选择一样，将依赖于他们对于自认为可以取得的现实选择机会的估价。”①

罗斯托还谈到了美国白人青年问题，他认为这个问题与黑人问题有很大的差别。“黑人问题主要是要求得到高额群众消费的充分利益，而富裕的白人反对派所反对的，则是他们使之同高额群众消费联系在一起的那种生活方式、制度和情绪。”②他又说：“只有极少数黑人才把他们的问题同资本主义的本质联系在一起和要求推翻这个制度，以此作为取得社会经济平等的必要条件。把黑人和白人的经济和社会的不满连在一起，是美国传统的共产党政策的主要目标。但迄今为止这是一个比较不足道的论题；并且在黑人的坚持下，黑人和白人的激进运动是十分明显地分道扬镳的。”③

罗斯托认为，如今一部分美国白人青年们的不满情绪不是由经济不发达造成的，而是由美国社会的富裕生活本身造成的。这些青年在城市中长大，他们的家长有体面的职业，而且思想比较开明。他们的家长以及他们本人一般受过高等教育。但他们与家长之间的隔阂在于：他们所反对的正是他们的家长所珍视的和维

① 罗斯托：《政治和成长阶段》，剑桥大学出版社，1971年版，第248页。

② 同上。

③ 同上，第388页。

护的。双方对事物有截然不同的评价。

罗斯托认为，尽管自高额群众消费阶段以来，在美国社会中出现了上述“富裕的白人青年”问题，但进入追求生活质量阶段后，通过生活质量部门的发展和对于生活质量的关心，这方面存在的问题是有趋于解决的希望的。

罗斯托从以下几点进行分析：

第一，在美国青年总人数中，富裕的白人青年激进分子仍然只占少数。社会上还有大量的白人青年不是那么富裕，他们仍然需要从经济中寻找，力求得到可能得到的满足的地位。在汽车工业部门减速的条件下，有必要通过新的主导部门的发展，通过政府的力量，以及使用一切现代技术可以提供的成果来解决这一点。这仍是一项重要的工作。

第二，富裕的白人青年激进分子不满的原因直接与社会生活的质量有关。如果社会今后能提供一种良好的生活，解决高额群众消费阶段所造成的问题，如环境污染问题、医疗保健问题、黑人权利问题、贫民区问题，以及让一切有才能的人都有受教育的机会，对解决富裕的白人青年激进派的问题是有帮助的，因为这些激进分子的不满反映了他们对社会生活的一种看法。①

第三，富裕的白人青年激进分子之所以有不满情绪，另一个原因来自美国民主政治的不完善。而在美国社会进入追求生活质量阶段之后，“对质量的追求在美国结束了一个以维持较充分的

① 罗斯托：《政治和成长阶段》，剑桥大学出版社，1971年版，第252，254页。

就业、建筑公路和听任私人市场去满足群众高额消费作为政治的中心任务的阶段”，[①]政治生活中的许多问题提上了议事日程，在现存制度内改革的希望是很大的。美国社会将证明有能力在现存制度内使自己完善起来。

第四，富裕的白人青年激进分子产生不满的另一原因是他们的“厌倦之感”。关于这一点，罗斯托写道：“我们在先进社会中还没有达到这样一个地步，即私人的和公共的对资源的需求允许大大缩减每周工作日数，从而我们不大了解人们将如何使用大为增加的闲暇时间。至少，在美国，对公共资源增大了的要求，使人人都享受高额群众消费阶段全部利益的争吵不休的压力，再加上休养、旅游等的费用，这一切有可能使得在追求生活质量的早期阶段，需要紧张的国民的努力。”[②]罗斯托由此断言，在追求生活质量方面需要做的事情还很多，这将吸引大多数不满者把自己的才能和注意力用到这些“未完成的事业”中去。[③]

七、追求生活质量与国家安全

罗斯托说：“无论从追求生活质量在私人活动中的表现或在公共活动中的表现来看，追求生活质量的固有的性质可能导致人

① 罗斯托：《政治和成长阶段》，剑桥大学出版社，1971年版，第238页。

② 同上，第265页。

③ 同上，第258，264页。

们向内看，而减少对世界舞台的注意和关心……”这样，就产生了一个日益具有现实意义的问题：20世纪20年代，当美国刚开始进入高额群众消费阶段时，由于国民的注意力被吸引到耐用消费品和高额消费中去了，在美国出现了孤立主义倾向，美国人很少关心自己的国家在世界舞台上的作用；现在，当美国开始进入追求生活质量阶段时，对生活质量的关心是不是会使孤立主义倾向重新出现？这就是说追求生活质量与国家安全之间将形成一种什么样的关系？

罗斯托认为，20世纪20年代美国的孤立主义倾向是因30年代的大萧条和第二次世界大战的爆发而结束的，虽然今后不一定再会发生像30年代那样的大萧条，虽然第三次世界大战并不是不可避免的，“但无论美国的经济状况或世界形势，看来都不会容许美国单纯地致力于美国生活质量的改进”。所以，尽管在美国国民舆论中已经出现了新孤立主义的呼声，但这种呼声是否会占据上风，仍然是可怀疑的。

罗斯托认为，在经济方面，美国不可能不关心世界的经济形势，因为在追求生活质量阶段，“控制通货膨胀的问题是尖锐的；国际收支的平衡仍然没有把握；同时，转向某些公私服务业这一点，可能使美国生产率的增长速度慢于其他先进国家”。[①]

罗斯托总的看法是：“虽然把精力、才能和资源用于国内方

① 罗斯托：《政治和成长阶段》，剑桥大学出版社，1971年版，第258页。

面的需要增大了，美国在追求质量时代的政治是在世界结构状况所赋予的限制之内起作用的；如果忽略了这一点或漫不经心地对待它，可能像20世纪30年代的情况那样，产生一种完全的威胁，这种完全的威胁将会压倒在国内成长与福利、法律和秩序之间寻找新的平衡的努力。”①

罗斯托认为，尽管在考虑追求生活质量阶段的美国安全问题时要估计到上述种种情况，但整个说来，美国作为非共产主义世界的核保护者的不可削减的作用不可能因国内追求生活质量而减退。重要的问题是在“成长与福利”“法律和秩序”，以及“安全”三者之间求得平衡。罗斯托说道：“如果我们转向国内而从冷战走向稳定的世界秩序的艰苦奋斗中逐渐松劲，如果我们未能真诚地帮助那些跟在我们后面发展的国家，特别是那些还不曾成功地完成起飞的国家，如果我们未能注意到这一前途未卜的世界弱点，未能注意到它的那些生活于核武器阴影之下的，处于各个不同成长阶段并有着不同抱负的居民的弱点，那么肯定地说，我们所面临的祸患，甚至会大于高额群众消费时期产生的、如今在追求生活质量早期阶段严重压迫着我们的那些祸患。”②

① 罗斯托：《政治和成长阶段》，剑桥大学出版社，1971年版，第260页。

② 同上，第265—266页。

八、向追求生活质量阶段过渡是人类生活中的突破

罗斯托在1971年出版的《政治和成长阶段》一书中，在论述“汽车时代以后的情况”时，重复了他在《经济的成长阶段》里提出的一些问题。他问道：在“汽车时代”之后，人类会不会陷入长期精神停滞状态，精力、才能等是否找不到有价值的表现机会？人类会不会提高出生率而再过艰苦奋斗的生活？魔鬼会不会迷住懒汉的心窍，使他们去干坏事？人类会不会学习怎样进行一种既可以作为很好的运动，并可以加速资本折旧，但又不至于把地球炸掉的战争？太空的探险会不会为资源和雄心提供一种相当有趣和耗费巨大的出路？人类会不会重过18世纪乡绅式的郊区生活，从类似打猎、射击和钓鱼之类的生活方式之中，找到足以使人生有乐趣的新的生活天地？

罗斯托认为上述可能性是存在的，但人类不会选择这些出路，而会致力于提高自己的生活质量。

罗斯托说人类社会至今已经经历了五个成长阶段，“传统社会”“为起飞创造前提阶段”“起飞阶段”“成熟阶段”“高额群众消费阶段”；而美国目前正进入第六个成长阶段，即追求生活质量阶段。他断言：美国又一次走在其他国家的前列。其他国家正按照各自的特点和条件，由低级阶段向高级阶段过渡。追求生活质量阶段，是其他国家最终将会达到的目标。他认为：人类社会发展中有两个重要的“突变”，一个是起飞，另一个就是由高额群众消费转向追求生活质量。他把后一种过渡称为“工业社

会中人们生活的一个真正的突变”。[1]

在罗斯托看来，当人类从追求耐用消费品的高额群众消费阶段进入要求提高生活质量的追求生活质量阶段之后，在包括文化教育、医药卫生、旅游和疗养、住宅建筑、城市改建等部门在内的生活质量部门中就业的人员越来越多，这些部门在国民经济中的重要性越来越突出，人类历史上将第一次不再以有形产品数量的多少来衡量社会的成就，而要以生活质量的增进程度作为衡量成就的新标志。据说，对以往一切社会来说，这已经是一项显著的变化了。

罗斯托还认为，以美国而言，在进入追求生活质量阶段之前，政府除了维护宪法和秩序，保障国家安全的作用以外，在经济生活中，政府的主要作用是维持比较充分的就业，而让私人市场去完成满足居民需求的任务。在追求生活质量阶段，政府将把运用公共支出来增进福利作为中心的任务，提高生活质量不再仅仅由私人经济来实现，政府的公共支出将日益增大，政府与私人经济在提高生活质量方面将密切配合，共同合作。

罗斯托进而认为，向追求生活质量阶段的过渡将使人们做出对社会前途具有极其重要意义的选择——不走法国革命和俄国革命的道路，不会接受共产主义、法西斯主义和无政府主义，不会选择暴力的手段。他断言追求生活质量是一种改良和渐进主义，并认为这就是美国社会所做出的选择。

① 罗斯托：《政治和成长阶段》，剑桥大学出版社，1971年版，第253页。

罗斯托说，美国的民主政治“不是18世纪末期的法国，沙皇时代的俄国或共产党俄国那样的死硬的专制政治。抛弃渐进主义和改良的变革的机会是微弱的。共产主义和法西斯主义本质上认为大多数人是懒惰的和迟钝的愚人，权力或权力的重要部分能够被少数精明、有抱负、艰苦工作和纪律严明的人所夺取和把持。无政府主义本质上认为，破坏或削弱不完善的制度将导致它们的人道化。没有理由相信美国社会在历史的这一阶段不能抵制住上述这些学说以及由此而来的行动。但要抵制激进派信奉的那样一些目标，也许要付出很高的代价”。[①]

九、按照长周期的观点拟定当前的经济政策

在谈到当前世界经济的发展趋势时，罗斯托从对当前生活质量阶段的特征和面临的问题分析，进而扩展为世界经济成长道路及其动向的分析。运用苏联经济学家N.康德拉捷夫提出的长周期观点来进行分析，是罗斯托近来的三部重要著作（1975年出版的《这一切是如何开始的》，1978年出版的《世界经济：历史与展望》，以及同年出版的《由此及彼》）的分析方法的特征之一。

康德拉捷夫在20世纪20年代提出，周期是长波运动，每一周期为50—60年。以后，西方经济学家把这种周期命名为康德拉

① 罗斯托：《政治和成长阶段》，剑桥大学出版社，1971年版，第257页。

捷夫周期。罗斯托根据康德拉捷夫的长周期学说，认为从1790年以来，资本主义世界经济经历了如下阶段：从1790年左右到1840年左右为第一个长周期，1840年左右到1890年左右为第二个长周期。这两个周期被认为相当于资本主义工业化过程中的蒸汽机使用和推广的阶段，以及铁路建设和重型机器工业建立的阶段。罗斯托接着指出，从1890年左右到20世纪30年代中期为第三个长周期。这个长周期又可分为两个阶段，第一个阶段是1890年左右到1920年左右，这是第三个周期的上升阶段，电力的使用是这个阶段的特征。从1920年左右到20世纪30年代中期是第三个长周期的下降阶段，小汽车的推广使用是这个阶段的主要特征，正是在这个周期内，发生了30年代的大危机。从20世纪30年代中期到1972年左右，是第四个长周期。它也分为上升阶段和下降阶段。上升阶段大体上是从30年代中期到1951年左右，而从1951年到1972年为下降阶段。第四个长周期在罗斯托的理论体系中，相当于西欧和日本进入高额群众消费阶段和美国进入追求生活质量阶段的时期。罗斯托认为从1972年以来，西方资本主义国家已进入了第五个长周期，目前正处于它的上升阶段。在他看来，第五个长周期是美国处于追求生活质量阶段和西欧、日本转向追求生活质量阶段的时期，因此，着重研究这个阶段的社会经济问题是经济学家的迫切任务。

那么，这个阶段在发达的资本主义国家中究竟存在着什么样的社会经济问题呢？罗斯托认为，从现象上考察，粮食、原料和能源价格的猛烈上涨是一个特征。就是说，发达资本主义国家在追求物质生活质量阶段中，会因通货膨胀的加剧而感到头痛，因为通货膨胀的加剧与生活质量的提高相冲突。罗斯托认为，造成粮食、原料和能源价格猛烈上涨的基本原因是这些商品的供应不足，消费过度。要解决这个问题，从方法上看，凯恩斯的总量分析显然是不足的。罗斯托再一次强调部门结构分析的重要性。

罗斯托指出：有三个基本部门吸收了大部分公共投资，一是原料和能源供应部门，二是粮食供应部门，三是建筑和城市建设部门。而要解决通货膨胀问题，必须把投资的重点放在原料和能源供应部门、粮食供应部门中，以便提高粮食、原料、能源的供给。他认为，一旦在这些部门进行了重点投资，巨额投资，引起了这些部门的技术创新，造成这些部门的较高增长率，那就会带动整个国民经济的高涨，而供应问题的缓和也就会制止物价的上涨，使人们的生活质量得以提高。

罗斯托认为，根据第五个长周期的特点，像通货膨胀或提高生活质量这样一些问题，在性质上说，是不可能完全依赖私人竞争的市场活动的。为此，资本主义国家应当实行计划化。计划化的目的在于保证粮食、原料和能源的供给，以及在运输、环境保护、科学研究等方面使各部门取得协调。但罗斯托并不同意把计划化和国家的直接调节等同起来，他认为国家直接调节不等于计划化，而很可能是一种官僚主义的措施。他主张在计划化过程中，把国家的直接调节减少到尽可能低的程度，而让价格和税收措施发挥应有的作用，以达到政府预期的计划效果。这样，他心目中的计划化是政府部门与私人资本合作的产物，是施加国家的影响促使私人资本朝着有利于实现政府目标进行投资的一种做法。罗斯托认为，如果能做到这一点，那么资本主义国家的计划化和资产阶级民主制度将是协调的、共存的，而不完全是互相冲突的。

为了解决第五个长周期中所面临的通货膨胀和提高生活质量问题，罗斯托还强调要加强发达资本主义各国之间的合作和开展“南北对话”。关于发达资本主义国家之间的合作，罗斯托写道：这是为解决通货膨胀问题所必需的措施，因为只有加强这种合作，才能使科学研究的成果发挥更大的作用，才能普遍提高各国的劳动生产率，然后才能解决基本商品的供应不足的问题。关于“南北对话”，罗斯托认为，这主要有两方面的任务，一是消除发展中国家对发达资本主义国家的敌视态度，以利于国际间正常交往的开展；二是通过南北国家的合作，可以在粮食、原料和能源的供应方面取得较大的进展，以利于整个世界经济的稳定。在这里，罗斯托仍然把美国看成是世界政治和经济中举足轻重的力量，他认为美国有责任担负起领导世界的使命。因此，罗斯托的未来世界经济模式（从20世纪70年代中期到2000年）的基本特征就是：一个由美国肩负“领导”责任的、发达资本主义国家之间合作的、通过“南北对话”而达到南北之间协调的，以解决粮食、原料、能源供给不足问题的世界经济是有可能出现的，资本主义国家中的政治家们不必为此担心。但在这样一种未来的世界经济中，凯恩斯主义的一套应付战后资本主义国家经济问题的措施显然已经不符合需要了。代之而起的经济学将是部门分析的经济学，是国际合作的经济学。这就是罗斯托对未来世界经济的展望。

第三节 评经济成长阶段论

综上所述，罗斯托的理论具有如下的显著特征：一方面罗斯托比较着重于从经济史的角度来进行分析。例如，他把向追求生活质量阶段的过渡视为人类社会最后必然进入的成长阶段。这个成长阶段同以前的各个成长阶段之间既有根本性的区别，又有密切的联系，它是前二个成长阶段的必然结局。另一方面，由于罗斯托的理论建立在所谓“成长阶段更替”“主导部门序列变化”和“布登布洛克式动力的作用”三者的一致性的基础之上，因此，从经济学说的渊源来考察，它更明显地表现为各种不同的西方经济学观点的组合。

一、关于成长阶段更替学说

19世纪末期以来，德国经济学家、历史学派代表人物K. 比谐尔、B. 希尔德布兰德、G. 施摩勒、W. 桑巴特等人就曾按照交换和货币关系的发展、区域之间的商品货币联系等标准来划分人类社会的阶段。例如，比谐尔把经济发展分为下列三个阶段：①封锁的家庭经济时代（纯粹的自给生产、没有交换）；②城市经济时代（为顾客而生产、直接交换）；③国民经济时代（商品生产、间接交换）。希尔德布兰德把经济发展分为下列三个阶段：①自然经济；②货币经济；③信用经济。施摩勒把经济发展分为下列五个阶段：①农业自给经济和氏族生活时代；②城市经济和城市经济区域时代；③中小国家经济和地区经济时代；④大国经济和国民经济时代；⑤世界的国家和世界经济时代。桑巴特把经济发展分为下列三个阶段：①自给自足的个人经济（家庭经济）；②过渡性的（一半自给、一半营利）的低级社会经济（城市经济）；③以营利为宗旨的社会经济（国民经济）。尽管他们彼此之间的看法有分歧，各自提出的划分标准不一样，但实质上，他们的阶段论具有共同的特征，即否定生产方式的变革和更替对于社会发展的最重要的意义，忽视交换和货币关系发展在不同生产方式之下的不同内容，而把流通过程中的现象看成是决定社会一切活动的东西。罗斯托提出的成长阶段更替的理论，虽然比德国历史学派代表人物提出的阶段论要复杂一些，然而，正因为它否认生产方式的变革，所以它同样不符合人类社会发展的实际情况。

要知道，生产力和生产关系是社会生产的不可分割的两个方面。新技术的产生和推广是社会生产力发展的一个组成部分。如果脱离特定的生产关系来分析技术的变化，单纯以新技术的产生和发展作为确定社会发展阶段的根据，那么不仅不可能揭示社会发展的规律性，甚至不可能说明不同历史时期技术发展的不同性质和特点。例如，罗斯托把现代科学技术产生以前的社会统称为传统社会，把技术的长期停滞和缓慢变革规定为这个成长阶段的特征。这样，他把原始公社制度、奴隶制度、封建制度混淆在一起，抹杀了这几种生产方式之间的本质区别。

又如，按照罗斯托的定义，成熟阶段是指起飞完成之后，经过较长时期的持续成长而达到的一个阶段。这时，经济中已经普遍吸收了当时先进的技术成果，并有能力生产自己想要生产的产品。现代化工业生产体系的建立被认为是一国经济成熟的标志。显然，罗斯托的成熟阶段否定了不同生产方式下现代化工业生产体系建立的不同性质、特点和后果，没有注意社会经济制度对技术进一步改造和发展的制约性。

再如，据罗斯托的判断，高额群众消费阶段是一个高度发达的工业社会，技术上的成熟使社会的主要注意力从生产工业设备转移到生产耐用消费品。这时，一般居民家庭对耐用消费品的购买保证了经济的持续成长。可是对耐用消费品的购买是以相应的购买力为前提的，实质上也就是以与生产发展的要求相适应的收入分配结构的存在为前提的，而经济发展过程中是否一定能形成这种合理的收入分配结构，并没有经过充分确证的肯定答案。罗斯托抓住了经济成长过程中的核心因素——生产技术，但轻视了经济运动过程中其他因素（如分配、交换和消费）的作用。这种现象覆盖了罗斯托的整个经济增长理论。

二、关于主导部门序列变化学说

罗斯托用主导部门序列的改变来说明成长阶段之间的过渡，用旧主导部门的减速趋势和新主导部门采用新技术的反减速斗争来说明经济成长的全部过程。

在资本主义各国经济史上，确实出现过这种情况，即一些部门兴起较早，但后来衰落了，另一些部门出现较晚，但发展速度较快。英国的棉纺织工业和美国的铁路建筑业就经历了盛极而衰的过程。列宁指出：“在资本主义制度下，各个企业、各个工业部门和各个国家的发展必然是不平衡的，跳跃式的。”[1]各个企业发展不平衡性和跳跃性的主要原因在于：资本主义企业主们为了追逐利润，必然要增加积累，扩大生产规模，不断改进技术，以便降低个别商品价值，在竞争中获胜。这样，在企业之间激烈竞争的过程中，有条件采用新技术的企业就会占优势，发展得更快一些。各个部门的情况与此相似，有较多的企业采用新技术的工业部门也必然具有较快的发展速度。此外，由于各个工业部门的生产和销售情况不同，它们的利润率存在着一定的差别，这就促使资本争先恐后地向利润率较高的部门转移，从而加剧了部门之间发展的不平衡性和跳跃性。

另一方面，从工业生产的技术条件来看，资本主义企业之间的竞争是十分激烈的，即使是垄断资本统治时期，技术停滞的

① 列宁：《帝国主义是资本主义的最高阶段》，人民出版社，1971年版，第55页。

总趋势并不能排除在一定时期、一定部门内技术的发展和改进。一旦某个部门在某个时期内采用了更先进的技术，另一些部门的技术装备就显得陈旧了。它们必须大规模地更新设备才能在技术上赶上先进水平。但如果要这样做，它们就必须追加巨额投资，必须使原有的技术设备报废或使之大大贬值。资本主义企业主们是不甘心遭受这笔重大的损失的，特别是当他们已经在国内外市场上享有某种独占地位时，他们更不愿意大规模更新设备。英国的棉纺织工业和美国铁路业在经过一段时期后，在技术上日益落后于其他较晚兴起的部门。落后于其他国家发展较晚的同一种部门，正是资本主义各个部门、资本主义各个国家发展不平衡规律的作用的表现，也正是英国的棉纺织企业主和美国的铁路公司既想保持已经获得的独占地位而又不愿使自己的固定资本遭受损失的必然结果。

由此可见，罗斯托的主导部门序列变化的理论是不完全符合资本主义制度下经济发展的实际过程的，是不全面的。各个部门在技术方面确有一定的联系，包括目前尚未出现但以后可能产生的联系。但如果认为这种联系就是人类社会发展阶段之间的纽带，就是社会从一个阶段向另一个阶段发展的依据，那就是失之偏颇了，因为人类社会的发展不仅仅是由技术本身决定的，社会发展阶段的划分并不以一种技术代替另一种技术为标准。即使两个部门在技术上本来存在一定的联系，但这种联系能否实现，以及它实现的程度，必然取决于在这些部门中占统治地位的生产关系的性质。

三、对起飞概念的评论

罗斯托在论述成长阶段更替和主导部门序列变化时，都使用了起飞概念。起飞既是指一个特定的成长阶段，又是指对经济停滞状态的突破。那么，我们究竟应当怎样看待起飞这一术语呢？

首先应当指出，在罗斯托把起飞当作一个特定的成长阶段，或用起飞直接来替代工业化时，这个概念是不正确的。罗斯托不区分不同社会制度条件下工业化的区别，把工业化单纯看成技术问题。我们知道，抽象的工业化历史上从来不曾有过。社会主义工业化和资本主义工业化的目的、方法和后果都是不同的。不仅如此，工业化本身不可能成为社会发展的一个阶段，资本主义工业化并不改变资本主义社会的性质，社会主义工业化也不改变社会主义社会的性质。一定社会的工业化主要是发展社会的生产力，巩固在该社会占支配地位的生产资料所有制的地位，加强占支配地位的生产资料所有者的力量。

罗斯托在论述起飞时曾认为，一旦有了积累，生产就上去了，市场就扩大了，销路就增加了，利润率就上升了，于是就有源源不断的利润再投资，就会有不断的技术革新，等等。总之，按照罗斯托的看法，只要实现了起飞，经济就会自动地成长。从理论上说，有了积累，的确有可能扩大再生产。但这种可能性能否实现，取决于生产力同生产关系、经济基础同上层建筑相适应的过程，取决于社会各生产部门之间的比例关系。

罗期托提出，1917年之所以发生俄国十月革命，因为俄国当时还没有实现工业化；1949年之所以有中国革命的胜利，也因为当时中国经济不曾起飞。由此他断言，一国只要实现了起飞，就可以免于患上“共产主义的病症”，“共产主义”乃是经济不发达的产物，等等。这是极其错误的观点。社会革命是由社会基本矛盾的发展所引起的。当生产力发展到一定阶段，旧的生产关系同它不相适应，当经济基础发展到一定阶段，旧的上层建筑同它不相适应时，就必然爆发社会革命，以新的生产关系代替旧的生产关系，以新的上层建筑代替旧的上层建筑。1917年的俄国革命，以及1919—1949年间的中国革命，都是社会基本矛盾发展的必然结果。

但另一方面，应当注意到，如果不把起飞看成是人类社会的一个成长阶段，也不当作产业革命或工业化初期的同义语，而指经济为持续增长而进行的一种努力，根据这一含义，一国在经济发展的过程中，由于先进技术被有效地采用，成本降低，市场扩大，收益增加，所以经济能以较快的速度增长。但隔了一段时间，一旦当初的先进技术及其影响已经扩散到各个有关部门，这个经济增长的浪潮、创新的浪潮就过去了，于是经济的增长速度便减缓下来。假定这时没有再出现新的重大技术变革及其在经济中的运用、推广，经济的持续增长便缺乏推动力，长期的停滞将是不可避免的。在这种情况下，一国经济需要再一次起飞，即采用和推广新技术，形成新的经济增长的浪潮和创新的浪潮，以打破这种停滞状态。如此反复进行，即经济中不断出现新的增长，不断出现经济停滞，又不断发生起飞，不断打破停滞状态。正是在对起飞这个含义的论述中，有些内容可供我们参考。这是因为，在技术不断创新、新技术不断代替旧技术的过程中，一个后进的国家要在生产力发展方面赶上发达国家，不能不重视新技术的采用和推广。如果仅仅沿着先进国家技术发展的老路前进，把已经并不先进的技术当作新技术来加以吸收，那么，即使它仍然可以在原来的基础上提高一步，但它同不断采用最新技术的发达国家在技术水平上的差距却会扩大，它同世界最新技术水平之间的差距会越来越大。因此，起飞，即打破经济停滞状态所做的巨大的努力，不仅仅是指一般地吸收对本国说来是新的技术和推广这种新技术，而是指尽可能有效地吸收当前世界上名符其实的新技术和在本国经济中推广这种新技术。所以，罗斯托提出的起飞概念，就起飞指新技术的采用和推广，从而使经济突破停滞状态而言，有一定的可取之处。

四、对主导部门分析法的评论

前面已经指出，罗斯托的主导部门序列变化学说是不正确的。但是主导部门分析法作为一种经济分析方法，并不是没有可取之处。下面准备从两个方面进行评论。

第一，主导部门概念能否成立？也就是说，在一国经济发展过程中，是否存在着“主导部门”？

按照罗斯托的定义，主导部门是指现代经济增长过程中，本身有较高的经济增长率而且又能带动其他部门增长的部门，主导部门同受它影响而增长的各个有关部门一起构成了一个主导部门综合体系。

这里，我们姑且不去讨论在一定生产技术发展的条件下什么样的部门是“主导部门”，什么样的部门不是“主导部门”的问题，而是单就经济发展过程中是否存在主导部门这一点来考察，那么应当认为这种本身有较高经济增长率而又能带动其他部门增长的部门是确实存在的。罗斯托在这里肯定了主导部门的存在，并且采用W.里昂惕夫的投入产出分析方法来说明主导部门同其他部门之间的联系，用主导部门的回顾影响与旁侧影响来说明主导部门带动其他部门的增长，从而带动整个经济增长的作用，这种分析方法有一定的道理。部门间联系的存在和部门间联系能在何种程度上被保持与实现，是两个不同的问题，不能简单地把它们混为一谈，不能用部门间联系在一定条件下的被破坏来否定主导部门的客观存在，否定里昂惕夫链条的客观存在。

第二，如果承认一国经济发展过程中存在着主导部门的话，那么主导部门是不变的呢，还是可变的？

按照罗斯托的说法，同经济成长阶段的序列相适应的是主导部门的序列。既然主导部门有一定的序列，那就是说，主导部门是随着经济的发展状况而变换的。应该认为，罗斯托的这种关于主导部门并非固定不变的观点是符合实际的。但我们承认主导部门在不同经济条件下的变化，并不意味着我们承认罗斯托关于主导部门序列变化观点的正确性。我们只是说，不同的部门在不同的经济条件下的重要性不一样，所以不能认为永远只能有某一个部门起主导作用，而其他任何部门则永远是非主导的。

五、对布登布洛克式的动力的分析

如上所述，罗斯托提出人们“欲望的更替”是社会发展的动力，是一个成长阶段必然向另一个成长阶段过渡的心理上的依据。他把欲望的更替的这种作用，称为布登布洛克式的动力。

布登布洛克式的动力一词来自德国作家托马斯·曼的小说。托马斯·曼关于布登布洛克一家命运的构思和陈述，反映了他自己对德国资本主义进入垄断阶段之后所产生的一系列矛盾的看法。这部小说出版后之所以受到当时德国社会的重视，也正因为小说中所反映的布登布洛克家庭的衰落在一定程度上是作为19世纪前半期某些资本主义企业在垄断资本主义形成过程中衰落的典型的例证。托马斯·曼所叹惜的“企业家精神”（老布登布洛克的形象）的结束，正说明了不以资产阶级意志为转移的垄断代替自由竞争的这一过程，至于某些没落的资产阶级家庭和家庭经营的企业，只不过是激烈的资本主义竞争和兼并活动的牺牲品而已。罗斯托提出的布登布洛克式的动力，不符合小说作者托马斯·曼的写作本意。罗斯托用人类欲望的更替来说明追求生活质量阶段产生的必然性的观点，更是对托马斯·曼小说内容的曲解。

西方经济学往往强调人的心理活动对于经济变化的决定性意义，认为经济范畴是主观的东西，把人类的经济活动归结为个人欲望的满足，归结为对享乐的追求。它把个人追求享乐的利己主义动机视作推动社会发展的动力和支配社会上人与人之间关系的基本原则。但实际上，经济学是不能离开人们的社会地位和实践活动去探究对幸福的理解的。

罗斯托关于布登布洛克式的动力的论点代表了西方学术界关于人类生活目的下述观点，即人类生活的主要目的就是生活的享受：没有钱的时候，拼命追求钱；有了钱，但没有社会地位，就拼命追求社会地位；钱有了，社会地位也有了，就追求所谓精神享受。一代又一代的欲望就是这样更替不已。其实，人生活在社会中，人们的阶级地位决定了他们的生活状况和对生活的看法。不同的阶级过着不同的生活，对生活有着截然不同的看法。因此，罗斯托所谈的布登布洛克式的动力，不能作为人们对生活的看法的概括。

前面已经指出，罗斯托的世界经济模式是以下述两个命题作为理论根据的：第一，在罗斯托看来，根据康德拉捷夫长周期学说，当前资本主义世界正处于第五个长周期的上升阶段。而长周期上升阶段的特点是原料、能源、粮食的供给不足和物价的普遍上升。第二，在罗斯托看来，当前发达的资本主义国家，如美国，正处于追求生活质量这一经济成长阶段，如西欧和日本，则正在走向追求生活质量阶段，至于大多数发展中国家，它们或者处于起飞阶段，或者正走向成熟阶段，或者还未开始起飞。因此，作为经济最发达的美国，它对处于各个不同成长阶段的国家的经济成长负有重要的责任，美国应当担负起领导世界政治经济的任务，以帮助其他国家的经济成长。

罗斯托从这两个命题出发，提出增加原料、能源和粮食的供给以应付通货膨胀，以及加强发达国家之间的协作，协调“南北”国家之间的关系的对策。他认为如果按照这种对策去做，下一世纪就可能出现一个比较普遍富裕的世界。

我们知道，康德拉捷夫的长周期学说以经验统计资料为依据，得出了每隔50—60年资本主义经济出现一次周期波动的结论。这种长周期理论过分强调了技术的作用，而罗斯托的世界经济模式正是以这种长周期理论作为基础的。至于罗斯托认为当前资本主义世界正处于所谓第五个长周期的上升阶段的说法，不能反映当前资本主义世界通货膨胀与失业并发的特征，因为按照康德拉捷夫的长周期学说，每一个长周期开始阶段，正是经济的繁荣导致了物价的上涨，而在每一个长周期的后期，由于经济的停滞而引起了物价的下跌，但康德拉捷夫长周期所说明的这种情况与当前资本主义世界的经济情况是不同的，所以罗斯托关于第五个长周期上升阶段的论点也就不可能从康德拉捷夫的学说中找到根据。

（引自《当代西方经济学说》，北京大学出版社，1989年版。该书由罗志如、范加家、厉以宁、胡代光四人完成，并由罗志如统稿。有关罗斯托一章，由厉以宁执笔写作。）

《国际金融学说史》导言

一

本书以国际金融学说的产生和发展作为考察对象。从时间上说，本书的叙述从重商主义者关于国际金融的分析开始。在第一章第一节中，我们对此做了一些说明："早期国际金融学说是整个国际金融学说的源头，现代国际金融学说的许多理论都要从这里追溯起，""早期国际金融学说是在西欧封建主义解体和资本主义兴起时期内，为适应国际经济往来的日益发展而形成的资产阶级国际金融学说。"但应当指出的是，与国际金融活动有关的论点在重商主义以前就出现了。尽管这些观点不是系统的，而是零散的；不是较深刻的，而是较肤浅的，然而我们不得不承认，姑且把古代希腊、罗马的作家们的看法略去不谈，至少从十三四世纪起，伴随着西欧城市的兴起和集市贸易的发展，随着国际金融活动逐渐引起人们的注意，在货币兑换和融资这样两个方面也有了一些较重要的论述。

在中世纪的西欧，城市的兴起和发展过程也就是市场的发育过程。每一个参加市场活动的人，不管他是不是城市中的居民，只要他在市场上买进了自己所需要的商品，或者在市场上出售了自己所生产的产品，他就对市场的发育过程起到了某种促进作用。市场的发展是一个自然发育的过程，市场正是在无数个商品交换者的无数次交易行为中，不知不觉地发育起来的。城市充分利用了市场的作用，使自己在经济和社会生活方面的各种要求得到满足。当然，城市在经济中也处于相互竞争的地位，一些城市兴起了，另一些城市衰落了，这是正常的现象。但历史清楚地表明，既然西欧中世纪城市的繁荣是与对市场的利用程度分不开的，所以只有那些始终利用市场、充分利用市场的城市，才逐渐成为真正的经济中心，否则，即使城市的手工业和商业已经发展到了某种地步，只要没有突破对市场的限制，那么城市经济依然会由兴旺转为萎缩，由发展转为停滞。这一点不依城市主管当局的意志为转移。

城市的发展、市场的繁荣都离不开货币的使用和货币数量的充足供给。这是西欧中世纪历史上的一个重要问题。比如说，当时的货币供给是不充足的，对货币的需求却很大。封建主需要货币，商人需要货币，手工业者需要货币，城市管理当局也需要货币。没有货币，市场的交易难以进行；没有货币，城市的经济也就运转不起来。在这种情况下，封建主们就利用自己手中的铸币权，铸造货币，投入流通。封建主割据的政治格局，必然导致了货币类别的众多。不仅如此，封建主们为了牟取利益，还不断铸造重量较轻、成色较差的劣质货币，并且定期收回流通的货币，加以重新铸造，每改铸一次，重量就减少一些，成色也降低一些，银币的含铜量越来越大，以至于经过多次改铸，银币大都不再是银白色的，而变成黑色的了。货币类别的众多和货币质量的下降，给城市间的交易活动带来了巨大的困难，尤其是给当时的国际性的贸易集市上的交易活动带来了巨大的困难。西欧中世纪的商人们之所以对不同类别、不同成色的货币之间的兑换状况感兴趣，正是由于这种兑换关系到城市经济生活能否正常进行，关系到当时的国际贸易能否继续开展。

在西欧中世纪，由于交通运输不便，无论陆路交通还是海上交通都缺乏安全性，因此在国际贸易中，货币的运送问题亟待解决。于是在一些重要的经济中心之间，货币的易地兑换，即汇兑业务发展起来了。在这里，应当提到犹太人所起的作用。11世纪以后，西欧各地的犹太人普遍经营典当业，他们不受基督教的高利贷禁令的束缚。因此，犹太人也经营放债业务、融资业务。犹太人之间由于民族、宗教、文化等方面的关系，彼此结成紧密的团体，有时，一家犹太人分居几个国家、几个城市之中。他们的财力和他们的地理分布情况，使他们在汇兑和融资业务上也越来越显得重要。在犹太人当中，出现了西欧中世纪城市里最早的金融家。除犹太人以外，意大利一些发达城市中，也产生了最早的经营货币兑换、借贷和汇兑业务的金融家。他们同犹太金融家一起，在当时的工商业发展中起着不可忽视的作用。以海上贸易的开展来说，如果没有金融业的支持，商人们无法筹集到巨款建造较大型的航海船只，无法垫支货币购买大宗货物，也无法把赚得的利润源源投入再生产之中。再以佛罗伦萨的毛纺织业的发展来说，这也是与意大利和英国两地金融界的支持分不开的，正是由于有了国内和国际的融资活动，羊毛商人才有可能把英国的优质羊毛输入佛罗伦萨，并把毛纺织品从佛罗伦萨运往欧洲各地。在西欧中世纪，汇率中包含了利率。当时的市场汇率并不仅仅是铸币平价，而是铸币平价加减利率。这体现了国际融资活动的意义以及这种活动已经受到商业界、金融界重视的状况。

以上从两个方面——货币兑换和融资——说明了西欧中世纪城市经济发展过程中的金融活动或国际金融活动的开展。重商主义以前西欧作家有关货币兑换和融资的论述，就是在这种背景之下产生的。

二

14世纪法国学者、教士尼科尔·奥雷斯姆（Nicole Oresme，1320—1382），大概在1360年前后写了《论货币的最初发明》一文。文内针对着当时货币成色恶化等不利于货币兑换和商业发展的事实发表了如下看法。

奥雷斯姆指出，改变货币的重量和成色是一种欺诈行为。他写道："作为一位国王，如果降低附有他自己图像的货币的重量或成色，还有谁信任他？……如果在这上面弄虚作假，那还有什么是比此更恶劣的罪行？”[①]当然，在封建时代，拥有铸币权的君主既可能明目张胆地改铸货币，使货币质量下降，也可能以“公益”或“国民福利”作为借口来这样做。奥雷斯姆认为，即使是后一种情况，也是决不允许的。他写道：“专制君主往往会伪称他是用这项所得为大众谋利益，这种说法并不足信；根据同样理由，他也可以把我的大衣或别的什么拿走，说他所以需要这个，是为了大众的福利。……任何人决不可以用慈善事业作为借口而获取不义之财。”[②]

奥雷斯姆把当时盛行的减少货币重量和降低货币成色的行为同高利贷行为做了一番有趣的对比。他说：“高利贷者把钱交给对方，是得到后者的同意的，后者可以用这笔钱应付急需。后者于归还时所付出的超过他原借数额的那个部分，是属于双方都满意的一个固定契约的问题。但是，作为一位国王，于不必要地改变货币的内容时，是在违反其臣民意愿的情况下夺取他们财产的行动。”[③]因此，必然得出下列论断：这种做法比高利贷更糟。

奥雷斯姆分析了货币质量下降对于经济的危害性。据他的看法，货币质量下降除了会造成国内经济的不稳，即导致“应当高度稳定的东西陷于极其不稳定和混乱状态”[④]而外，还会直接危

---

① 门罗编：《早期经济思想》，商务印书馆，1985年版，第82页。

② 同上，第84页。

③ 同上，第85页。

④ 同上，第86页。

害国与国之间的经济往来，其原因就在于：

第一，良币或贵金属会流往国外，劣币会流入货币质量下降的国家，甚至在外国有人会伪造这种低值货币，把它们运到通用这种货币的国家。这是因为，伪造低值货币总是有利可得的。

第二，货币质量的下降，使得“国外的商人既知那里通用的是劣质货币，将相戒裹足不前，不再以他们的优质商品和优质货币运往这个国家，因为最足以鼓励商人把自然资源和优质货币运往一个国家的是在那里使用的货币质优而价格稳定这一事实”。[①]

第三，由于货币质量的下降，一切借贷事业，包括国内的和国际的借贷事业，都会停止下来，以至于“无法以货币安全地贷给任何人”。[②]

可见，奥雷斯姆已经察觉到货币质量下降对于国际贸易和国际金融活动的干扰，所以他强调要制止这些减少货币重量、降低货币成色的行为，使货币尽快恢复正常状态，以利于货币兑换的正常进行和经济生活的正常发展。

在西欧中世纪社会中，与汇兑、融资等国际金融活动的开展密切相关的一个理论问题是如何看待利用货币交易或货币收付以盈利的行为。这个问题的产生具有当时特殊的意识形态背景。这是因为，根据基督教的教义，放款取息是被禁止的。中世纪西欧

① 门罗编：《早期经济思想》，商务印书馆，1985年版，第88页。

② 同上。

的经院哲学家托马斯·阿奎那（Thomas Aquinas，1225—1274）在《神学大全》中表述了下述看法："贷出金钱以收取高利，就其本身来说是不公正的，因为这是一种把并不存在的东西去出卖的行为，由此，那种违背公正原则的不均等就明显地产生出来了；"[①]"支付高利的人并不是真正地出于自愿，而是在某种强迫之下进行的。因为他很需要得到贷款，而有钱的那个人没有高利就不肯贷出。"[②]但即使如此，阿奎那也对借贷收息行为做了一定程度的变通处理，或者说，对于实际上已经存在于当时西欧经济生活中的某些直接或间接的借贷收息行为做了某种解说，这也就为融资（包括国内和国际的融资）活动找到了可以存在的理由。

例如，他指出，虽然放款者不应当索取较原数为多的金钱，"但是，一个用某种合伙的方式把他的金钱委托给一个商人或匠人的人，并没有把金钱的所有权转让给后者，而是保留在他自己手里；这样，那个商人或匠人是在由金钱的所有者自担风险的情况下，来从事贸易或使用它的。因此，他可以合法地对从金钱的利用中所产生的利益的一部分提出要求，因为这是来自他自己的财产的"。[③]这意味着，即使根据基督教教义，以融资的方式或合伙的方式而从货币使用中获得追加的收入，仍是可以容许的经济行为，不应对之谴责。

① 门罗编：《早期经济思想》，商务印书馆，1985年版，第58页。

② 同上，第62页。

③ 同上，第65页。

又如，“如果一个人为了节约而把钱存在另一个有余款来放高利贷的人那里，那他就没有犯罪，只是为了一个好的目的，而利用一个犯有罪行的人罢了。”[①]这就是说，尽管高利贷者是有罪的，但那些把钱存到高利贷者那里去的人，只要是出于节约的目的，那么他们本身就无罪可言，因为节约的目的是一种良好的目的。从这里可以看出，无论是国内的还是国际的融资活动，只要出资人声称这是一种节约，那么他们就可以把节约下来的货币投入金融事业，而由金融业者去经营、使用。

后来，在16世纪，曾担任法国宫廷和议会法律顾问的卡罗律斯·莫利诺斯（Carolus Molinaeus，1500—1566）在《论契约与高利贷》（1546）一文中，就借贷和融资问题发表了新的观点。这些观点与基督教教义有很大不同。

莫利诺斯首先指出，经院学者之所以一直谴责借贷收息行为，据说是以《圣经》中的若干段落为依据的，但《圣经》中只是说，违背仁爱的活动应被禁止，而借贷活动的方式却是多种多样的。因此，至多只能说违背仁爱原则的借贷收息是违背《圣经》的，不能一概认为借贷收息与《圣经》相抵触。何况，客观上还存在这样一种情况，即把钱借给对方，对方不仅没有受损失，反而获得利益，这又何尝违背基督教教义呢？莫利诺斯写道：如果“债务人是有力量归还本金和利息的，并且是可以方便地保留其所得收益中的大部分的，这就表明，这种利息对他并无

① 门罗编：《早期经济思想》，商务印书馆，1985年版，第70页。

损害，其间也不含欺诈性，情况相反，对他倒是有很大好处的。它与仁爱或与周围之人和睦相处的原则绝无任何抵触，也不违背神的或自然的律法，进行时尽可以心安理得”。[①]

莫利诺斯接着把借贷收息与商业经营取利结合在一起进行分析。他认为，“从事经商的人，往往需要用别人的钱，合伙经营也不是处处相宜的，于是发生了由个人经营的业务，但是没有人会愿意无偿地借出资金”，[②]这样，就发生了经营资金的不足，这对于商业显然是不利的。这种资金不足的情况如果得不到妥善的解决，就会导致如下的结果，即经商者在手头拮据时不得不忍痛变卖一部分资产。所以解决的方式最好是把无偿借出资金改为有偿借出资金，这里并不含有不公正的因素。莫利诺斯由此表述了他对货币使用的独到的看法：“货币本身对任何人不存在欺骗作用或损害作用，使用者所取得的不是对等的利益，就是较大的利益，是富有公平因素和值得赞扬的。”[③]

在借贷、融资活动中，利息如果是被容许存在的话，那么利息率应当以多高为合适呢？这又是一个有争议的问题。莫利诺斯就此写道，利率本是无所谓公平或不公平的问题，这应当结合具体的情况进行分析。他说：“在这个问题上最适度、最合情合理的解决办法是，把债权人的所得，规定由债务人用借入本金购买资产后，按照通常的和公道的估计所应当取得的收益或收入为

① 门罗编：《早期经济思想》，商务印书馆，1985年版，第95页。

② 同上，第193页。

③ 同上，第104页。

限。”[①]但莫利诺斯认为，在这里还应当注意以下三点：

第一，债权人的所得不应以资产收益的最低额为限，否则，越是延期还款就越有利；

第二，除非对延期还款的行为实行一种惩罚（例如令其负担高利息），不然的话，即使规定给债权人以平均收益额作为限度也是不适当的；

第三，由于商业上的交易千变万化，所以对借贷利息率不必规定一种绝对的限度，而是应当容许存在例外，在某些例外场合，利息率再高一些也是不要紧的。

总之，莫利诺斯的论述为借贷和融资活动的开展提供了理论上的依据，它们为金融业的发展准备了理论的前提。

正如在前面已经指出的，国际金融学说作为考察国际金融领域内的基本问题的一种学说应当从重商主义追溯起，在重商主义以前，比如说在西欧中世纪，虽然一些作家考察了货币兑换问题、借贷和融资问题，等等，但依然是零散的、非系统的。因此，我们只是在本书导言中提到这些方面的论点，可能这就够了。

三

本书共分为三编。第一编是早期国际金融学说，包括从重

① 门罗编：《早期经济思想》，商务印书馆，1985年版，第106页。

商主义到古典学派政治经济学这段时期内的国际金融学说（第一～七章）。第二编是从早期国际金融学说向现代国际金融学说的过渡，从时间上说，大体上是从19世纪后半期到20世纪30年代（第八～十五章）。第三编是现代国际金融学说的发展，包括第二次世界大战开始后西方国际金融学说的演变与发展（第十六～三十六章）。

现代国际金融学说有三个基本的组成部分，即汇率决定理论、国际收支调节理论、国际通货膨胀理论。这三个基本的组成部分，如果追根溯源的话，全都可以从重商主义和古典政治经济学的代表人物那里找到最初的依据。但这三个基本的组成部分的理论的体系化和充实，则都是在第二次世界大战开始以后。从19世纪后半期到20世纪30年代，既可以被看成是从早期国际金融学说向现代国际金融学说的过渡期，又可以被看成是现代国际金融学说的准备阶段。本书从经济学说史的角度，在论述国际金融学说的产生与发展过程时，着重阐明汇率决定理论、国际收支调节理论、国际通货膨胀理论的形成与发展的历史。

1. 本书对汇率决定理论的论述主要见于第十一章（《卡塞尔的购买力平价理论》）、第十三章第三节（《凯恩斯的古典利率平价理论》）、第三十二章（《购买力平价理论的新阶段》）、第三十三章（《现代利率平价理论》）、第三十五章第一节（《布莱克的"汇率决定的流量分析与存量分析"》）和第二节（《布莱克论"发展中国家的汇率决定"》）。这些章节评述了汇率决定理论的三个分支——购买力平价理论、利率平价理论、综合平价理论——的历史、基本论点与是非得失。

为了更好地说明汇率决定理论的演变过程，本书的另一些章节也对此有所阐述。例如，第二章第二节论述了重商主义者关于汇率决定的观点；第三章第二节，论述了孟德斯鸠关于货币兑换比率的观点；第九章第二节，论述了L. 瓦尔拉关于汇率决定的观点。这些都可看成是贵金属本位制（包括单本位制和复本位制）下的汇率决定理论，尽管它们是相当简单的。又如，第三十四章（《合理预期与汇率理论》）着重讨论预期概念的变化对汇率理论的影响。这个问题之所以具有重要意义，是因为现代利率平价理论和综合平价理论的发展在很大程度上与预期概念的变化有关。

2. 本书用了较多的篇幅来论述国际收支调节理论的形成与发展的历史。传统的国际收支调节理论是D. 休谟于18世纪提出的价格–现金流动机制，第四章（《休谟的国际收支调节理论》）就此进行了论述。

以后，国际收支调节理论先后形成三个分支，即国际收支调节的弹性理论、吸收理论和货币理论。

关于国际收支调节的弹性理论，第十章（《马歇尔的国际收支理论》）、第十七章（《勒纳关于国际金融的论述》）、第十九章（《琼·罗宾逊的国际收支与汇率理论》）、第二十二章（《国际收支调节的弹性理论》）中做了分析。

关于国际收支调节的吸收理论，第十三章（《凯恩斯的国际金融理论》）、第十四章（《哈罗德的国际收支均衡理论》）、

第十八章（《马柯洛普的国际投资乘数理论》）、第二十三章（《国际收支调节的吸收理论》）中做了分析。

关于国际收支调节的货币理论，除第二十四章（《国际收支调节的货币理论》）中专门进行论述以外，第五章（《桑顿的汇率学说和19世纪初年英国的“金块论战”》）、第六章（《李嘉图的金本位制理论和英国“金块论战”的继续》）、第二十五章（《固定汇率理论和浮动汇率理论》）中也都涉及并讨论了这一问题。

3. 国际通货膨胀理论是现代国际金融学说的基本组成部分之一，它在很大程度上与国际资本流动有密切关系。第七章（《西斯蒙第关于国际金融的论述》）中对J. 西斯蒙第关于通货膨胀国际传递问题的观点做了介绍。第十二章第二节（《俄林关于国际金融的论述》）中，又评述了G. 俄林关于国际资本流动及其货币机制的观点。而在第十五章（《金德伯格的国际短期资本流动理论》）则专门讨论了C. 金德伯格在这个领域内的研究成果。

在现代的国际通货膨胀传递理论中，基本上有两个分支或两种分析方法，一是结构派或结构分析方法，二是货币派或货币分析方法。第二十一章（《缪尔达尔和林德白克关于国际金融的论述》）所讨论的是结构派观点和他们所使用的结构分析方法。第二十七章（《通货膨胀国际传递的货币分析》）所讨论的则是货币派观点和他们所使用的货币分析方法。

4. 现代国际金融学说的三个基本组成部分——汇率决定理论（包括购买力平价理论、利率平价理论、综合平价理论）、国际收支调节理论（包括国际收支调节的弹性理论、吸收理论、货币理论）、国际通货膨胀理论（包括结构派的分析、货币派的分析）的形成与发展过程构成本书的基本内容。除此以外，本书还讨论了下述三个方面的问题：

①发展中国家的国际金融问题

第二十章（《讷克斯关于国际资本流动的论述》）着重探讨了讷克斯有关发展中国家资本形成与国际资本流动的关系以及发展中国家外债清偿能力的观点。

第二十六章（《蠕动钉住汇率理论》）针对发展中国家的汇率制度选择，就一种介于固定汇率制与浮动汇率制之间的汇率制度（蠕动钉住汇率）的形成与发展进行了分析。

第二十九章（《金融深化理论》）以肖和麦金农的金融深化理论为主线，讨论了发展中国家摆脱国际收支困境和充实资金的途径。

②金融创新问题

第三十六章（《金融创新的理论与实践》）除了评述现代经济学界有关金融创新成因与影响的各种有代表性的观点外，还着重阐释了金融创新与金融管制之争，以及金融创新与货币政策之间的关系。

③国际货币改革问题

第二十八章（《米德关于内外均衡协调与国际经济理想秩序的理论》）所涉及的内容较多。其中，一部分是与国际收支调节理论有关的（该章第一～二节），另一部分则是米德关于理想的国际经济秩序的论述，它涉及了国际货币制度的改革设想。

第三十章（《特里芬的国际货币改革理论》）专门就特里芬关于国际货币体系改革的理论与方案进行论述。

第三十一章（《特别提款权与有关国际储备资产的讨论》）论述了关于国际货币改革的某些最新研究状况。

5. 在国际金融学说史上，西方经济学家的理论与政策主张不仅有承上启下的学术渊源关系，而且就一个具体的经济学家的著作来看，正确的与错误的成分往往并存。因此，我们既要了解他们之间的学术渊源关系，又要对他们的理论与政策主张进行分析，辨明哪些较为科学与合理，哪些则是不科学的、庸俗的。

第一章第二节（《马克思对早期国际金融学说的评论》）、第八章第二节（《马克思对西方有关汇率、国际收支、国际信用危机的观点的评论》）、第八章第三节（《列宁对西方有关国际资本流动的观点的评论》），介绍了马克思和列宁对西方经济学界关于国际金融问题的观点的评论。

关于汇率决定理论，第十一章、第三十二章、第三十三章、第三十五章中均有专门一节进行评论。

关于国际收支调节理论，第二十二章、第二十三章、第二十四章，也各有专门一节进行评论。

关于国际通货膨胀理论，对它的评论主要见于第二十七章第三节（《对国际传递货币论的评价》）。

本书写作的特点是，在系统阐述了国际金融学说史上某一流派、某一理论、某一方案的内容之后再予以评论，而不采取夹叙夹议的写法。这是因为，考虑到本书是一部国际金融学说史的著作，首先应当让读者了解国际金融学说三个基本组成部分的形成与发展过程，只有在此基础上再给予评价，才能使读者有较多的收益。

6. 本书是一部关于国际金融学说史的著作，因此，假定读者在阅读本书时已经具备三方面的基本知识：

a. 国际金融的基本知识，

b. 经济学说史的基本知识，

c. 现代西方宏观经济学的基本知识。

有关国际金融、经济学说史、现代西方宏观经济学的若干基本概念与方法，都不是本书的内容，因此也就没有把它们包括在内。

本书的大部分内容在北京大学经济学院本科高年级学生和研究生的课堂上曾以“国际金融学说史专题”和“现代西方国际金融理论专题”名称讲授过（本科高年级学生作为选修课，部分专业的研究生作为必修课）。实践表明，学生们对这两门课程很感兴趣，学习成绩普遍较好。所以本书适宜作为高等财经院校有关专业的教材。

（引自《国际金融学说史》，陈岱孙、厉以宁主编，中国金融出版社，1991年版，导言。）

早期国际金融学说的性质和特征

一、早期国际金融学说的性质

本编所考察的早期国际金融学说，包括从重商主义到古典学派政治经济学这段时期内的国际金融学说，从时间上看，大约是从17世纪或更早一些到19世纪前半期。

早期国际金融学说在国际金融学说史上的地位是不容忽视的。这主要不是由于早期国际金融学说本身有多么大的成就，而是由于它同此后的国际金融学说，直至现代国际金融学说之间有理论上的渊源关系。早期国际金融学说是整个国际金融学说的源头，现代国际金融学说的许多理论都要从这里追溯起。

可以把现代国际金融学说分为三个基本的组成部分，即：汇率决定理论、国际收支调节理论和国际通货膨胀理论；并且再根据其中每一个基本的组成部分所研究的课题和主要论点，做如下的区分：

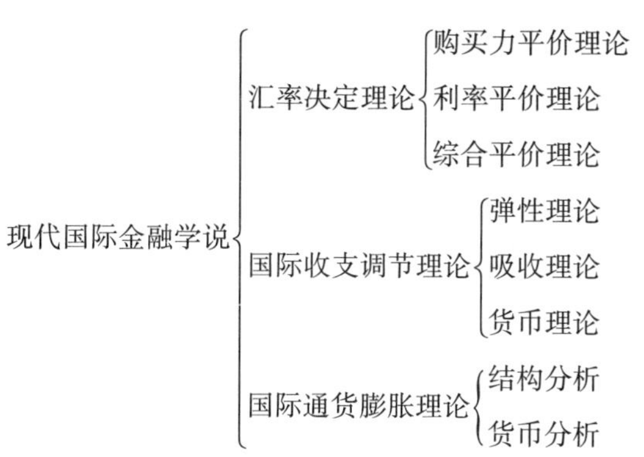

当然，这只是一种十分简略的区分。有关国际收支核算的研究、有关世界货币制度的研究等未包括在里面，而且，即使在现代国际金融学说的三个基本的组成部分中，也只是把每一方面的最重要的理论纳入其中，而略去较次要的或影响较小的理论（例如，在汇率决定理论中略去了心理理论或主观评价理论，而认为在现代利率平价理论和综合平价理论中都充分考虑了预期因素，即心理因素的作用；又如，在国际通货膨胀理论中略去了示范效应理论，即那种认为通过国际间的示范效应而造成通货膨胀国际传递的理论）。但无论如何，上述这种简略的区分是有助于了解现代国际金融学说的基本框架的。既然如此，在谈到现代国际金融学说的渊源时，我们就需要回答这样一个问题：早期国际金融学说在哪些方面可以被认为是源头？

在回答这个问题之前，应当首先指出，从重商主义者研究国际金融问题之时起，到19世纪前半期为止，即在本编所考察的这段时期内，通用的货币是贵金属（金或银）。并且可以说，直到20世纪初年，贵金属仍然是通用的货币。这就决定了早期国际金融学说的研究范围和早期国际金融学说的性质。早期国际金融问题的研究者主要研究的是贵金属本位制下的汇率和国际收支差额问题，他们不可能超越自己的时代去分析当时尚未出现的国际金融活动和国际金融现象。

就汇率决定问题来说，它在早期国际金融学说中实际上不被看成是重要的问题。这是因为：既然通用的货币是贵金属或铸币，那么汇率决定的基础就只可能是铸币的含贵金属量的多少；只要银行券是可以兑换成金币或银币的，那么汇率决定的基础仍然是金币或银币的重量和纯度。加之，当时的国际经济往来绝大部分是国际贸易，资本的国际流动不占重要地位，所以，适应于后来不兑换纸币制度下的汇率决定理论（如购买力平价理论），以及适应于后来资本国际流动背景下的汇率决定理论（如利率平价理论），都不可能在早期国际金融学说中出现。至多只能说，个别经济学家在研究国际金融问题时曾经提出过这些方面的见解而已。

在早期国际金融学说中占有重要位置的是国际收支调节理论。这时有关国际收支调节的论述是同金本位制的实行紧密联系在一起的。现代国际金融学说中的国际收支调节的弹性理论、吸收理论和货币理论，虽然都是20世纪的产物，但是，如果要真正了解现代国际收支调节理论的渊源，那就必须从早期国际金融学说中的D.休谟的价格–现金流动机制谈起。休谟的价格–现金流动机制是一种关于国际收支自动调节的理论，尽管休谟以货币数量论作为基础，从而有错误的成分，但这一国际收支调节理论对以后的国际收支调节理论的影响却是深刻的。关于这些，在本编和以后两编的有关章节中都有较详细的论述。

在金本位制度下，国际通货膨胀问题同国内通货膨胀问题一样，都不可能成为早期国际金融的研究者（甚至第二次世界大战前的国际金融的研究者）所关心的课题。在本编中，虽然在谈到重商主义者的学说和西斯蒙第的学说时也曾涉及类似的问题，但从性质上看，这与现代国际通货膨胀理论所探讨的问题是很不一样的。

根据以上的考察，可以对早期国际金融学说的性质做如下的概括：早期国际金融学说是在西欧封建主义解体和资本主义兴起时期内，为适应国际经济往来的日益发展而形成的资产阶级国际金融学说。它与当时的贵金属本位制度密切有关；它作为现代国际金融学说的源头，主要在国际收支调节的研究中形成了对后来较有影响的理论。

二、早期国际金融学说的特征

从理论上说，早期国际金融学说，即使是它的国际收支调节理论，也是不成熟的、简单的和破绽较多的。从方法论上说，早期国际金融学说的研究者着重于规范分析和演绎分析，这同当时经济学的发展水平相适应。至于早期国际金融学说的特征，大体说来，有以下两个方面：

第一，早期国际金融学说的若干理论观点，并不是当时的研究者纯粹从理论的角度进行研究所得出的结果，而主要是在围绕经济政策问题展开的争论中所得出的结果。也就是说，早期国际金融学说具有强烈的政策性，它们明显地为一定的经济政策的制定服务。

本编中关于重商主义者的论述的一章，尤其是关于19世纪初年英国“金块论战”的两章，充分表明了早期国际金融学说的上述特征。重商主义者的争论有助于保护贸易政策的制定，而D.李嘉图在“金块论战”中为恢复金本位制而进行的辩论则有助于金本位制的确立。

第二，由于在我们所考察的这段时期内各国通用的是贵金属货币，而贵金属货币既是国内货币，又是世界贸币，所以早期国际金融学说也可以被认为是早期货币金融学说。换言之，早期国际金融学说的研究者在论著中通常把国际金融问题同货币问题结合在一起，而不像后来的国际金融研究那样把国际金融作为一个不同于国内货币金融的问题进行专门的考察。

重商主义者的著作在涉及国际金融问题（如货币输出与输入等）时，总是把国内货币金融同国际金融结合在一起进行阐述。J.斯图亚特的观点既是重商主义的发展，又代表着从重商主义向古典派的转变，但他同样从国内货币金融的角度来论述国际金融问题。在古典经济学家的著作中，这种倾向也是相当明显的。亚当·斯密虽然不曾专门分析国际金融问题，但他有关黄金、铸币、纸币之间关系的论述，以及有关银行作用的论述，仍是把国内货币金融同国际金融联系起来考察。甚至在李嘉图那里，这种倾向也存在着。李嘉图就金本位制度发表的一系列观点，既是他对于国内货币金融问题的见解，同时又是他对于国际金融问题的见解。

早期国际金融学说的地位不可忽视，而它的缺陷或错误也应当被指出，这样才能对它做出科学的评价。本章第二节将使读者正确认识早期国际金融学说的得失。

（引自《国际金融学说史》，陈岱孙、厉以宁主编，中国金融出版社，1991年版，第一章第一节。）

19世纪后半期至20世纪30年代西方的国际金融研究

一、研究的重点

19世纪后半期至20世纪30年代的西方国际金融学说，是在继承D. 休谟、D. 李嘉图等人理论的基础上的进一步发展。从研究的重点来看，这一时期讨论较多的是汇率、国际收支调节和资本的国际流动问题。值得注意的是：

第一，这几十年是金本位制逐渐崩溃（以至于最终结束）和不兑换纸币制度逐渐被各国所接受的时期，因此经济学界在研究国际金融时，都结合了从金本位制向不兑换纸币制度的实际进行探讨。关于汇率的研究之所以成为重点，与此有密切关系。

第二，这一时期的资本主义经济大体上经历了两个阶段，前一段是经济持续增长阶段，即从19世纪后半期到第一次世界大战为止，其间虽然发生过一些资本主义经济危机，但相对说来，对各国经济的震动还比较小，后一段是两次世界大战期间这个阶段，其间经过第一次世界大战结束之后不久所发生的危机，然后是几年的相对稳定，接着就是1929年爆发的资本主义经济危机和萧条。因此，怎样解决国际收支平衡问题自然而然地成为国际金融研究的另一个重点。

第三，这几十年也正是资本主义由自由竞争阶段向垄断阶段的过渡和垄断资本主义确立的时期，资本输出成为这一时期资本主义经济的特征之一。同资本输出联系在一起的若干问题，如国际资本流动的机制、国际债务清偿能力、国际资本流动与经济周期的关系，也就成为西方经济学界关心的问题。因此，这一时期国际金融理论的第三个研究重点，就是资本的国际流动。

二、汇率的研究：从金本位制到不兑换纸币制度

这一时期关于汇率的研究中，有五位西方经济学家是需要重视的。他们是G.戈申、L.瓦尔拉、A.阿夫塔里昂、G.卡塞尔、J.凯恩斯。戈申对金本位制条件下的汇率取决于供求的原理做了系统的阐释。瓦尔拉运用一般均衡方法分析了汇率的决定问题。阿夫塔里昂强调汇率决定中的个人主观评价的作用。卡塞尔从货币数量论出发，提出了较完整的购买力平价理论。凯恩斯则是古典利率平价理论的主要代表人物。这五人中，关于瓦尔拉的一般均衡的汇率分析、卡塞尔的购买力平价理论、凯恩斯的古典利率

平价理论，在本编内均有专章予以阐述。关于戈申和阿夫塔里昂的论点，虽然本编内没有专章来说明，但这只是由于篇幅所限，而并非由于它们在国际金融学说史上不重要。因而有必要在本章的这一节中把他们的基本论点做一下概述。

乔治·约阿西姆·戈申（George Joachim Goschen，1831—1907）是英国经济学家。《外汇理论》（1861）一书是他自牛津大学奥里尔学院毕业后不久任英格兰银行董事时撰写的。以后，他在政府中任职，曾任财政大臣、海军大臣等。戈申在《外汇理论》中所表述的主要观点是这样两点：

1. 汇率取决于对外币的需求和外币的供给的比例关系。如果一国对外收入增加，对外支出减少，那么外币的供给将超过对外币的需求，于是本国货币将升值；反之，如果一国对外收入减少，对外支出增加，那么对外币的需求将超过外币的供给，于是本国货币将贬值。

2. 外币的供给和对外币的需求都受到一国的国际借贷关系的支配。国际借贷包括债权和债务两个方面。如果一国已经到期的债权超过已经到期的债务，那么对外收入将大于对外支出，本国货币将升值；反之，如果一国已经到期的债务超过已经到期的债权，那么对外支出将大于对外收入，本国货币将贬值。戈申在这里所谈到的国际借贷的内容是广泛的，它们包括商品的输出和输入、有价证券的买卖、非贸易的收入和支付、资本及其利息的收入和支付等。

可以看出，戈申的汇率理论是在休谟和李嘉图等前人论述的基础上的系统表述。他的贡献也正在于把金本位制度下汇率变动的原因归结为国际借贷关系中债权与债务的变动。但他并没有做更深入一步的分析，即没有说明汇率决定的基础究竟是什么。汇率的变动虽然可以像戈申所解释的那样归结为国际债权与债务的变动，然而，汇率的变动是不是围绕着某一中心呢？这个中心又是什么呢？戈申没有就此做出说明。正如本编中有关购买力平价理论一章所指出的，卡塞尔的贡献在于他试图以两国货币的购买力作为汇率决定的基础。

卡塞尔的购买力平价理论是在20世纪20年代初提出的（详见本书第十一章）。在1927年，法国巴黎大学教授阿夫塔里昂在《货币、物价与汇兑》一书中，根据边际效用价值论的观点对汇率的决定及其变动的原因做了另一种解释，即既不同于戈申，又不同于卡塞尔的解释。阿夫塔里昂主要的研究领域是在经济周期理论方面，但他关于汇率的研究也是很有代表性的。他认为：汇率取决于外币的供给与对外币的需求，而个人对外币的需求则出于个人对国外商品和劳务的某种欲望，而后者又是由个人的主观评价决定的。这就是汇率决定的效用原理。正如商品的均衡价格所取决的供给和需求都不是个别的供给和需求，而是市场的供给和需求一样，外汇的均衡价格所取决的供给和需求也不是个别的供给和需求，而是市场的供给和需求。市场需求是个人需求的综合。既然个人需求由个人的主观评价所决定，那么市场需求作为个人需求的综合、市场的评价作为个人的评价的综合也必然对均衡价格起着重要的作用。因此，阿夫塔里昂关于汇率的理论被称为汇率的心理理论，或被称为汇率的主观评价理论。

凯恩斯关于汇率决定的论点主要反映于他在1923年出版的《货币改革论》一书中。他的理论被认为是对汇率决定的又一种解释，即通过即期汇率与远期汇率之间关系来确定汇率的位置及其变动的原因。尽管凯恩斯所表述的还只是利率平价理论的简单形式（古典形式），但他的研究为现代利率平价理论的发展提供了条件。关于现代利率平价理论，本书的第三编将有专章阐述。

戈申关于汇率的研究，是适应于金本位制条件的。在金本位制度下，货币兑换的比率以含金量为依据，也许，黄金输送点已经可以用来说明汇率上下摆动的限界了，所以戈申的研究仅限于用国际债权与债务关系来解释汇率变化的原因，而不再去深入探讨汇率决定的基础。卡塞尔、阿夫塔里昂、凯恩斯三人有关汇率的著作都出版于20世纪20年代，这时金本位制已解体或者以被修改了的形式采用，而纸币的不兑换则成为通货的一个特征。于是他们就感到汇率决定的基础这一问题的重要性，并分别从购买力平价、心理因素、利率平价的角度来进行说明。他们的研究虽然较为简略，但却是在汇率决定理论方面迈出的有意义的一步。

三、国际收支调节的研究：弹性理论和吸收理论的提出

正如前面已经指出，关于国际收支调节问题的研究同我们所考察的这段时期内经济的不稳定有关。A. 马歇尔和凯恩斯的著作

是值得注意的，因为它们代表了国际收支调节理论发展中的一个阶段——从早期国际收支调节理论向现代国际收支调节理论的过渡阶段——的研究成果。

在上一编中，曾经谈到早期国际收支调节的基本理论，即休谟的价格–现金流动机制。休谟的分析显然是初步的。这是因为，根据休谟的观点，货币量变动导致物价变动，再导致进出口贸易差额的变动，将成为国际收支的一种自动调节机制。但是，一方面，这些变动需要一定的过程，即从货币量变动到国际收支差额的调整有一定的时间间隔；另一方面，价格–现金流动机制的作用是需要基本的既定条件的，例如，进出口弹性如何，国内市场的容量如何，等等。在下一编中，将有专章分别对现代国际金融学说中的三种有影响的国际收支调节理论（弹性理论、吸收理论、货币理论）进行阐述，它们所阐述的实际上就是国际收支调节的机制问题。当然，在下一编将会指出，这三种有影响的国际收支调节理论的系统化和完整化分别是20世纪50年代、60年代和70年代的事情。因此，在我们所考察的这段时期内，马歇尔和凯恩斯的论点只能以“弹性理论和吸收理论的提出”来加以概括。

国际收支调节的弹性理论的提出，是马歇尔在国际金融学说史上的一个贡献。马歇尔分析方法的特点，主要表现于他采用微观经济分析和局部均衡分析。他在研究国际收支差额的产生和消除的原因和过程时，采用了进出口变动的弹性概念。这样，他奠定了国际收支调节的弹性理论的基础。在下一编中将提到的A. 勒纳、J. 罗宾逊等人的理论都是在马歇尔所奠定的基础之上的进一步发展。

国际收支调节的吸收理论是以凯恩斯的国民收入均衡公式为基础的。这是凯恩斯在国际金融学说史上的两个主要研究成果之一（另一主要研究成果就是前面提到的古典利率平价理论）。但凯恩斯的论述仍然只能被认为是国际收支调节的吸收理论的基础。现代国际收支调节的吸收理论在凯恩斯理论的基础上有很大的发展，关于这一点，下一编将会专门论述。在这里，从国际金融学说史的角度来看，还有必要对R.哈罗德的论点做一些说明，因为哈罗德虽然不是国际收支调节的吸收理论的奠基者，但却是在这一研究领域内有贡献的经济学家之一。

哈罗德出版于1933年的《国际经济学》一书，实际上是哈罗德关于国际收支动态均衡理论的较早的表述。他认为，国际收支调节的途径，从国内因素分析，那么无非是调节生产要素报酬或调节生产要素使用率（即调节生产要素的闲置程度）。这两种调节途径都将影响国内的就业水平和收入水平，进而影响国内的消费与投资。这样，哈罗德就把国际收支均衡问题同国内收入均衡问题结合在一起了。他的分析方法和通过分析所得出的结论，在很多地方与以后发展起来的国际收支调节的吸收理论是一致的。在本编关于哈罗德的国际收支均衡理论一章中，对这个问题将有专门的阐释。

四、资本国际流动的研究：经济周期同步性问题的探索

在下一编，现代国际金融学说的三个基本组成部分——汇率决定理论、国际收支调节理论和国际通货膨胀理论——被作为重点得到考察。这三个基本组成部分中的前两个部分，即汇率决定理论和国际收支调节理论，都是在我们所考察的这段时期内奠定基础的，这些，前面已经提到了。这三个基本组成部分中的国际通货膨胀理论，在下一编将会指出，主要是在第二次世界大战结束以后发展起来的。第二次世界大战以前，还谈不上经济学的研究成果已经为国际通货膨胀理论（包括其中的结构理论或货币理论）奠定了基础，而只能说有些经济学家在类似的或相关的领域内做了探索。在本编中提到的G.俄林、C.金德伯格，就是这方面的代表人物。

俄林对国际金融进行过广泛的研究。在本编的有关章节中将会指出，他侧重于短期汇率的决定问题，但不同意购买力平价理论，而认为外汇供求决定汇率的观点是有道理的，价格体系只不过间接地对汇率发生影响。俄林的这一看法与维克赛尔一致，而维克赛尔的论述又是与戈申相近的。但俄林主要研究资本的国际流动及其对各国经济的影响。俄林认为，资本的国际流动实质上就是借贷两国生产的调整，流动的结果必定导致两国生产和收入的变化。不仅如此，伴随着资本的国际流动，借贷两国的贸易条件也会发生相应的变化，一般地说，资本流入国的价格将上升，资本流出国的价格将下跌，于是前者收入增长，后者收入减少，

于是就会影响到两国的出口商品价格。资本流入国的出口商品价格的上升和资本流出国出口商品价格的下降，既反映了贸易条件的变化，又会促使两国的资源配置发生变化。俄林认为，两国资源配置的变化很可能引起某种程度的经济混乱（如失业等），这样，也就有可能把经济周期的变化同资本在两国间的流动直接或间接地联系在一起。

金德伯格在1937年出版的《国际短期资本流动》一书，在资本的国际流动（短期流动）方面提出了不少新颖的见解。他除了分析了国际短期资本流动对货币供给的影响和对一国国际收支调节的影响而外，还着重考察了经济周期的同步性与国际短期资本流动的关系。根据金德伯格的论述，短期资本流出国的利率将会因资本的流出而提高，而短期资本流入国的利率则会因资本的流入而降低，这就是说，事实上，短期资本流出国的经济将趋于紧缩，而短期资本流入国的经济将趋于膨胀，这种情况将持续到两国利率大体上相等之时为止。在各国经济相互联系的格局中，只要一国的经济首先繁荣，即它的经济首先趋于膨胀，那么通过利率的变化和各国利率的持平，也会导致其他国家的繁荣或膨胀；反之，只要一国的经济首先萧条，即它的经济首先趋于紧缩，那么通过利率的变化和资本的国际流动，同样会导致其他国家的经济趋于紧缩。这就是经济周期同步性的一个重要原因。

应当指出，上述经济周期同步性的研究与第二次世界大战以后的国际通货膨胀问题的研究虽然有联系，但还不能等同起来。这是因为：第一，经济周期同步性的研究的重点不在于通货膨胀的同步性，而在于经济萧条的同步性，这是与第二次世界大战前的实际情况有关的，在当时的条件下，国际性的通货膨胀并未成为普遍的问题，从而也没有引起经济学界更多的关注；第二，第二次世界大战以后的国际通货膨胀问题的研究，着重于通货膨胀的国际传递机制及其效应，而第二次世界大战以前的经济周期同步性的研究虽然涉及了资本国际流动的效应问题，但远不如现代国际通货膨胀理论对这些问题的研究那样深入和系统。因此，正如本编的标题“从早期国际金融学说向现代国际金融学说的过渡”所示，20世纪30年代的资本国际流动研究同当时有影响的购买力平价理论、古典利率平价理论和国际收支调节理论（马歇尔的理论与凯恩斯的理论）一样，都代表着向现代国际金融学说的过渡。

（引自《国际金融学说史》，陈岱孙、厉以宁主编，中国金融出版社，1991年版，第八章第一节。）

现代国际金融学说概述

以上已经就19世纪后半期至20世纪30年代的西方国际金融学说的发展进行了阐述。无论是A. 马歇尔的国际收支理论、G. 卡塞尔的购买力平价理论、J. 凯恩斯的国际金融理论还是R. 哈罗德的国际收支均衡理论、C. 金德伯格的国际短期资本流动理论，都属于从早期国际金融学说向现代国际金融学说过渡阶段的研究成果，它们起着国际金融学说史上承上启下的作用。它们既在一定程度上反映了当时国际商品流动和国际资本流动的实际情况，表明了西方经济学界对当时发生的种种国际经济现象的看法或政策设计，同时也为现代西方国际金融学说的发展做了理论上的准备和方法论上的准备。这就是说，在对现代国际金融学说进行考察时，我们不应当割断现代国际金融学说同过去的联系，尤其是同19世纪后半期至20世纪30年代的国际金融学说的联系。

在本编内，各章所阐述的是第二次世界大战以来的西方国际金融学说，所涉及的内容是相当广泛的，从国际收支调节的弹性理论、吸收理论、货币理论到通货膨胀国际传递机制的研究，从现代利率平价理论到外汇政策理论，从理想国际经济秩序的探讨到国际储备资产的争论，以及从发达国家内外均衡的协调到发展中国家的金融深化，等等，可以说，除了由于篇幅所限而未能专门涉及欧洲货币体系的理论研究史，以及国民核算体系中有关国际经济核算的演变过程外，本编大体上包括了现代国际金融学说史的基本内容。本编之所以未把欧洲货币体系的理论研究史和国民核算体系中有关国际经济核算的演变过程包括在内，主要是由于它们的专业性较强，而本书的篇幅又有限，因此，本编仍然只限于从一般理论的角度对现代国际金融学说的发展进行阐述。

以下，准备分两节来概述现代西方国际金融学说的发展简况和特征。

第一节　现代国际金融学说的发展简况

一、现代国际金融学说的基本内容

正如前面已经指出的，现代国际金融学说所包括的内容相当广泛，大体上，可以把现代国际金融学说分为以下三方面：

第一，汇率决定理论。汇率决定理论是用以说明一国货币与另一国货币的兑换比率如何决定的理论。

为了解释两国之间的货币兑换比率的决定问题，现代国际金融研究者们主要从影响这种兑换比率的因素进行分析，并在若干个有影响的因素中选择最有影响的因素来加以说明。

与汇率决定问题联系在一起的，有汇率波动原因的分析、消除汇率波动和维持汇率基本稳定的对策的分析以及汇率升降的经济效应的分析，等等。对这些问题的研究通常也包括在汇率决定理论之内。

第二，国际收支调节理论。国际收支调节理论是用以说明一国的国际收支如何进行调节的理论。

为了说明一国国际收支的调节过程和调节原因，现代国际金融研究者们主要从国际收支调节的内在因素和外部因素进行分析，并在若干个有影响的因素中选择最有影响的因素来加以说明。

与国际收支调节问题联系在一起的，有国际收支均衡与失衡的原因的分析、国际收入均衡与失衡的效应的分析以及国际收支从失衡到均衡的对策的分析，等等。对这些问题的研究通常也包括在国际收支调节理论之内。

第三，国际通货膨胀理论。国际通货膨胀理论是用以说明国际上的通货膨胀如何发生、通货膨胀如何从一国传递到另一国的理论。

为了说明国际上通货膨胀产生的原因和传递的过程，现代国际金融研究者们主要从导致国际上产生通货膨胀的因素，以及通货膨胀国际传递的机制方面进行分析，并在若干个有影响的因素中选择对国际上产生通货膨胀最有影响的因素，在通货膨胀国际传递机制中选择最能说明问题的机制，作为基本的解释。

与国际通货膨胀问题联系在一起的，有不同国家和地区通货膨胀率差异的原因的分析、应付通货膨胀从国外传递到本国的主要对策分析、消除国际通货膨胀对本国的不利影响的主要对策分析，等等。对这些问题的研究通常也包括在国际通货膨胀理论之内。

汇率决定理论、国际收支调节理论、国际通货膨胀理论以及它们包括的各个相关问题的研究，就是现代国际金融学说的基本内容，也就是本编各章所要考察的课题。在本编内，没有单独把发展中国家的国际金融问题列出来进行探讨。这是因为，任何一个国家，包括发展中国家，虽然由于本国历史的特点和现实经济的特点而存在这种或那种特殊性质的国际金融问题，但只要对这些问题做深入一层的分析，就可以发现，它们或者与汇率有关，或者与国际收支及其调节有关，或者与国际经济对本国的影响（通过贸易渠道发生的影响或通过资本流动渠道发生的影响）有关，或者与国际通货膨胀的传递和反传递有关。因此，本编各章关于汇率、国际收支、国际通货膨胀的理论分析，基本上是适用于发展中国家的。

二、现代汇率决定理论的发展简况

前面，已经就卡塞尔的购买力平价理论和凯恩斯的古典利率平价理论做了阐述。在20世纪最初三四十年内，这是汇率决定理论中最有影响的两种。第二次世界大战以后的汇率决定理论基本上循着购买力平价理论和利率平价理论这样两个思路发展。

在阐述卡塞尔的购买力平价理论和凯恩斯的古典利率平价理论时，也曾说明了这两种汇率决定理论的局限性，以及在应用方面存在的缺陷。现代汇率决定理论在卡塞尔购买力平价理论和凯恩斯古典利率平价理论的基础上发展起来，它力求消除二者各自具有的局限性，克服它们的缺陷，甚至还试图把购买力平价理论和利率平价理论综合在一起，形成新的综合平价理论。此外，正如上一编所提到的，在西方关于汇率决定问题的研究中，与购买力平价理论和利率平价理论并列但影响相对小一些的是有关心理因素在汇率决定方面的作用的研究，或称为汇兑心理论，它以法国经济学家A.阿夫塔里昂为主要代表人物。但在第二次世界大战以后关于汇率决定的研究中，汇兑心理论已经不再以一种独立的汇率决定理论出现，而是以心理因素分析的形式同购买力平价理论和利率平价理论的发展结合在一起。随着70年代内合理预期理论的产生和发展，预期因素在汇率决定理论中的重要性被突出，并成为现代汇率理论的一个有机的组成部分。这一点在本编有关的章节内曾多次被提到。

在本编中，着重论述的是现代利率平价理论和综合平价理论。它们可以被看成是现代汇率决定理论的主要代表。综合平价理论中实际上已经把购买力平价理论的要点包含在内了。

现代利率平价理论在充分考虑到预期因素的作用的前提下，研究国际货币市场上利差和远期汇率之间的关系，它得出的一个重要论点是：两种货币的利差等于预期汇率的变化率，从而利差也必然等于预期通货膨胀率的差额。

现代利率平价理论考虑到古典利率平价理论的某些缺陷，因此，它在发展过程中就以下问题进行了较大的补充。一是把套利资金的供给弹性纳入现代利率平价理论之内，从而修改了以往关于套利资金供给弹性无穷大的假设。二是考虑到投机者行为、套利者行为对远期汇率和利率平价的影响，即认为远期汇率之所以会偏离利率平价，同市场上的投机活动、套利活动密切有关，而投机者、套利者之所以要在远期外汇的买卖中投入资金，又同他们的汇率预期有关，这样，预期因素也就被纳入了现代利率平价理论之内。

现代利率平价理论的代表者，如J. 弗兰克尔、J. 比尔森等人，在考察汇率变动与利率变动之间的关系时，都是强调预期因素的作用的。没有预期，就不会有国内外通货膨胀率的实际差额，也就不会有汇率的决定，这是现代利率平价理论的一个显著特点，也是利率平价理论在第二次世界大战结束以后根据国际市场的现实状况的发展。

综合平价理论是现代汇率决定理论的又一成就。它把购买力平价理论、利率平价理论、汇兑心理论的要点综合到一起，多方面地考察影响汇率决定的有关因素。但综合平价理论并不是一种统一的汇率决定理论，不同的学者从不同的角度出发，采用不同的综合方法，所得出的是不同的综合平价理论。本编着重考察的是布莱克的综合平价理论，可以把它作为现代汇率决定理论中的一种有代表性的综合平价理论。

F. 布莱克区分了外汇市场的长期均衡与短期均衡。他认为，在长期均衡中，汇率的主要决定因素是两种货币的购买力，这种均衡被称为购买力平价均衡。但在考虑购买力平价均衡时，不应当仅仅考察两国的商品价格及其上涨幅度的差异，而且还应当分析两国贸易商品和非贸易商品价格的差异、资源分配状况、运输成本和关税，等等。此外，在考察购买力平价决定外汇市场的长期均衡时，也要把需求偏好变化、生产率变化、利率变化、实际收入变化考虑在内，而不能单独分析货币供给的变化。这样，布莱克在探讨外汇市场的长期均衡时，他所考虑的购买力平价已经不是传统的购买力平价，而成为一种购买力综合平价。

在外汇市场短期均衡的决定上，布莱克倾向于突出利率平价的作用，也就是突出资本流动和资产存量变化的作用。他认为，资本流动和资产存量的变化都与两国利率的变化及其差异有关。而预期因素的作用，则同样不可忽视，因为预期不仅影响实际的通货膨胀率，并且也影响资本的国际流动。

布莱克的综合平价理论在他用以分析发展中国家的汇率决定和外汇政策选择时，也表现得很明显。他提出了贸易加权的有效汇率概念。贸易加权的有效汇率是指一国对其贸易伙伴国的贸易额的加权平均汇率，但由于布莱克是把商品市场和资本市场同时考虑在内的，所以这种有效汇率不是购买力平价决定的汇率，而是购买力平价（尽管它的比重大一些，因为发展中国家的资本市场不发达）与利率平价共同决定的汇率。

三、现代国际收支调节理论的发展简况

在上一编中，曾分别就马歇尔、K.维克赛尔、凯恩斯、G.俄林、哈罗德、金德伯格等人关于国际收支的调节机制的论点做了阐述。从这些西方经济学家的论点可以了解到，尽管他们在某些领域有比较精密的分析或发表过有见地的看法，但总的说来，在第二次世界大战以前，国际金融学说中的国际收支调节理论仍然是不系统的、不完整的，这种不系统性、不完整性不仅反映于国际收支调节的吸收理论和国际收支调节的货币理论方面；甚至在国际收支调节的弹性理论方面，同样反映了这种不系统性、不完整性。

大体上可以这么说，国际收支调节的弹性理论到了20世纪50年代，才趋于系统和完整；国际收支调节的吸收理论和货币理论，大约分别在20世纪60年代和70年代才趋于系统和完整。因此，在本编中，用了三章的篇幅分别考察国际收支调节的这三种理论。

国际收支调节的弹性理论的发展与A.勒纳、J.罗宾逊的研究直接有关。虽然勒纳和罗宾逊二人在国际金融领域内的研究不限于汇率弹性问题，尤其是罗宾逊，她关于国际收支调节的研究也同国际收支调节的吸收理论的发展有关，但不管怎样，弹性理论之趋于系统和完整，是同他们的努力分不开的。在经济学文献中，人们通常把弹性理论同马歇尔、勒纳、罗宾逊的名字联系在一起。

国际收支调节的吸收理论与弹性理论的重要的区别在于：弹性理论侧重于从微观经济的角度对货币贬值的效应进行考察，而吸收理论则侧重于从宏观经济的角度对货币贬值的效应进行考察；弹性理论侧重于外贸市场的分析，吸收理论则侧重于国民收入的分析；弹性理论从马歇尔的论述出发，吸收理论则从凯恩斯的论述出发。在第二次世界大战结束以后，S. 亚历山大、F. 马柯洛普和罗宾逊等人对国际收支调节机制的研究，都有助于吸收理论的系统化和完整化。此外，讷克斯关于资本的国际流动机制和外债清偿能力的研究，也从不同的角度促进了吸收理论的发展。

国际收支调节的货币理论的发展较晚。它是随着西方经济学中货币学派的兴起而发展起来的。货币学派的一般理论成为国际收支调节的货币理论的基础。美国的芝加哥大学、英国的曼彻斯特大学以及国际货币基金组织的一些倾向于货币主义的经济学家在发展国际收支调节的货币理论方面起了重要的作用。从总的理论倾向上来看，国际收支调节的货币理论也是侧重于宏观经济的分析的，但它与吸收理论的不同之处在于：一方面，它着重的是货币存量的分析，而并非像吸收理论那样着重国民收入流量的分析；另一方面，它强调经济自身的内在调节机制的作用，认为市场的自发调节优于政府的调节。

国际收支调节的弹性理论、吸收理论和货币理论作为三种独立的国际收支调节理论，各有与自己的理论相适应的对外经济政策主张，其中包括了汇率制度与汇率政策的主张。于是，在国际收支调节理论之间争论的同时，有关汇率制度与汇率政策的争论也一直没有停止。这是第二次世界大战结束以后国际金融学说发展中的一个值得注意的情况。本编中关于固定汇率理论和浮动汇率理论的一章，以及关于蠕动钉住汇率理论的一章，都以较大的篇幅阐述了学术界的争论。争论的问题之一就是什么样的汇率制度与汇率政策有利于国际收支调节机制发挥作用。

国际收支调节理论中的弹性理论、吸收理论、货币理论各有适用的范围，并且全都离不开各自所给定的前提条件；同样的道理，固定汇率制度、浮动汇率制度、蠕动钉住汇率制度，等等，也各有适用的范围，也都不可能脱离它们得以发挥作用的前提条件。正是从这个意义上说，简单地做出哪一种国际收支调节理论最优或最劣的判断，是不科学的；简单地断言这一种汇率制度绝对地优于另一种汇率制度或不如另一种汇率制度，也不符合实际情况。

四、现代国际通货膨胀理论的发展简况

国际通货膨胀理论是第二次世界大战结束以后，确切地说，是在20世纪60年代内出现的关于通货膨胀在国际上产生的原因、传递的机制和效应的分析的一种理论。它主要有两种不同的解释，即国际通货膨胀的结构理论和国际通货膨胀的货币理论。

国际通货膨胀的结构理论的早期代表作，被认为是1962年P. 斯特里滕在《吉克罗斯》杂志上发表的《工资、物价和生产率》一文、1964年G. 奥利维拉在《牛津经济文汇》上发表的《论

结构性通货膨胀和拉丁美洲结构主义》一文以及1967年W.鲍莫尔在《美国经济评论》上发表的《不平衡增长的宏观经济学》一文。在著名的西方经济学家当中，K.缪尔达尔、A.林德白克、J.希克斯、R.舒尔茨等人，也都是同意国际通货膨胀的结构理论的。

在本编，只对国际通货膨胀的货币理论做了专门的阐述，而没有单独列出一章来考察结构理论。这主要是因为：国际通货膨胀的货币理论较多地涉及国际金融领域内的问题，而国际通货膨胀的结构理论则较多地涉及国际贸易领域内的问题。这可以从货币理论与结构理论的区别得到反映。

国际通货膨胀的货币理论同结构理论的区别之一是：关于国际通货膨胀的起因，货币理论主要归结为世界货币供应量的变化，即世界货币供应量等于各国货币供应量的总和，从而各国货币供应量的增长将引起世界货币供应量的增长，而世界货币供应量的增长则可能导致国际通货膨胀的产生。结构理论与此不同，它把国际通货膨胀的起因主要归结为产品供求结构的变化，即某些国际贸易商品的稀缺引起市场供求结构的变化，并由此推动物价的变动，导致国际的通货膨胀。

国际通货膨胀的货币理论同结构理论的区别之二是：货币理论一般认为，通货膨胀主要是通过国际资本流动渠道而传递的，例如，通过资本流动而影响利息率的变化，从而使国内的利息率适应国际金融市场的利息率水平，使国内的通货膨胀率适应国际的通货膨胀率，等等。结构理论一般认为，通货膨胀主要是通过国际贸易渠道而传递的，例如，一国开放经济部门的产品接受世界市场价格，它们的价格水平随世界市场价格水平的上升而上升，然后，通过国内的开放经济部门对非开放经济部门的影响，带动了国内非开放经济部门的价格水平上升，这样，国际的通货膨胀就传递到国内来了。

国际通货膨胀的货币理论同结构理论的区别之三是：在怎样防止通货膨胀的国际传递这一问题上，货币理论倾向于如下的对策，即各国自行约束本国的货币供应量，以免影响世界货币供应量，为此就应当实行弗里德曼的单一规则，但是，由于各国难以采取协调一致的政策，这种做法实际上是行不通的，剩下的办法就只有采用浮动汇率制度了，因为浮动汇率即使不可能使得国际通货膨胀不再发生，至少可以减轻国际通货膨胀对实行浮动汇率制的国家的冲击力。结构理论所提出的对策要比这具体得多，而且涉及面也广得多。例如，有的结构理论的支持者倡议重新制定国际经济秩序，以新的、有助于消除国际间贸易不平等和价格歧视的国际经济秩序代替现存的国际经济秩序；有的结构理论的支持者则主张各国采取协调一致的需求管理措施，包括利用财政政策、金融政策、汇率政策，以消除国际通货膨胀和减轻国际通货膨胀对某一国家的冲击力；还有的结构理论的支持者强调各国国内结构调整的意义，认为只有国内经济的平衡发展才能既防止国外的通货膨胀对本国的传递，又不至于使本国出现通货膨胀，从而对其他国家的经济发生影响。

从以上所谈到的三个区别可以了解到，尽管国际通货膨胀理论是现代国际金融学说的组成部分之一，但同国际金融活动和国际金融现象的关系更为密切的，是国际通货膨胀的货币理论，而不是结构理论，因此在本编中，对货币理论做了较多的分析。

第二节　现代国际金融学说的特征

一、理论上的特征

现代国际金融学说在理论上具有两个明显的特征：一是带有较大程度的西方一般经济理论的学派色彩；二是同第二次世界大战以来国际金融活动的实践有着比较紧密的联系。

第一个特征，即虽然在汇率决定理论方面，一般理论的学派色彩并不明显，但在国际收支调节理论和国际通货膨胀理论方面，一般理论的学派色彩却是比较明显的。例如，国际收支调节的弹性理论带有新古典学派的色彩，国际收支调节的吸收理论带有凯恩斯学派的色彩，而国际收支调节的货币理论则带有货币学派的色彩。再如，国际通货膨胀的货币理论带有货币学派的色彩，而结构理论或者带有制度学派的色彩，或者带有凯恩斯学派的色彩。[①]这些都是在研究现代西方国际金融学说时需要注意的。

① 国际通货膨胀的结构理论中的小国开放模型是瑞典学派（或北欧学派）的研究成果。它的学派色彩同样是鲜明的。

当然，在谈到现代国际金融学说带有一般理论的学派色彩时，还应当注意这样三点：

第一，并非所有的现代国际金融学说都带有学派的色彩。前面已经指出，汇率决定理论的学派色彩就不明显。除此以外，若干与国际金融实务关系密切的论点，如国际金融风险分析、国际金融创新研究等，也不能被认为带有学派色彩。我们只能说，在现代国际金融学说中，最有影响的和争论最多的是国际收支调节理论和国际通货膨胀理论，这两个理论中的不同观点反映了一般经济理论的不同学派的特色。

第二，现代国际金融学说中的带有学派色彩的部分，如国际收支调节理论和国际通货膨胀理论，通常被认为是一般经济理论的组成部分，一般经济学家都对这些理论感兴趣，因此，它们的学派色彩就突出了。那么，为什么一般经济学家会对国际收支调节理论和国际通货膨胀感兴趣并从事这些方面的研究呢？这主要因为国际收支调节研究的核心问题是开放经济条件下的经济运行机制，国际通货膨胀研究的核心问题是通货膨胀的国际传递机制和国内经济运行机制。由此可见，经济机制在现代国际金融研究中是一个十分重要的问题；不深入到经济机制这个层次来分析国际金融问题，是难以在这个领域内取得成就的。

第三，无论是国际收支调节理论还是国际通货膨胀理论，都包括了政策研究。既然国际收支调节理论和国际通货膨胀理论带有一般经济理论的学派色彩，那么不可避免的是，它们所包括的政策研究也带有相应的学派色彩。理论上的学派倾向与政策主张方面的学派倾向是一致的。

第二个特征，即现代国际金融学说同第二次世界大战以来国际金融活动的实践有着比较紧密的联系。这里所涉及的是第二次世界大战以来的一系列发生在国际金融领域内的变化，如资本的国际流动数量的大为增加，资本的国际流动与投放形式的巨大变化，布雷顿森林体制的产生、发展与崩溃，美元、英镑、西德马克、日元、法郎等货币的相对地位的变化，多次发生的资本主义世界性的货币金融危机，国际货币基金组织和世界银行所发挥的重要作用，特别提款权制度的建立，发展中国家吸收外国资本的多种形式和外国资本在发展中国家经济中的作用，等等。汇率决定理论、国际收支调节理论、国际通货膨胀理论的发展，都同上述这一系列变化有关。正因为如此，所以现代国际金融学说的应用性质是很强的。它们成为各国制定对外经济政策的依据，也成为国家与国家之间建立经济合作关系的依据。虽然某些国际金融理论具有明显的学派色彩，某些政策主张的学派色彩也比较鲜明，然而任何一个国家的政府在根据某些国际金融理论制定对外经济政策时，主要不是考虑这些国际金融理论的学派倾向，而是考虑它们对本国的适用性，考虑它们在本国的经济实践中的效应。这就是说，现代国际金融理论的学派倾向是理论界考虑的事情，现代国际金融理论的适用性则是政府所考虑的事情。

二、方法论上的特征

从方法论上看，现代国际金融学说是不同于第二次世界大战以前的国际金融学说的。具体地说，这种区别有以下四点：

第一，充分注意宏观经济运行问题，把国际金融活动尽可能纳入宏观经济运行的范围内进行分析，从而大大加强了现代国际金融学说同一般经济理论之间的联系。

关于现代国际金融学说这一方法论上的特征，前面在谈到它的理论特征时，即在谈到现代国际金融学说中的某些理论的学派色彩时，实际上已经做了说明。要知道，第二次世界大战以后对西方经济学有影响的凯恩斯主义和货币主义，都以宏观经济运行分析为基本内容。它们或者着重于国民收入均衡分析，或者着重于货币均衡分析。因此，在现代国际金融学说中，特别是在国际收支调节理论中，宏观经济运行分析所占的位置是十分突出的。现代国际金融的研究者们，如果不是在一般经济理论、宏观经济运行理论的研究中有较深入的分析，就难以从理论上阐明现代国际金融活动的过程与效应。

第二，突出预期因素的作用，使心理分析同经济运行分析紧密地结合在一起。

现代国际金融学说这一方法论上的特征，在20世纪70年代以来尤为明显。这是与合理预期理论的发展分不开的。在汇率决定理论中，研究者们固然要强调预期因素的作用；在国际收支调节理论和国际通货膨胀理论中，预期因素也是同样得到重视的。

价格预期、汇率预期、利率预期、市场前景预期，等等，归结到一点，就是收入（盈亏）预期。在结合预期因素来分析国际金融问题时，尽管与第二次世界大战以前相比，在这方面已有较大发展，但仍然有不少问题未能解决。例如，究竟怎样判断预期因素在即期汇率和远期汇率决定中的作用，浮动汇率与预期之间究竟存在什么样的关系，预期因素在通货膨胀通过贸易渠道的国际传递中的作用与通过资本流动渠道的国际传递中的作用的比较，等等，都有待于进一步探讨并需要有更多的实证材料来加以说明。

第三，在国际金融的研究中，存量分析日益受到重视，存量分析与流量分析的结合也日益成为经济学家所采用的分析方法。

这种研究方法上的特征是与现代西方经济学一般理论在研究方法上的进展分不开的。在现代西方经济学的一般理论中，由于资产选择理论的发展，存量分析很自然地被认为是一种有用的方法，而货币学派关于货币存量在经济运行中的作用的分析，同样表明了存量分析的重要性。这样，在现代国际金融研究中，当人们涉及国际通货膨胀问题时，不可避免地要涉及各国的货币存量，当人们涉及汇率变动的国内效应问题时，也不可避免地要涉及货币存量和市场商品存量，于是存量分析及其与流量分析的结合作为一种分析方法，在这种场合就显得比单纯的流量分析有用得多。

第四，在现代国际金融研究中，另一个方法论上的特征是大量采用数量分析方法，并强调实证分析的意义。

这一方法论上的特征是与现代经济分析手段的发展和经济计

量学的发展有关的。采用数量分析方法的好处是有助于使复杂的国际金融现象变得比较清晰，并且有助于对国际金融活动的前景做出分析。但缺点也是不容忽视的。例如，过于抽象的数学公式在概括复杂的国际金融现象时，有时会使得问题简单化，或者，假设的前提条件同实际情况有较大的差距，从而很难作为国际金融分析的依据。这种缺点不仅存在于现代西方国际金融学说中，而且同样存在于现代西方一般经济理论中。

（引自《国际金融学说史》，陈岱孙、厉以宁主编，中国金融出版社，1991年版，第十六章。）

后记

1978年，停止多年的高校招生重新开始，北京大学经济学系77级、78级新生相继入校。当时北京大学经济学系主持教务工作的是胡代光先生。他找我商量如何提高教学质量。会后，他提出以下三个重要的建议：一是除恢复政治经济学教学以外，还应开设“当代西方经济学”一课，包括微观经济学和宏观经济学两部分内容；二是增设选修课“西方经济学各流派”，提高学生对当代西方经济学不同流派的识别能力；三是继续办好国外经济学家的著作介绍（油印资料集），充实经济学系教师的知识，跟上国外经济学的动向。

从77级起，我连续几年都讲授“西方经济学”一课，并同胡代光、范家骧两位先生一起合讲“当代西方经济与流派”一课。此外，我还和陈岱孙先生一起讲“国际金融学说史”一课。20世纪80年代，我在备课的过程中，写了不少读书笔记，其中有些在杂志上发表了，有些编入教材或参考材料之中。这些，距今已经30多年。陈岱孙、罗志如、胡代光先生先后去世。我在编辑这本有关西方经济学说的文集时，回忆当时的情况，使我再次对陈岱孙、罗志如、胡代光先生表示感谢。同时，我也对学生傅帅雄博士、陈骐博士、王福晗博士致谢，因为他们为这本读书笔记的及早交稿投入不少精力和心血。

厉以宁

2017年12月